AF289764

Kustantaja: BoD – Books on Demand, Helsinki, Suomi
Valmistaja: BoD – Books on Demand, Norderstedt, Saksa
ISBN: 978-952-318-587-6

Saatteeksi

Otto Kanerva oli äidinäitini isä. Minulla ei ole hänestä kuin yksi vähän selkeämpi muistikuva. Vuosi oli joko 1957 tai 1958 ja minä n. 10-vuotias. Otto oli käymässä tyttärensä eli isoäitini luona Helsingin Pitäjänmäessä ja tuli minua ja kaveriani polkupyörällä vastaan, mutta ei tunnistanut minua vaan ja sujahti ohitsemme. Kohta huomasin maassa kuulolaitteen johtoineen. Muistin isovaarillani olleen sellainen korvassaan, joten käännyimme ympäri ja ajoimme vaarin kiinni. Hän ei ollut tietoinen laitteen putoamisesta, mutta oli kovin tyytyväinen saadessaan sen takaisin. Seuraava muistikuva onkin Oton hautajaisista Hyvinkäältä tammikuussa 1959. Hän olisi täyttänyt seuraavan vuoden syksyllä 80 vuotta.

Siitä on jo vuosia, kun äitini (muistelmissa Kaija) mainitsi minulle ensimmäisen kerran, että hänen isoisänsä oli kirjoittanut 1950-luvulla muistelmiaan ja antanut ne vävynsä, toimittaja-kirjailija Toivo Paavonkallion haltuun. Asia ei jättänyt minua rauhaan. Toivo Paavonkallio ja hänen vaimonsa olivat kuolleet jo vuosia sitten, joten asiaa oli tiedusteltava muilta sukulaisilta. Mutta hekään eivät tienneet muistelmien kohtalosta. Sitten aloin kysellä kaikista mahdollisista Suomen arkistoista, joihin Paavonkallio olisi saattanut käsikirjoituksen toimittaa. Siirtolaisinstituutista löytyi kopio muistelmien siitä osasta, missä Otto kertoo siirtolaisuusajastaan Argentiinassa. Kopion oli lähettänyt Toivo Paavonkallio. Oli siis löytynyt ainakin todiste muistelmien olemassaolosta. Mutta siihen se taas tyssäsi. Kunnes kerran painelin internetistä esille Työväen Arkiston sivut. Naputtelin hakuriville nimen Otto Kanerva, ja kuinka ollakaan ilmestyi ruudulle Oton muistelmien sijaintipaikka arkistossa. Olin iloisesti yllättynyt.

Toivo Paavonkallio oli aikanaan kertonut äidilleni, että häntä haluttaisi kirjoittaa appensa pääosin lyijykynällä kirjoittamat muistelmat puhtaaksi ja saattaa se ehkä kirjaksi asti. Mutta syystä tai toisesta se suunnitelma jäi toteutumatta. Onneksi Paavonkallio oli kuitenkin katsonut aiheelliseksi toimittaa käsikirjoituksen em. arkistoon säilytettäväksi. Siitä voinemme olla hänelle kiitollisia.

Espoossa 30.03.2015

Kari Palin

Isäni oli nimeltään Israel Karlsson, syntynyt 1844 Längelmäellä, Syväjärven kylässä Kiviniemen talossa. Äitini oli nimeltään Karolina Wilhelmsdotter ja syntynyt 1847 Pirkkalassa, Epilän kylässä Risuharjun torpassa. Avioiduttuaan pariskunta muutti 1873 Messukylästä Janakkalaan. Perhe kasvoi, meitä oli 9 lasta kun äiti kuoli 27.12.1884. Vanhin lapsista oli silloin 14-vuotias ja nuorin vasta kolmen viikon ikäinen. Itse olin tuolloin 4 vuoden ja 3 kuukauden ikäinen, joten en muista tapauksesta mitään.Siinä kävi sitten niin, että äidin kuolema johti perheen hajoamiseen ja kunta sijoitti lapset ns. huutolaisiksi eri paikkoihin.

Muistan sen, kun olin viiden vanhana Valajärven kartanon pienessä taksvärkkitorpassa huutolaispoikana. Torpan nimeä en tiedä, mutta sen muistan, että torpan vanhin mies nikkaroitsi höyläpenkin ääressä. Minä kiinnitin huomioni puukkoon, kun mies veisteli lastuja. Sitten kun muut menivät pöytään, lankesi minulle tilaisuus ja kiipesin penkille ja otin puukon. Rupesin veistelmään sillä, mutta kauhukseni puukko putosi kärki edellä jalkaani, johon se jäi pystyyn. Huusin kivusta ja isäntä tuli ottamaan puukon pois. Sitten siihen laitettiin tukko päälle, ja pianhan se parani, arpi vain jäi ja on siinä vieläkin.

Sen enempää en siitä talosta muista. Enkä sitäkään, kun minut n. vuoden kuluttua vietiin toiseen paikkaan, jonka nimi oli Parraskallio, samaan kartanoon kuuluva torppa. Sieltä oli näkymä Valajärven selälle. Torppaa piti vanha äiti kahden poikansa kanssa. Sieltäkään ei ole paljoa muistoja, sillä talviaikaan en päässyt ulos, koska ei ollut vaatteita eikä kenkiä sukista puhumattakaan. Rohdinkolttu oli ainoa vaatteeni, se ulottui puolisääreen asti.

Olin päivät vanhan naisen kanssa tuvassa. Siellä syötiin paleltuneita perunoita, tosin jouluaattona söimme perunapuuroa. Nuorin veljeksistä pisti kuumaa puuroa suuhunsa ja meinasi tukehtua. Toinen veli hyppäsi apuun ja ravisti veljeään ja löi tätä selkään. Minä katselin peloissani vieressä ja opin siitä syömään varovaisesti.

Sitten tuli kesä. Minäkin pääsin ulos pihakivelle istumaan, katselemaan ympärilleni ja juoksentelemaan. Mutta pihapiirin ulkopuolelle en saanut mennä. Pellon takana kulki kylätie ja sinne minun teki mieli mennä, mutta se oli ankarasti kielletty. Siinä pihakivellä oli mukava seurata, kun Vähikkälän kylän karjaa ajettiin aamuisin metsään ja iltaisin takaisin. Niitä ajoi yksikätinen nuori mies. Kellot moikui ja sonnit mylvi ja huusivat. Siinä kaikki muistot siitä paikasta, missä vierähti vuoden päivät.

Sitten minut vietiin kolmanteen paikkaan. Käveltiin ja vastaan tuli joki ja sen yli kulki hirsistä veistetty kapea silta, jota en uskaltanut ylittää. Jäin rannalle itkemään ja katselemaan, kun toiset menivät yli. Yksi niistä palasi ja kantoi minua. Pelkäsin koko ajan, että putoamme veteen. Sitten myöhemmin kesällä putosinkin siitä keskelle jokea ja virta vei minua pitkän matkaa ennen kuin tuli pyörrepaikka, joka kuljetti minut lähelle rantaa. Katselin veden alla ympärilleni ja huomasin rannassa ruohoa ja tartuin niihin ja rupesin kiskomaan itseäni ylös. Toiset lapset näkivät ja juoksivat avukseni ja pääsin rannalle. Siitä oli n. 20 metriä sinne, missä asuin.

Se oli nimeltään Rauhaniemi ja siinä oli tupa ja tuvan levyinen porstua. Taloa asusti n. 60-vuotias suutari, jolla oli vaimo ja neljä poikaa, suutareita nekin. Kaksi pojista teki töitä isänsä kanssa. Yksi vanhempi poika teki töitä eri taloissa ja kävi välillä käymässä kotona. Neljäs poika oli jo herrasmies, joka teki töitään Helsingissä ja kävi kotonaan vain jouluna ja kesäisin. Se oli kaunis paikka, semmoinen kapea niemi joka pisti Valajärveen. Rannoilla kasvoi isoja koivuja sekä rantaleppiä. Oli siinä kesällä hauskaa, kun sai juoksennella pitkin rantoja ja katsella kuinka kalat temmelsivät vedessä.

Mutta yksinäistä oli välillä. Suutarit olivat pitkiä aikoja taloissa töissä, joten sain olla kahdestaan sen emännän kanssa.Vaikka olihan se mukavampaa sen emännän kuin vanhan suutarin kanssa oleminen. Emäntä oli toisjalkainen. Sen sääri oli auki joten minun oli autettava sitä, haettava järvestä vettä ja vajasta puita sen verran kun nyt poikasena kykenin.

Olin kai viiden vanha kun sinne taloon tulin alkukeväästä. Vappuna myytiin huutokaupalla lapsia ja sille, joka suostui vähimmällä kunnan tarjoamalla maksulla ottamaan lapsen huostaansa, myönnettiin hoitajuus. Saihan siitä korvauksena myönnetystä, esim. ruisjauhosta, leivän lisää itselle, jos antoi vain niukalti hoidettavalle.

Ensimmäinen kesä meni siinä hyvin, mutta kun tuli syksy ja talvi, en saanut edes housuja enkä kenkiä. Täytyi pitää vain sitä samaa kolttua, joka oli jo niin likainen, että se pysyi itsestään pystyssä. Eikä ihmekään, sillä nukuin permannolla pahnapussin päällä joku rasu peittonani, eikä niitä pesty eikä pöllytetty.

Keväällä siellä oli tapana ottaa kaksi sikapossua, jotka nekin olivat aina yöt permannolla ja oppivat tulemaan minun kanssani samaan petiin peitteen alle. Ne lämmittivät jonkin verran, sillä lattialla oli välillä kylmä maata. Kesällä possut vietiin sitten ulos karsinaan.

Kesä sujui melko hyvin, kun oli lämmintä. Mutta kun tuli taas talvi, muuttui elämä hankalammaksi. Vettäkin piti hakea paljain jaloin järvestä. Emäntä sitten kehotti minua menemään vintille katsomaan, jos sieltä jotain jalkineita löytyisi. Ja löytyihän sieltä, emännän vanhat, risat kengät. Mutta koossa pysyivät, kun naruilla sitoi ja jotain rasua laittoi sisälle. Olihan se meno kömpelöä, mutta parempi sentään niillä kuin paljain jaloin. Se kolttu oli kuitenkin ainoa vaatteeni, mutta jotenkin siihen vain tottui.

Tuli joulu ja kaikki olivat kotona. Jooseppi-niminen suutarimestarikin saapui Helsingistä. Jossain vaiheessa huomattiin, että järven pinnalle oli muodostunut kirkas jääpeite. Kaikki lähtivät ihailemaan sitä rantaan. Sitten ne palasivat sisään. Jooseppi lupasi minulle 10 penniä jos käyn paljain jaloin jäällä. Otin rahan ja pinkaisin ulos ja jäälle. Ensin jää pisteli jalkojen alla, mutta ne rupesivat käymään tunnottomiksi. Ja kun palasin takaisi, jalkoja ikään kuin kuumotti. Mutta olihan 10 penniä tienattu.

Sitten kun oli aloitettu jouluillallinen, minä söin kuten oli tapana, muurin ja seinän välisessä nurkassa. Talonväki söi pöydässä, joka oli tuvan peräikkunan kohdalla. Minä katselin nurkasta pöydällä näkyviä herkkuja kuten lanttulaatikkoa ja silliä. Itselläni oli enää vain pieni pala leipää. Pyysin saada lisää syötävää, mutta minulle sanottiin, että "kyllä sulle jo piisaa". Sitten ne panivat kaksi karmituolia rinnakkain eteeni ja siihen vielä lakana päälle, etten näkisi pöydälle. Tämän jälkeen minut vietiin yöksi saunaan, joka oli kyllä vielä lämmin. Laatikkosänky oli saunan nurkassa ja siinä oli olkia. Vettä oli saavissa. Sitten laitettiin tynkä oven ulkopuolelle, ja siellä pimeässä minä sitten joulunpyhät vietin. Emäntä toi sentään välillä ruokaa. Ja kun pyhät oli ohi ja Jooseppi palannut

Helsinkiin, sain taas pestä noet naamasta ja käsistä ja kunnian tulla tupaan. Niin sujui ensimmäinen joulu siinä talossa.

Tuli kevät ja järven rannat alkoivat vapautua jäästä. Sain uuden koltun, se oli ruskea ja kuulemma tehty Tampereen rohtimista. Se oli vähän pitkänlainen, mutta sanoivat siinä olevan kasvunvaraa. Oli hauskaa juoksennella pitkin rantoja. Ulommaisessa niemenkärjessä oli suuri tasainen kivi, joka oli järven puolelta suoraseinäinen. Siinä oli mukava maata mahallaan ja katsella metrin syvyisen veden kivikkoista pohjaa, jossa näkyi liikkuvia rapuja. Kurottauduin pitemmälle, ja äkkiä putosin pää edellä veteen. Pulikoin siinä hätäisenä ja tartuin jään reunaan, joka kesti sen verran, että pääsin ylös jäälle. Ranta oli jo auki koko pituudeltaan. Hain sellaisen kohdan, minkä edessä oli irtonainen lohkare. Otin vauhtia ja heittäydyin mahalleni lohkareelle, joka liukui painoni voimalla matalaan rantaan. Sitten juoksin palellen sisään. Muut kiroilivat ja käskivät minun kiivetä uunin päälle märkä kolttu ylläni. Nukahdin sinne ja heräsin siihen, kun joku heitti minulle nauriin syötäväksi.

Kesä kului ja possut kasvoivat karsinassa. Syksy lähestyi. Siinä oli lähellä pieni suo ja siellä juomukkeet olivat tuleentuneet. Miehet olivat töissään jossain pitäjällä, joten minä olin taas emännän kanssa kahden. Eräänä aamuna emäntä teki lähtöä kylään ja pani porstuan oven lukkoon. Se vei minut saunaan ja tälläsi teljen oven eteen etten pääsisi ulos. Oli säkkipimeää. Sänkylaatikossa oli olkia, joten heitin sinne maata. Kapeasta raosta pilkisti päivä. Nukahdin, ja kun sitten heräsin, oli olki työntynyt vasempaan korvaani ja vahingoittanut sitä niin, että kuulin sillä pelkkää huminaa. Siitä asti se on ollut kuulumaton. Harmitti kovasti.

Muistin että peräseinässä on savuluukku. Menin seinän tykö ja kopeloitsin pimeässä ja löysin luukun. Sain lykättyä sen auki ja valoa virtasi sisään. Sitten tuumasin, että tuostahan voi mahtua menemään ulos. Löysin jakkaran ja vein sen luukun alle. Nousin sille ja kiipesin aukkoon. Työnsin pään ja yläruumiini ulos. Roikuin siinä ja pohdin tilannetta. Alapuolella oli suuri tasainen kivi ja heti sen takana järven ranta, joka oli siinä kohtaa aika syvää. Ujuttauduin alemmaksi ja pidin jaloillani kiinni, kunnes pudottauduin kivelle. Ja hyvinhän se onnistui.

Suljin saunan luukun, kävelin pihalla ja menin katsomaan porsaita, ne kun tunsivat minut hyvin. Sitten lähdin possujen kanssa aika kyytiä suon laidalle syömään juomukkaita. Minä poimin marjoja suuhuni ja välillä possujen nokan eteen. Ne söivät niitä mielellään.

Oli jo ilta kun menimme takaisin. Emäntä oli palannut jo kylältä kotiin. Se kertoi että oli ottanut tynkän saunan ovelta ja ihmetellyt, kun saunassa ei ollut ketään ja lävet oli kiinni. Se oli hakenut ja huudellut, mutta turhaan. Mennyt sitten sisälle laittamaan porsaille ruokaa ja mennyt viemään ulos. Nähnyt että veräjä oli auki ja porsaat tipotiessään. Ja silloin me juuri tullaan suolta ja emäntä ihmettelee, että miten minä olen päässyt pois saunasta. En ensin aikonut kertoa, mutta kun se rupesi inttämään että kuka oli minut päästänyt, kerroin niin kuin asia oli. Sitten aloin valittamaan, että en kuule vasemmalla korvallani. Emäntä sanoi: "Kyllä siitä vielä hyvä tulee kunhan paranee." Mutta kuuloa siinä korvassa ei enää sen jälkeen ole ollut. Vasta joskus kolmenkymmenen iässä annoin lääkärin tutkia Alavudella korvan. Se sanoi, että kuulokalvo on lytyssä ja sinne täytyisi pumpata ilmaa kolmesti viikossa kolmen viikon välein. Silloin se kuulemma tulisi entiselleen. Mutta se hoito jäi olosuhteiden pakosta tekemättä, ja sitten se rustottui eikä sille voinut enää mitään.

Meni kesä ja meni taas talvikin samaan tapaan. Kesäkin vierähti ja syksyllä oli miltei säkkipimeä ilta. Lähimpään naapuriin oli puolisen kilometriä. Siellä asui lapsia, joten lähdin mielelläni, kun minua pyydettiin viemään sinne jotain tietoa. Puolimatkassa tie kulki mäen kohdalla maaleikkauksen halki. Ympärillä oli pelkkää synkkää metsää, kaikki katajapensaat ja kuusennäreet vaikuttivat siltä kuin olisivat liikkuneet. Olin kovasti peloissani, ja juuri kun nousin mäkeä ylös, kuulin kammottavan äänen jollaista en ennen ollut kuullut. Siihen minun eteneminen pysähtyi, käännyin kannoillani ja juoksin kotiin sen kuin käpälistä pääsin. Olin niin hengästynyt, että otti aikansa ennen kuin kykenin kertomaan tarkemmin mitä olin kuullut. Muut alkoivat nauraa ja sanoivat sen olleen huuhkajan, jota ei tarvitse pelätä. Mutta minä olin kuvitellut, että kyseessä saattoi olla susi, koska niistä siihen aikaan siellä puhuttiin.

Tuli tammikuu ja illalla oli kirkas kuutamo kova pakkanen. Valajärven selältä alkoi kuulua kovaa ulvontaa. Isäntä ja pojat sattuivat silloin olemaan kotona. Kaikki menivät ikkunaan katsomaan. Jäällä kulki susilauma, josta se ulvonta lähti. Minä menin pihalle katselemaan nähdäkseni tarkemmin. Toiset huusivat perääni: "Älä poika mene, syövät sinut vielä!" Mutta minä vain katselin kun sudet juoksivat jäällä. Arvelin ehtiväni juosta sisälle jos sudet lähestyisivät. Sitten alkoi paleltaa, kun olin paljain jaloin ja ylläni oli pelkkä kolttu, joten menin sisään. Se oli jännittävä kokemus. Emäntä tiedusteli oliko pihaton ovi varmasti hyvin kiinni. "Kyllä minä sen laitoin niin etteivät pääse", sanoi isäntä. Minä vartosin ikkunassa susien saapumista pihaan. Mutta lopulta väsymys voitti ja kävin nukkumaan.

Aika kulki eteenpäin. Minulla oli edelleen vanha juustokuppi ruoka-astiana. Sitä ei pesty kuin silloin kun se oli täynnä torakoita. Välillä se ryytyi vanhasta ruoasta siinä määrin, että keskellä astiaa oli enää pieni kolo, mihin ruokaa laitettiin. Se sitten käskettiin syömään tyhjäksi. Mutta eihän siitä mitään tullut, kun rupesi oksettamaan.

Olin kuuden vanha, kun minua alettiin opettaa lukemaan. Sain uuden aapiskirjan ja minun oli istuttava isännän vierellä, kun se teki suutarin töitään. Minulla oli aapiskirja kourassa ja toisessa kädessä tikku ja täytyi sanoa aina mikä kirjain oli kyseessä. Jos en pian sanonut niin silloin läimähti suutarin polvihihna. Mutta se ei ollut mitään sen rinnalla, kun suutari kerran oikein suuttui ja nousi ylös tuoliltaan. Se tarttui minua niskasta ja jaloista kiinni ja paiskasi permantoon. Ensimmäisenä osui lattiaan pääni, ja siihen jäin enkä tietänyt enää mistään mitään. Vasta eräänä päivänä heräsin ja katselin kattoon. Sitten näin, että suutarit tekivät töitään ja emäntä oli toisella puolellani. Minut oli laitettu lavitsalle selälleni ja päähäni oli kiedottu rasuja. Pyysin että ne otettaisiin pois, koska ne kiristivät. Mutta samassa päässäni viilsi ja vajosin tajuttomuuteen. En tiedä miten pitkään olin ollut tiedottomana, kun minut nostettiin tuolille istumaan. Rasut olivat yhä päässäni ja pyörrytti. Pyysin että niitä höllättäisiin, mutta eivät suostuneet vaan panivat minut takaisin petiin. Taisi kulua muutama vuorokausi, kun heräsin eräänä aamuna. Suutarit olivat poissa ja olin emännän kanssa kahden. Rasut oli otettu pois päästäni ja sain kävellä. Tunsin yhä heikkoutta. Siitä mistä sairasteluni oli johtunut, ei taidettu juurikaan puhua.

En päässyt ulos kuin tarpeilleni tunkiolle, joka oli porstuan pohjoispuolella ja jossa kaikki muutkin kävivät. Sitten emäntä rupesi opettamaan minulle lukutaitoa, joka sujui hyvin ja opin pian. Väliajat olin vapaa eikä ollut mitään tekemistä, joten ryhdyin leikkimään torakoiden kanssa. (Jos sitä nyt leikkimiseksi voi sanoa.) Otin kiinni isompia ja irrotin torakan munakotelon ja panin tilalle hienon höyhenen, joita olin saanut kun priittasin emännän kanssa höyheniä. Sitten päästin torakan menemään seinälle. Ja lopulta sinällä kiipeili paljon torakoita, joilla oli höyhen koristeenaan.

Kävin kuudetta vuottani. Meni talvi ja saapui taas kesä. Oli hauskempaa kun suutarin pojat olivat nyt kotona. Ne opettivat minut onkimaan kaloja kissalle. Valmistivat nuppineulasta koukun, missä ei ollut väkästä, joten sen sai helposti kädestä tai säärestä irti. Sitten pojat pystyttivät metsän aholle neljävartisen puukeinun, siinä kun oli kartanon metsää lähellä. Siellä sitä oli mukava keinua vaikka yksinkin. Ja tulihan sinne välillä naapurissa asuvia Kivistön lapsiakin. Juuri niiltä sainkin kuulla, että se yksikätinen karjapaimen oli lähettänyt minulle tiedon, että saapuisin iltapäivällä pienen peltokappelin kulmalle kylätien varrelle. Se oli sanonut antavansa minulle eväänsä loput, koska oli kuullut minun saavan liian vähän ruokaa. Minä lupasin tulla.

Tapasin paimenen, joka oli n. 20-vuotias iloinen nuorimies. Se antoi minulle lihaa, leipää ja voita. Teimme sopimuksen, että käyn päivittäin hakemassa ruoat eräästä puunhaarasta, jonne mies lupasi ne jättää. Tyytyväisenä kävin paikalla viikon ajan syömässä paimenen tuomia eväitä. Mutta sitten emäntä sai jostakin tietää mitä puuhasin, ja minua ei enää päästetty nauttimaan paimenen ruokia. Olin tietysti sanomattoman pettynyt ja harmissani.

Mutta se oli viimeinen kesä siinä talossa. Sain tietää sen isältäni, joka kävi minua katsomassa. Se oli kuullut kylillä miten minua hoidettiin ja kohdeltiin, ja se sanoi että pääsisin pois vappuna. Isän lähdettyä oli ikävä jäädä sinne, kun oli vielä pitkä talvikin ennen kuin vappu koittaisi. Mutta sitten koin iloisen yllätyksen, kun vanhin siskoni Alma tuli käymään. Se oli silloin rippikouluikäinen tyttö enkä tahtonut tuntea sitä. Alma otti minusta mitat ja lupasi laitattaa minulle vaatteet. Mutta ne vaatteet on kyllä vielä tänäkin päivänä teettämättä, ja Almakin on jo vainaa. Joten se kolttu ylläni oli vain jatkettava eteenpäin.

Ja kun saapui talvi, oli pysyttävä taas tuvassa. Vintiltä oli jälleen haettava kenkärajat, koska vesi oli kannettava järven avannosta. Lisäksi lehmille oli tuotava hakoja niiden alle. Eihän se metsä kaukana ollut, mutta lumi vaikeutti asiaa. Kerran kun menin metsään, otin mukaan hakakirveen, sillä oli parempi karsia oksia puista. Mutta sitten löin kirveellä kenkärajan läpi vasempaan jalkapöytääni. Seurauksena syntyi iso haava ja verenvuotoa. Köytin havut nippuun, nostin selkääni ja painuin kotiin. Haava sidottiin. Sitten havut taas loppuivat eikä emäntäkään jalkavaivaisena päässyt metsään. Minä kykenin sentään hakemaan reellä, vaikka se olikin ontumalla hankalaa. Jalka parani, ja arpi jäi siitäkin muistuttamaan.

Olin oppinut lukemaan niin hyvin, että minut oli tarkoitus viedä lukukinkereille. Mutta ongelmana oli mistä minulle vaatteet. Eihän sinne nyt sentään rohdinnutussa ja kenkärajoissa voinut lähteä. Suutarille tuli kiire valmistaa minulle saappaat, joista olin iloinen. Pulmana oli vielä vaatteet. Mutta hätä keinot keksii. Kivistöllä oli minun kokoisia lapsia, joten vanhempi poika meni sinne ja lainasi vaatteita. Ne sopivat minulle hyvin. Olin siis valmis lähtemään kinkereille kartanoon. Tunsin itseni mieheksi, kun minulla oli ylläni vaatteet ja saappaat. Se oli suuri kartano ja siinä sitä oli katseltavaa, kun en ennen ollut sellaista nähnyt. Menimme isoon väentupaan, jossa oli pitkiä pöytiä ja hyllyillä kirjoja. Pöytien takana istui isoja miehiä mustissa puvuissa ja kaikilla oli silmälasit päässään, yhdellä isot ja pyöreät ja tuumailin, että mikähän mies tuokin on. Sitten kun ruvettiin laulamaan, muuttui saman miehen suukin isoksi ja pyöreäksi ja se lauloi kovaa. Myöhemmin minulle kerrottiin, että sitä sanottiin lukkariksi. Pöydän takana istui myös pappi, joka viittasi minut eteensä, katsoi minua ja kysyi: ”Osaatkos poika jo lukea?” – ”Osaan”, minä vastasin. Pappi asetti avoimen kirjan eteeni ja sanoi: ”Lueppas tuosta alusta.” Ja minä luin ja sain kiitokset ja pienen kirjan palkkioksi. Sitten sain poistua pihalle, jossa taas ihastelin kartanoa. Vielä kotimatkalla olin mielissäni vaatteistani ja varsinkin saappaista, sillä yhtään ei paleltanut jalkoja. Mutta mitenkäs ollakaan, kun päästiin kotiin. Minua kehotettiin riisumaan välittömästi vaatteet ja saappaat yltäni ja vetämään se kolttu ylleni. Kuulin sivusta kun ne puhuivat, että joku on saman kokoinen kuin minä ja sille jollekin oli saappaat tilattu ja tarkoitus luovuttaa.

Aika kului ja suutarit lähtivät pitäjälle töihin ja minä jäin emännän kanssa jälleen kahden. Yhtenä aamuna emännän jalat vaikuttivat sen verran paremmilta, että se alkoi tehdä lähtöä jonnekin kyläilemään. Kun emäntä oli ruokkinut lehmän, se tuli tupaan ja otti seinältä köyden. Siinä etelänpuolisella seinällä oli pitkä penkki, jossa oli reikä köysien kelaamista varten. Emäntä nouti narua ja sitoi käteni yhteen selkäni taakse ja toisen pään siihen penkin reikään. Siinä minä istuin sidottuna ikkunan kohdalla ja emäntä sanoi: ”Nyt et ainakaan pääse porstuan kaapille ruokavarkaisiin.” Sitten se lähti ja lukitsi porstuan ulko-oven. Istua kyyhötin siinä paikallani ja välillä laskeuduin kyljelleni penkille. Nälkä kasvoi. Juuri nälkä se oli minut ennenkin ajanut porstuan ruokakaapille. Ja sitä minä aloin suunnitella nytkin. Köysi olisi saatava ensin irti, joten rupesin sormillani tunnustelemaan solmuja. Ja kuinka ollakaan tehtävä vaikutti helpolta. Aukaisin solmut varovasti siten, että muistaisin laittaa ne samalla lailla takaisin. Sitten menin porstuaan ja koitin ulko-ovea, se oli lujasti kiinni. Aukaisin porstuan kaapin ja söin mitä oli saatavilla. Muistin että siellä pitäisi olla myös emännän viinipullo. Etsittyäni aikani löysin pullon. Haistoin, sitten maistoin, ja se maistui hyvältä. Join useita kulauksia, mutta en kaikkea, ja panin pullon takaisin. Palasin penkille ja alkoi väsyttää. Onneksi muistin köyden ja sidoin solmun takaisin käsiini. Sitten heittäydyin kyljelleni penkille ja nukahdin.

Heräsin siihen kun porstuan ovi kävi. Nousin istumaan ja koetin olla mahdollisimman viattoman näköinen, kun tuvan ovi aukaistiin ja emäntä tuli sisään. Se silmäili ympärilleen ja nuuhki ilmaa. "Mitä, täällähän tuoksuu viini", emäntä totesi. "Mitäs sinä poika olet taas tehnyt?" Sitten se meni porstuaan, tutki kaappia ja ja palasi takaisin. Se päästi minut irti köydestä ja taas nuuhki ilmaa. Sitten se meni hakemaan uunin nurkasta luudan. Samassa minä ponkaisin penkiltä ja livahdin ovesta ulos ja juoksin lumessa pitkälle. Minulla oli vain kolttu ylläni ja paljaat jalat, joten reisiin ulottuva lumi suli vasten sääriäni. Emäntä koetti tulla perässäni, mutta eihän se minua kiinni saanut. Sitten se rupesi pyytelemään vähän kauniimmin minua tulemaan sisälle ja lupasi olla antamatta selkään. Minua alkoi paleltaa, joten lähdin varovaisesti palaamaan sisään. Emännän lupaus piti, en saanut selkäsaunaa.

Mutta moitteita riitti vielä seuraavanakin päivänä tyyliin: "Pitikin mennä juomaan sitä minun viiniä, senkin lurjus." Se olikin viimeinen temppuni siinä talossa. Tuli kevät ja lähestyi vappu, jota varroin kuin auringon nousua. Sitten tuotiin taas kaksi porsasta petikavereiksi permannolle. En olisi tahtonut niitä vierelleni, mutta suostuttava vain oli. Sanoivat että ne olivat puhtaita eläimiä, joten kyllä ne siinä samassa menivät kanssani. Porsaat laskivat ulosteensa lattialle ja minun täytyi tikkujen avulla noukkia niitä pois ja pyyhkiä rätillä.

Oli jo huhtikuu menossa. Lähdin kävelemään pihalle ja vähän metsäänkin, sillä lunta oli enää vain paikka paikoin. Suutari oli kotosalla. Se oli laittanut pihalle kivien väliin tulen ja siihen päälle padan. Sitten se kaatoi padan täyteen tervaa. Katsoin vieressä, kun terva alkoi kiehua. ”Menehän poika kauemmas ettei roisku päälles”, suutari käski. Siirryin sivummalle katselemaan. Suutari poistui jonnekin. Seurasin miten liekit kasvoivat, ja äkkiä tuli levisi pataan ja terva alkoi palaa räiskyä. Minä huusin lujaa: ”Nyt se palaa!” Suutari pinkaisi paikalle ja ryhtyi vetämään puita padan alta. Sitten se haki säkin ja heitti sen padan ylle. Tuli sammui, mutta suutari oli saanut kuumia tervapriiskeitä käsiinsä ja kiroili aikansa. Sen oli tarkoitus valmistaa tervasta pikeä, jota sitten riittäisi koko vuodeksi.

Tuli vapun aatto. Suutari kehotti minua pesemään itseni oikein puhtaaksi, koska pääsisin huomenna kirkolle. Kysyin mennäänkö me kirkkoon. "Ei mennä", suutari sanoi. "Sinä lähdet Oton mukaan samaa matkaa, kun se menee rippikouluun." Otto oli suutarin nuorempi poika. "Sinä pääset huomenna muuttamaan uuteen paikkaan, isoon taloon. Sieltä tullaan kirkolle hakemaan sinua. Otto saa viisata missä sinun pitää niitä odottaa."

Emäntä pesi saunalla kolttuni ja sain yöksi Oton paidan. Sinä yönä ei uni tahtonut tulla. Heräilin yhtä mittaa, ja aamulla kun alkoi sarastaa, peitin porsaat petille ja nousin ylös. Emäntä pyysi minua vielä nukkumaan, että jaksan sitten kävellä kirkolle. Mutta en kyennyt vaan menin ulos. Toiset jatkoivat vielä uniaan. Myöhemmin ei maistanut edes ruoka, sillä olin niin innoissani lähtemään.

Mutta pulmaksi muodostui se ettei minulla ollut jalkineita, vaikka tiellä oli vielä toisin paikoin jäätä. Nuoremman pojan vanhoista saappaista leikattiin varret pois ja risat teräosat annettiin minulle. Mutta niiden sisään en saanut sukkia enkä räsyjä. Ylläni minulla oli ainoastaan se kolttu, joka oli sentään juuri pesty. Se ylläni ja saappaanterät jaloissani lähdin Oton kanssa matkaan. Saappaanterät alkoivat kalvaa jalkojani, joten kannoin niitä käsissäni aina kun ei ollut jäätä tiellä.

Sitten tulimme isommalle tielle, joka vei Hämeenlinnaan. Siinä oli sulanut kuiva pinta, joten kävelin paljain jaloin. Tuli iso joki ja Räikälän silta. Seisoin sillan kaiteen äärellä ja sanoin Otolle, etten enää halunnut kantaa niitä saappaan risoja. "Saanko mä heittää ne veteen?" kysyin, ja Otto myöntyi. Saappaat lensivät yksi kerrallaan virran vietäviksi. Huomasin että Otto itki. Kysyin minkä takia, mutta Otto vain vastasi: "En minkään." Joten syy jäi minulle hämäräksi. Tulimme kirkolle ja kuljimme kirkkorakennuksen ohitse. Maantieristeyksessä kasvoi isoja mäntyjä ja siinä oli maakuoppa-asunto. Siihen Otto minut jätti ja käski odottaa, kunnes tulevat noutamaan. Sitten, ilman mitään hyvästelyjä, Otto poistui omille teilleen. Siinä sitten odottelin paljain jaloin ja paljain päin. Välillä istuin ja välillä juoksentelin lämpimikseni.

Siinä maakuopassa asui Buurman-niminen perhe, minkä tulin myöhemmin tietämään. Ne olivat olleet aikanaan minun kummeinani. Kuljin siitä ohi ja katselin alas johtavia puolarappuja. Sieltä nousi minua isompi poika, jolla oli pallo kädessään. Poika heitti pallolla minua kylkeen ja se teki kipeää. Peräännyin kauemmaksi ja jäin tienviereen odottamaan. Kirkkoväkeä kulki ohitse, ja kesti aika kauan kunnes paikalle ilmestyi lopulta hevoskärryillä kaksi miestä, jotka pyähtyivät kohdallani. Toinen mies kysyi: "Oletkos sinä se poika, joka olet meille tulossa? Otto Karlsson?" Vastasin myöntävästi. "Kiipeäs poika sitten rattaille, siellä on heiniä alla." Minä kiipesin ja asettauduin heinien alle. Siellä olikin lämmin, kun olin palellut siinä tiellä. Olin ensimmäistä kertaa hevosen rattailla. Miehet antoivat minulle paketin ja sanoivat, että "syö nyt siitä nälkääsi". Kiitin ja otin paketin vastaan. Kyllähän minulla nälkä olikin, kun en ollut syönyt mitään koko päivänä. Siinä oli kaksi limpun siivua ja päällä voita sekä pitkä viipale kotitekoista juustoa. Ja kylläpä osasi maistua hyvältä. Mielessäni kävi, että taitaa olla tuleva paikka parempi kuin entinen.

Minulle tuli siellä heinissä niin lämmin, että nukahdin. En tiedä kauanko nukuin, mutta heräsin siihen, kun kärryt tärisivät mennessämme lujaa mäkeä alas. Tulimme kylään, sitten kiersimme tietä myöten ison järven toiselle puolelle. Sieltä alkoi metsätie, ja kun metsä loppui tuli peltoaukea, jonka takana näkyi rakennuksia. Onkohan se tuo, kävi mielessäni. Ja sehän se oli. Maantien molemmin puolin levisi peltoja, jotka kuuluivat samalle talolle. Ylitimme sillan, joen rannassa seisoi talon sauna. Käännyimme vasemmalle johtavalle pihatielle. Etäämmällä näkyi vielä muutama talo, jotka kuuluivat samaan Venon kylään. Päästiin pihaan. Talon nimi oli Harjula. Siinä oli iso, neliön muotoinen nurmikkopiha, jonka keskelle hevonen pysähtyi. Laskeuduin kärryiltä, seisoin siinä pitkässä koltussani ja katselin ympärilleni ja ihmettelin. Hävetti se asuni ja jökötin vain paikallani. Hevonen vietiin talliin ja miehet menivät sisään. Kohta sieltä ilmestyi iso, lihava mies yllään punainen paita. Vähän minua pelotti, kun se asteli lähemmäksi. "Vai semmoinen mies se sieltä sitten tuli", mies sanoi ja kysyi nimeni. Kerroin sen ja sitten se pyysi minut sisään. Menin isännän perässä sisälle tupaan ja istuin ovensuun penkille samaan paikkaan, josta sittemmin tuli petipaikkani. "Tulehan nyt juomaan kaffeeta", minulle sanottiin. En ollut vielä koskaan maistanut kahvia. Pöydän päähän eteeni tällättiin kahvikuppi, sokeria ja pullanpala. Söin pullan ja sokerin ja maistoin kahvia, joka oli minusta pahan makuista, mutta join kuitenkin. Jatkoin elämää uudessa paikassa sama kolttu ylläni. Mutta ruokailuun tuli muutos, sillä nyt aloin syödä muiden kanssa samassa pöydässä samaa ruokaa ja kyllikseni. Se oli hauskaa ja jotenkin miehistä. Lusikkani minä sain lykätä seinän rakoon, mistä sen aina löysin. Minulla oli myös neliskanttinen, hieman pitkänomainen laudanpala, joka teki lautasen virkaa; siinä oli reikä, josta sen naulaan roikkumaan. Opin ja totuin käyttämään niitä sujuvasti.

Olin silloin ja kuusi– ja puolivuotias. Sinä keväänä minun ei tarvinnut tehdä mitään töitä, vaan sain leikkiä ja juoksennella vapaasti. Ruohikossa nurkan takana tein pieniä heinäseipäitä tikuista ja ruohosta. Keräsin myös käpyjä metsästä ja tein niistä lehmiä. Tikkusista rakentelin pienen piha-aidan ja tallin. Yms. Kerran isäntä tuli taakseni niin hiljaa, etten huomannut sitä ennen kuin se kysyi: "Mitäs nuo ovat?" Selvitin sille aikaansaannoksiani ja se sanoi hieman hymyillen, että "niinhän se pitää talossa aina ollakin". Kai se huomasi, että minulla alkoi olla jo jonkinlaista tiedonalkua talon töistä, joita sitten jäljittelin.

Minulla ei ollut leikkitoveria, joten puuhailin kaikenlaista mitä mieleeni juolahti. Toisinaan juoksin emännän asioilla ja joskus koitin lakaista pihaa jos pyydettiin. Emäntä oli kutonut rohdinkangasta ja minä olin ollut hiukan apuna puolaamassa sille lankaa. Sitten tuli taloon räätäli, joka rupesi tekemään housuja ja takkeja aikuisille. Katselin penkiltä, kun räätäli neuloi pöydällä. Sitten räätäli kysyi emännältä: "Tehdäänkös tälle pojalle kanssa?" – "Kyllähän sillekin täytyisi tehdä", sanoi emäntä. "Kai sitä kangasta piisaa," – "No katsotaan nyt", sanoi räätäli ja vilkaisi minua. Emäntä vielä lisäsi:"Kyllähän poika vaatteet tarvitsee, kun pitää mennä syksyllä kouluunkin." Aprikoin itsekseni, että mikähän se koulukin mahtaa olla. Mutta hyvä kuitenkin että saisin housut ja takin, tuumin ja katselin itseäni. Mikä paikka se sitten lieneekin, niin ei kai sinne sentään voi tämmöisenä mennä. Tuskin siellä toisillakaan on pelkkä kolttu asunaan.

Kun räätäli oli poistunut, ilmestyi taloon kaksi minulle tuntematonta suutaria. Ymmärsin että pitäjässä oli muitakin suutareita kuin ne, joiden luona olin asunut. Saappaita alkoi valmistua, samoin naisten kenkiä. Seurasin työskentelyä siinä vierellä ja tuppasin menemään liian lähelle suutaria, joka veteli pikilankaa saappaan varteen. Sillä oli neula pihtien välissä ja terävä naskali, jolla se teki reikiä nahkaan. Naskali osui vahingossa minuun, mutta ei sattunut pahemmin. Sen jälkeen ymmärsin kyllä pysytellä loitommalla. Usein katselin kaula pitkänä nähdäkseni tekevätkö miehet minullekin saappaita. Ajattelin vähän huolestuneena, että täytyisikö sinne kouluun mennä paljain jaloin. Sitten rohkaisin mieleni ja kysyin suutarilta suoraan saanko minäkin saappaat. "Ei, et sinä saa", sanoi toinen suutari ja huomasin hymyn niiden suupielissä. Tuntui että miehet valehtelivat, joten elin saappaiden toivossa. Työ kesti kauan, koska saappaat oli valmistettava kolmelle miehelle ja kengät kahdelle naiselle: isännälle, rengille ja emännän veljelle sekä emännälle ja palvelijalle. Lisäksi kaikki vanhatkin jalkineet paikattiin. Sitten yhtenä aamuna minulle tuotiin sukat ja pyydettiin vetämään ne molemmat oikeaan jalkaani. Suutari otti jalasta mittaa ja sanoi: "Nyt poika saat saappaat kun et enää tullu liian liki utelemaan. Muuten ei oltais niitä tehty." Ja niin sain elämäni ensimmäiset saappaat. Mutta en saisi pitää niitä kuin vasta myöhemmin kouluun mentäessä. Myös räätäli oli valmistanut minulle takin ja housut, vaikka en ollut tiennyt siitä mitään. Olihan se kerran ottanut mittoja, mutta eivät olleet puhuneet siitä sen enempää. Ja kun vaatteet olivat valmistuneet, oli emäntä vienyt ne heti piiloon. Siksi olin kysynytkin: "Täytyykö minun mennä pelkällä koltulla kouluun?" – "Kyllä vain, ja onhan sinulla saappaat lisäksi", oli emäntä sanonut naama peruslukemilla. "Saat sitten vasta talveksi housut yllesi." Se oli ollut kuitenkin pelkkää puhetta, joka ei pitänyt paikkaansa. Ensin kävin pihakoulua, jota kesti kaksi viikkoa. Vasta sen jälkeen sain ne vaatteet. Olivathan ne kyllä muuten mukavat, mutta niissä oli päistäreitä eli pellavan puuosia ja ne raapivat ja pistelivät ihoon naarmuja. Emäntä lähti ensimmäisenä päivänä mukaani, sillä matkaa isolle koululle oli n. 5 kilometriä, ensin metsätietä puoleen väliin, sitten toista tietä koululle saakka. Matkan varrella ylitettiin silta, jonka kaiteelta oli mukava katsella alas jokeen.

Olin iloinen kun selvisi, että sieltä toisen tien suunnasta tulee kouluun kolme poikaa. Siinä tienhaarassa aina aamuisin tavattiin ja illemmalla erottiin. Syksyllä matka taittui vielä hyvin. Mutta kun koitti talvi ja satoi paljon lunta, oli siinä toisinaan kahlaamista kerrakseen. Sitä metsätietä kuljettiin harvoin, koska hevosilla pääsi paremmin kovempia teitä. Tosin syksyllä oli välillä niin pimeää ettei tietä saattanut nähdä, joten suunta oli katsottava ylhäältä puiden välisen hämärän aukon mukaan. Joskus kun läksyt oli luettu huonosti, saattoi seurata jälki-istuntoon jääminen. Mutta koulussa oli kortteeri, tyttöjen ja poikien erilliset kamarit, joissa sai yöpyä. Kaksi ison talon poikaa, Löyttymäen veljekset Leo ja Willehard, asuivat koululla koko viikon, sillä niillä oli kotiin 10 kilometrin matka. Ne tuotiin maanantaina hevosella ja haettiin lauantaisin kotiin. Ja olihan siellä välillä muitakin yön yli. Minäkin jäin toisinaan yöksi, kun oli oikein pimeää tai paljon lunta. Silloin kyllä nälkä yllätti, koska evästä oli tullut mukaan liian vähän. Mutta sain syötävää veljeksiltä, joilla oli mukanaan palvattua vuohenlihaa ja vuohenjuustoa, voita, leipää sekä perunoita, joita keittivät kortteerin hellalla. Olin käynyt veljesten luona kylässäkin, ja niillä oli paljon vuohia sekä pukkeja. Nukuin permannolla päänalustana lakki ja koulupussi. Luin silloin siellä läksyni. Toisinaan tuppasi tulemaan jotain riitaakin, mutta sopu syntyi yleensä pian.

Sitten olikin koulun kuusijuhlan aika, ja se vasta oli minulle kokemus, sillä en ollut ennen nähnyt kuusta koristeltuna. Isommat eli neljäsluokkalaiset olivat sitä koristelemassa. Oksilla oli rinkeleitä, possuja, karamelleja yms. Lisäksi siinä kimalteli lankoja ja tähtiä, joten kylläpä osasi olla kaunis kuusi. Sitten mentiin piirileikkiä kuusen ympärillä. Ja annans olla kun sisään astui iso, harmaapartainen äijä suuri pussi selässään. Sanoivat sitä joulupukiksi ja se jakeli kaikille kääröjä, jotka sisälsivät pullaa, karamelleja ja piparkakkuja. Muistan sanoneeni: "Eihän tuo pukki ole kun sillä ei ole sarviakaan." Meidän isäntä oli myös siellä, joten pääsin sen kyydissä takaisin kotiin.

Itse jouluun oli aikaa viikko ja kotona kävi kiireinen hyörinä. Emäntä ja palvelija ryhtyivät valmistamaan leivintuvassa sahtia, se oli rakennus päätalon vieressä ja sen toisessa päässä oli maitokamari. Sahdin teko oli mielenkiintoista seurattavaa. Siinä oli pitkä kuurna eli kouru ja tikkuja ristiin rastiin pohjalla ja olkia päällä. Siihen laitettiin ohraa, rukiita ja kuumaa vettä päälle. Sitten se kaadettiin olkien läpi saaviin. Keittivät vielä humalia, jotka kaadettiin myös saaviin. Siinä se sai sitten käydä jonkin aikaa, kunnes kaadettiin tynnyriin, jonka reijät tukittiin ja taikinalla tiivistettiin.

Sen jälkeen alkoivat leipomiset ja perunoiden ja lanttujen kuorimiset. Siinä vaiheessa sattui taloon saapumaan kupariseppä, jota sanoivat kuparslaakariksi. Mies tinasi pari pannua. Oli aatonaatto ja miehet, isäntä, Jooseppi-renki ja kupariseppä, rupesivat maistelemaan sitä sahtia. Aikaa kului ja miehet alkoivat tulla juovuksiin. Jossain vaiheessa Jooseppi-rengin ja kuparisepän välille syntyi riitaa, joka yltyi siihen mittaan, että miehet kävivät kiinni toisiinsa. Kaatuivat tuvan permannolle ja siinä polvillaan tarrasivat toistensa hiuksiin kiinni. Minä pujahdin karkuun ja syöksyin leivintupaan ilmoittamaan emännälle mitä oli tapahtumassa. Näimme ikkunasta miten renki juoksi pakoon, sitten ovesta ilmestyi kupariseppä. Viimeisenä tuli isäntä kädessään hiilihanko. Miehet pääsivät karkuun eikä isäntä niitä löytänyt, ja siihen se tilanne taisi päättyä. Sahtitynnyriä säilytettiin maitohuoneessa, jonka emäntä laittoi nyt lukkoon ja pani avaimen taskuunsa.

Tuli jouluaatto. Lusikat ja lautaset pestiin ja muutenkin paikkoja puhdistettiin. Joulukuusi tuotiin tupaan. Pöydälle levitettiin valkoinen lakana ja lattialle olkia. Tuvassa oli iso kakluuni ja siinä iso suuaukko, sinne laitettiin halkoja pystyyn ja palamaan. Sitten loikoilimme oljilla siinä tulen loisteessa. Emäntä ja palvelija kantoivat ruokia pöytään. Siinä oli ainakin lanttu- ja perunalootaa, iso sianlihan kimpale, voita, leipää, sieniä, omatekoista juustoa, ryynipuuroa ja uunissa paistettua maitoa. Juomisena oli kirnupiimää ja sahtia haarikassa. En jaksanut jokaista lajia edes syödä. Pöydällä paloi lisäksi itse tehtyjä kynttilöitä, jotka valaisivat mukavasti. Yleensähän tuvassa käytettiin palavia päreitä, jotka oli ripustettu muurin kulman pitimiin.

Jouluaamuna lähti väki aikaisin kirkkoon. Talon kolmesta hevosesta kaksi lähti viemään. Siinä oli mukana myös torppien asukkaita, sillä taloon kuului kaksi torppaa. Minä en päässyt mukaan, vaikka olisin kovasti halunnut, joten jäin palvelijan kanssa kotiin.

Aika vieri ja taas oli lähdettävä kävellen kouluun, vaikka kuinka olisi pakastanut. Välillä huuhtelin kasvoni sillan pielessä, missä oli avanto. Tukka siinä kyllä jäätyi, mutta en välittänyt. Tuli helmikuu ja laskiainen. Saimme lomaa ja pääsimme liukumaan mäkeä kukin kotipaikalleen. Mutta ei ollut niin hyviä mäkiä siellä päin muualla kuin Venon kylässä, jossa minä asuin. Ja sinne sitten kokoontui meitä paljon. Joen molemmin puolin oli torpat ja niiden välissä isot mäet. Pienen matkan päässä sillan yläpuolella oli mylly, ja siinä sillan ja myllyn välissä levisi joessa suvanto. Siinä oli avanto josta haettiin vettä. Minä ja Hietasen Luukas olimme tiellä mäen päällä ja meillä oli vesikelkka. Minä istuin kelkan keskelle ja Luukas asettui kannoille. Sanoin sille, että "muista sitten ohjata äläkä hyppää pois", sillä tunsin Luukkaan tavat. Lähdettiin, ja koska mäki oli vähän vino ja kelkka luisui, hyppäsi Luukas pois kannoilta. Huomasin sen mutta en voinut tehdä enää mitään. Kelkka syöksyi sillan kaidetta vasten ja putosi avannon kohdalle kumoon. Minä lensin pää edellä suoraan avantoon. Joessa oli siinä kohdin ainoastaan reilu puoli metriä syvää, joten pääni osui pehmeään mutapohjaan. Käänyin ja etsin käsillä avantoa, mutta sitten minulta katosi taju. Kerrottiin että pojat olivat juosseet avannolle ja nähneet takinliepeeni ja tarttuneet siihen ja pitäneet kiinni. Toiset olivat sillä aikaa juosseet hakemaan apua torpasta, ja sieltä oli tullut Koskipään Oskari, jo aikamies. Se oli kiskonut minut ylös jäälle. Olin kuulemma ollut iholtani miltei musta. Minut oli kannettu läheiseen Ajalan torppaan, riisuttu vaatteet yltä ja asetettu tynnyrin päälle, jossa olivat ravistelleet ja koputelleet minua aikansa. Heräsin vihdoin uunin valkean edessä, jossa kaksi miestä minua lämmitti. Hävetti siinä alastomana olo, sillä tupa oli täynnä ihmisiä. Olin niin kuin kuollut, sillä ruumiissani ei ollut mitään tuntoa. Sitten yhtäkkiä alkoi korvissa kohista ja vettä purskahteli nenästä ja suusta. Sen jälkeen aloin palella kovasti.

Harjulan isäntä oli saanut kuulla tapahtumasta ja ajoi hevosella paikalle. Minut vietiin fällyjen sisään käärittynä kotiin, jossa pantiin makuulle ja peiteltiin hyvin. Sitten juotettiin paljon kuumaa teetä ja yritettiin syöttää, mutta se ei tahtonut maittaa. Kesti parisen viikkoa ennen kuin toivuin ja koulu saattoi taas jatkua. Olin jäänyt muista aika paljon jälkeen, mutta sain ne kuitenkin tavoitettua. Siinä se sitten talvi kului ja koitti kevät, vapun aikoihin tuntui jo aivan kesältä, mikä oli mukavaa.

Siinä koulun lähistöllä oli yhtä ja toista nähtävää. Oli mm. tervapruuki, missä valmistettiin kannoista tervaa ja tervasta pikeä sekä tärpättiä. Kävimme siellä välillä seuraamassa kuinka homma toimi. Pruuki oli sen Löyttymäen kartanon omistuksessa, samoin kuin koulukin. Janakkalan kunnalla ei siihen aikaan ollut kuin yksi koulu, joka sijaitsi Vähikkälässä. Koulu päättyi ja saimme todistukset. Tuloksia en enää muista, mutta en minä ihan huonoimmastakaan päästä ollut, ja ainakin laskento sujui hyvin.

Alkoi toinen kesä Harjulassa. Tein välillä pieniä töitä, ajoin mm. aamuisin karjaa laitumelle ja kävin emännän kanssa asioilla. Sain ajaa hevostakin, kun kuskattiin heinää tai lantaa pelloille. Olin myös ruispellolla sidontahommissa ja perunamaalla noukkimassa pottuja. Ja siinähän se kesä vierähti ja saapui syyskuu ja täytin 4. päivä kahdeksan vuotta. Aloitin koulun toisella luokalla. Löytyn talon pojat tulivat myös, Willehard aloitti neljännellä ja Leo kolmannella luokalla. Oli hauskaa olla taas tuttujen kanssa. Mutta sitten alkoivat pimeät illat ja matka kotiin muuttui ikäväksi kulkea. Löytyn Willehard sanoi, että "jää tänne yöksi". – "Mulla ei ole evästä enää", minä sanoin. "Saat meiltä", lupasi Willehard ja asia oli sillä selvä.

Välillä kävimme koulun viereisessä koivumetsässä, missä meillä oli narukeinukin. Siellä hämärässä Willehard otti esiin piipun ja tupakkapussin ja polttelimme vuoron perään. Siinä täytyi sytyttää varovasti, ettei opettaja nähnyt tulta. Silloin oli ensimmäinen kerta kun maistoin tupakkaa. Pahaahan se oli, mutta piti vain kärssätä koska se tuntui jotenkin niin miehiseltä.

Joulu läheni, mutta se ei enää tuntunut samalta kuin ennen. Tosin se toi vähän vaihtelua, kun isäntä kävi ostoksilla Turengissa (joka oli siihen aikaan kuin pieni kaupunki) ja toi mm. öljyllä palavan kattolampun. Se piti sytyttää heti palamaan, jotta nähtiin miten se toimi. Mutta käyttöön se otettiin vasta joulun aatonaattona. Sitten hankittiin lisäksi pienempiä tuikkuja, ja minäkin sain yhden läksyjen lukemista varten. Päreet jäivät pois käytöstä ja se lisäsi mukavuutta elämään. Tuli sitten laskiainen ja isäntä kysyi minulta virnuillen: "Meinaatko poika mennä taas mäkeä laskemaan?" – "En mene enää koskaan", minä vastasin ja isäntä vain hymähteli. Minä pysyttelin kotona kun toiset olivat laskiaismäessä. Heijasin vauvaa, sillä emäntä oli saanut kesällä pojan. Tein sitä välillä, kun emäntä esim. kirnusi. Sain aina palkaksi melkoisen voileivän.

Viikko laskiaisen jälkeen poika tuli sairaaksi. Lääkäriä tai sairaanhoitajaa ei ollut Hämeenlinnaa lähempänä. Tulin koulusta, söin ja join kahvia. Sitten istuin penkille ja rupesin lukemaan läksyjäni. Emäntä heijasi lastaan siinä vierelläni, koska poika itki. Äkkiä isäntä ilmestyi kamarista tupaan ja ärähti vihaisena: "Miksi sä sitä poikaa huudatat!" En muista mitä emäntä vastasi, mutta sen kyllä, että isäntä sieppasi seinältä hevosen rinnustimen. Sitäkään en muista löikö isäntä vaimoaan, mutta minulle mies äyskäisi: "Mitäs siinä toljotat. Lue sinäkin vaan sitä kirjaas!" Samalla se läimäytti minua silmien kohdelle poikittain sillä uudella rinnustinremmillä. Onneksi silmäluomeni olivat juuri sillä hetkellä kiinni. Mutta kyllä lukeminen loppui siihen, sillä isku oli ollut sen verran kova, että vei kaksi viikkoa ennen kuin sain kipeät silmäni auki. Opettaja sai tietää asiasta ja tuli käymään ja kehotti hautomaan silmiä kylmällä vedellä joka päivä. Samalla opettaja antoi isännälle aika läksytyksen pahoinpitelyni johdosta. Ihmiset sanoivat, että minulla oli mustat silmäluomet, itsehän en sitä nähnyt. Luulin jopa jossakin vaiheessa, että tulisin tykkänään sokeaksi.

Sitten se talon lapsi kuoli ja pidettiin hautajaiset. Talvi kääntyi kevääksi ja koulukin päättyi. Olin käynyt kaksi luokkaa ja enempää ei kunnan puolesta järjestetty. Sain siirtyi töihin. Isäntä oli sanonut kasvattavansa minusta itselleen pojan. Se vei minut pellolle kylvämään pellavaa, minä sain ruveta hevosen kanssa äestämään ja isäntä kylvi. Ja hyvinhän se sujui. Oli myös pantava kaurapelto oraalle, joten sitä sitten jyräämään. Jyrä laitettiin hevosen perään, jossa oli iso tukki pyörimässä. Siihen päälle oli asetettu lauta, jossa voi istua ja ohjata. Yhden saran ehdin jo jyrätä, ja kun tulin toista sarkaa pientä alamäkeä, lipesi jalkani pois etulaudalta ja putosin suulleni sinne väliin. Huusin hevosta pysähtymään, mutta se ehti mennä sen verran, että jyrä kieri jalkojeni yli selän keskelle ja pysähtyi siihen poikittain. En päässyt pois ja se painoi aika lailla. Hevonen seisoi vain paikallaan. En millään olisi kehdannut huutaa apua, mutta pakkohan se vain oli, sillä jyrä painoi sietämättömästi. Siinä oli sadan metrin päässä miehiä levittämässä lantapatteria. Ne vilkuilivat suuntaani kun minua ei näkynyt, huusin niitä auttamaan. Miehet tulivat ja nostivat jyrän syrjään, että pääsin alta pois. Puhelivat, että onneksi maa oli pehmeää, siinähän olisi muuten voinut katketa vaikka selkä. Kehottivat sitten olemaan vastedes varovaisempi. Istuin taas laudan päälle ja käskin hevosen liikkeelle.

Sitten kun kesantomaat oli kynnetty ja sonta sekoitettu, sain ruveta toisten kanssa perkaamaan ojien pohjia puhtaaksi. Sen jälkeen oli haravoitava heiniä kasaan. Lisäksi ruispellolla oli tehtävä ruissitomia. Työ oli raskasta, olinhan täyttämässä syyskuussa vasta kymmenen vuotta. Mutta pärjäsin sentään jotenkin, kun oikein sisulla yritin. Minulla oli yhä samat vaatteet, mutta paidan olin sentään saanut lisäksi. Aamuisin hain hevoset haasta ja iltaisin vein takaisin. Kerran menin taas hakemaan hevosia ja etsin niitä pitkin metsää. Silloin huomasin pienellä mäentöyräällä ison otuksen kiipeävän kapeaa männynrunkoa ylös. Otus jäi rungon puoleen väliin ja katseli alas, minua kai. Sieppasin suitset vyöltäni ja rupesin läimimään niillä puunrunkoa saadakseni otuksen tulemaan alas, mutta se pysytteli ylhäällä. Ajattelin, että olisipas kirves niin olisin kaatanut koko puun. Sitten luovutin ja lähdin hakemaan hevosia. Kotona kerroin tapahtumasta ja isäntä pyysi minua kuvailemaan eläintä tarkemmin. Sen tehtyäni isäntä totesi, että hyvä kun en saanut eläintä niskaani, sillä kyseessä oli selvästi ollut ilves. Isäntä kertoi ilvekesen vaarallisuudesta, ja vasta siinä vaiheessa minua alkoi pelottaa. Isäntä otti kiväärin seinältä ja aikoi lähteä ilvestä katsomaan, mutta emännän veli sanoi, että "turhaan menet, se on jo livahtanu tiehensä". Sen jälkeen olin metsässä varovaisempi ja katselin tarkemmin ympärilleni.

Saman vuoden kevätkesänä siellä oli liidellyt suuria kotkia, jotka olivat päästelleet vinkuvia ääniä. Isäntä oli sanonut: "Niillä on pesä tuolla meidän takametsässä. Jahka tulee poikasia niin täytyy mennä ampumaan niitä." Sitten eräänä aamuna isäntä otti aseen seinältä ja pyysi minut mukaansa takametsään, jossa saisin nähdä suuria puita. "Ja tiedä vaikka löydettäisiin samalla kotkanpesäkin", se sanoi.

Innostuin kovasti. Kuljimme perätysten pitkin vanhaa talvitietä. Metsää ja nähtävää piisasi, oli jos minkänäköisiä suuria puita. Sitten tulimme isoon kuusikkoon, puut olivat pitkiä ja paksuja eikä niiden latvoja tahtonut nähdä. Pysähdyttiin ja isäntä tarkasteli kuusia. Kohta se sanoi: "Katsos tuota risukasaa tuolla kuusessa. Näetkö, siellä liikkuu poikanen?" Näin poikasen pään pesän reunalla. Iso kotka liiteli ja vingahteli korkeuksissa pesäkuusen yllä. Isäntä kehotti minua piiloon ettei emo näkisi. Sieltä katselin miten poikanen nousi pesän syrjälle seisomaan ja laski ulosteen alas. Samassa isäntä tähtäsi ja laukaisi. Poikanen putosi maahan mätkähtäen. Ja kun menin poikasen lähelle, isäntä kielsi koskemasta siihen. Sitten isäntä asetti kiväärinpiipun poikasen kynsien lähelle, ja heti sen kynnet puristuivat piipun ympärille. Isäntä valisti: "Koskaan ei pidä ottaa elävää petolintua jaloista kiinni, se voi katsos painaa kyntensä ranteista läpi. On niillä sellaiset voimat."

Pelkäsin siinä kuusen alla emon hyökkäystä, koska isäntä oli siitä varoittanut. Odotimme jonkin aikaa ja isännällä oli kivääri valmiina laukaistavaksi, mutta emoa ei enää näkynyt. Sitten isäntä köytti poikasen jalat ja otti sen käteensä ja toiseen aseensa. Palasimme kotiin ja isäntä levitti haukanpoikasen tallin seinälle ja se mitattiin. Siipien väli kärjestä kärkeen oli 110 senttiä, joten oli siinä poikasella kokoa.

Samana keväänä oli tullut paljon pääskysiä. Ne tekivät pesiään rakennusten päätyihin. Myös pihaton eli navetan sisälle kattoparrujen päälle. Koska emäntä päivitteli, että pääskyset sontivat sieltä alas, kun se lypsää lehmiä, aloin minä pudotella kepillä pesiä. Niissä ei ollut vielä poikasia. Olin juuri pudottamassa pihatossa yhtä pesää, kun isäntä ilmestyi ovelle ja seisoi siinä pitäen risua selkänsä takana. Se kysyi mitä teen, ja minä etten mitään. Mutta olihan se jo nähnyt. Ei sentään antanut siitä risusta, mutta piti kovan puheen, jossa kielsi hajottamasta enää pääskysten pesiä. "Niitä on kaunista katsella ja se niitten uloste menee pääasiassa tallin puolelle, joten ei siitä mitään vahinkoa ole", sanoi isäntä. "Ja jos vielä näen sinut niitä hajottamassa, saat kyllä selkääs." Siihen loppui pääskysten pesien tuhoaminen minun kohdallani, enkä ole tehnyt sitä koskaan sen jälkeenkään.

Tuli syksy ja lehmät tuotiin pihattoon. Alkoi hakojen hakkuu kuivikkeeksi lehmille, naputtelin niitä tukin päässä pihaton oven luona. Kun tuli talvi ja lunta, muuttui työ ilkeäksi tehdä. Mutta onneksi isäntä teetti suutarilla minulle rukkaset, joilla työ sujui helpommin. Välillä hakattiin miehissä isompikin kasa hakoja, joita sitten riitti pitemmäksi aikaa. Talvella tuli pihatossa puute vedestä, kun tukeista rakennettu vesipumppu meni epäkuntoon. Se kulki n.100 metriä joesta pihattoon. Jouduttiin ajamaan hevosella vettä avannosta läheltä siltaa. Minä puolestani lykkäsin joka päivä kelkalla ja saavilla vettä tupaan. Myös halkoja oli vietävä taloon ja pihaton rännitupaan, joka sijaitsi pihaton päässä ja jossa haudottiin syrpyä lehmille ja keitettiin sioille perunoita.

Kun hevosten sonta koottiin kasaan tallin lattialle, toi palvelija sinne olkisuppua suurella kessillä. Se kaatoi olkisupun sontakasan päälle, sekoitti lapiolla ja pisteli takaisin kessiin. Sitten palvelija kantoi kessin rännitupaan, kaatoi sisällön isoon tiinuun ja kiehuvaa vettä päälle. Sen jälkeen se oli valmista vietäväksi lehmille, jotka lypsivät hyvin kun saivat syödäkseen lämmintä soppaa. Minua kyllä vähän iljetti sen seoksen haju ja näkeminen.

Isäntä hakkuutti takametsästä mäntyjä ja kuusia ja sahuutti niistä lankkuja. Joulun jälkeen niitä alettiin ajaa Ryttylän asemalle. Minäkin pääsin ajamaan kolmatta hevosta. Ja kun kuormat oli viety, lähti isäntä myymään niitä Helsinkiin, missä se viipyi kauan.

Vuodenajat seurasivat toisiaan ja elettiin syksyä. Isä tuli lopultakin hakemaan minut, ja sitten sitä lähdettiin isän ja äitipuolen kanssa sitä tietä, joka meni sen tutun koulun ohi. Ja nyt aukeni eteen paljon uutta nähtävää. Sivuutimme kyliä ja kartanoita ja isä mainitsi niiden nimiä, jotka on jo unohtuneet. Saavuimme Janakkalan kirkolle. Odottelin äitipuolen kanssa kun isä kävi pappilassa muuttamassa kirjani pois Janakkalasta. Kävimme kummitätini luona ja isän entisessä kodissa, jossa oli ollut leipomo ja puoti. Siinä oli mukulakivistä tehty leipomouuni. Se oli syntymäpaikkani.

Sitten jatkettiin matkaa. Mäen alla kirkolta eteenpäin oli Räikälän lähde. Sitä siinä katseltiin. Oli kuulemma historiallinen paikka, missä piispa oli kastanut ensimmäisiä kristinuskoon kääntyneitä. En muista oliko kyse samasta piispasta, jonka Lallin kerrottiin tappaneen Köyliön jäällä. Menimme senkin paikan ohi, missä Aino-sisko oli kasvattina. Paikka oli Hellenberg. Isä sanoi, että mennään katsomaan Ainoa joskus toiste, kun se on vielä niin pienikin. Kaksi vanhempaa ihmistä sitä hoitivat. Olisin kyllä mennyt mielelläni sitä katsomaan, mutta isällä oli kiire Lopelle yöksi. Siellä oli Fanni-sisko palveluksessa eräässä talossa ja sinne mentiin yöksi. Näin Fannin ensimmäisen kerran ja se tuntui mukavalta. Illalla kun mentiin ylös, Fanni siivosi kamaria. Huomasin sängyn alla olevan lätäkön ja kysyin siitä Fannilta, joka varoitti sormellaan, että emäntä oli toisessa huoneessa ja väliovi auki. Fanni kuiskasi minulle, että emäntä laskee alleen. Minä ihmettelin, kun koko sängyn alusta lainehti. Fannia nauratti ja se kertoi, että niin kävi lähes joka yö ja hänen täytyi siivota jäljet.

Jatkettiin matkaa. Muistelen että olisimme tulleet Läyliäisten kautta ja sitten Kytäjärven eteläpuolista tietä. Sitten jatkettiin monia metsäteitä kohti etelää. Jonkin kartanon torni näkyi metsän takaa. Isä sanoi että se oli Pirunlinna. Kun kysyin mistä moinen nimi, kertoi isä että siellä oli niin häijy haltija. Tulimme Järvenpään asemalle, ylitimme rautatien ja jatkoimme radanvarren vasenta puolta likelle kylää, missä oli Paslaari –niminen talo. Isä sanoi Arttu-veljeni olevan siellä renkinä ja Artun tulevan pyhänä käymään. Mentiin edelleen kilometrin verran ja tulimme isän kotiin. Se oli maantien ja Porvoon radan kulmauksessa, rautatie oli tontin toinen raja ja maantie toinen. Ylikäytävä oli aivan vieressä. Mentiin pihaan. Isä vei hevosen talliin ja aukaisi talon oven. Talossa oli kolme huonetta. Lisäksi oli sauna, talli ja puuliiteri. Peltoa ei lainkaan. Yhdessä huoneessa oli uuni, jossa isä leipoi.

Ne kävivät yhdessä hevosen kanssa myymässä kylillä leipää. Minä sain lähteä niiden kanssa, se oli mukavaa puuhaa. Sain kunnian olla hevosen luona ja katsoa ettei kukaan menisi kuormaamme seulomaan, siellä kun oli isompi varasto leipää.

Syksy eteni. Arttu-veli pääsi vapaaviikolle, ja Pyhäinmiesten päivänä se tuli kotia. Ne alkoivat pohdiskella mihin minut sovitettaisiin talveksi, kun äitipuoli ei oikein suvainnut minun siinä asumistani. Syynä taisi olla se, että minä söin kuten toisetkin, eikä minua voinut opettaa kuten mustalaiset hevostaan olemaan syömättä. Lopputulos oli se, että minut päätettiin viedä räätälin oppiin

Helsinkiin. Tiesivät jonkun räätäli Pihlmanin Unioninkadulla lähellä Pitkäsiltaa. "Viedään poika sinne ja käydään samalla katsomassa Kallea, joka on sotaväessä Uudenmaan pataljoonassa. Se kasarmihan on siinä Kaisaniemenkadun päässä." Niin lähdettiin kolmisin hevosella kohti Helsinkiä. Tiellä aprikoin, että minkähänlainen se kaupunki mahtaa olla. Kuljimme Tuusulan kirkon ohitse. Hyrylän kasarmilla oli paljon venäläisiä sotilaita, koska siellä oli kuulemma venäläinen tykistö. Silloin näin ensimmäisen kerran tykkejä. Niitä vetivät hevoset joiden selässä miehet istuivat. Matka jatkui vielä pitkälti. Sitten alkoi näkyä kaupungin taloja. Ja siinä sitä vasta oli nähtävää. Oli vosikoita ja hevosten vetämiä raitiovaunuja, joita sotamiehen näköiset miehet ohjasivat ja moikottivat äänimerkkejä. Minulla oli iso työ siinä, kun jokaiselle piti nostaa lakkia ja sanoa päivää. Sitten isä huomasi sen ja sanoi, ettei täällä tarvitse tervehtiä eikä sanoa päivää. "Ne oli tuttuja koska nauroivat", minä sanoin. "Ei ole", sanoi isä. "Nauravat siksi kun nostelet lakkias ja luulevat sua hulluksi." Minua oli kovasti opetettu, että vastaantulijalle pitää aina nostaa lakkia. Opettajakin oli sitä koulussa painottanut. Mutta siitä lähtien lopetin lakin nostelun kaupungissa.

Menimme katsomaan Kalle-veljeäni kasarmille, joka oli iso rakennus. En muistanut nähneeni Kalleakaan aikaisemmin kuten en muitakaan sisaruksiani. Kallen huoneessa oli useita muitakin sotamiehiä sekä kivääreitä seinällä. Sieltä mentiin sitten räätälin luokse. Se oli pitkä, kalju mies. Asioista sovittiin ja minulle näytettiin paikkoja. Kellarikerroksessa olivat makuuhuoneet, ja minä sain makuupaikan kiviseinän syvennyksestä, johon juuri mahduin kyyryssä menemään makuulle. Siellä minä sain sitten pyhät ja vapaa-aikani viettää. Vain syömään ja tarpeilleni sain tulla sieltä pois.

Arkipäivät vietin muualla, sillä räätäliliikkeen toinen verstas sijaitsi Johanneksen kirkon lähellä. Mestari opetti minut kulkemaan sen välin, jonka kuljin sen jälkeen yksin joka aamu aikaisin ja palasin illalla takaisin Unioninkadulle. Aamulla piti mennä tekemään valkea tryygikaminaan ja tryygirauta sille kuumenemaan. Kamina oli isossa huoneessa laudoitetussa kopissa. Siellä oli töissä kisällejä, jotka istuivat kookkaalla pöydällä ja neuloivat. Menihän se muuten, mutta kun oli ainainen nälkä. Aamuisin kun läksin, en saanut syödäkseni juuri muuta kuin pari silakkaa ja palan leipää ja toisen palan evääkseni. Räätälin kisälleillä oli eväänään voileipiä ja makkaraa. Sitä oli paha katsella, mutta minkäs teki. Sitten rupesi eräs mummo käymään myymässä kuumia, sokerisia munkkeja. Olisi niitä kelvannut syödä, mutta milläs minä niitä ostanut olisin, kun ei ollut penniäkään rahaa. Pari kertaa yksi kisälli osti minulle munkin, joka maistui sanomattoman hyvältä.

Siinä samassa pihassa oli ovi leipuriliikkeen leipomoon, ja siinä oli ikkuna vieressä. Mennessäni eräänä aamuna verstaaseen näin siitä ikkunasta, että laudalla oli paistettuja ranskanleipiä. Ketään ei näkynyt olevan paikalla, joten livahdin ovesta sisään, sieppasin ranskanleivän ja peräännyin ovelle. Mutta samassa huoneeseen ilmestyi nainen ja alkoi huutaa jotain ja tarttui isoon veitseen ja tuli perääni. Mutta minä ehdin kadota omalle puolelle ja sain oven hakaan. En tiedä puhuttiinko tapauksesta mitään kisälleille, mutta ainakaan minä en asiasta sen koommin kuullut. Kisällit rupesivat komentamaan minua istumaan pöydälle ja neulomaan napinreikiä. Se vielä menetteli, mutta kun ne määräsivät istumaan jalat takapuolen alla, oli se jo liikaa. Jalat tulivat aroiksi, ja siksi minulla tuli yhtä mittaa asiaa kaminakoppiin mukamas tarkistamaan tulta. Kisällit huusivat: "Tulehan jo poika pöydälle, kyllä ne raudat jo tarpeeksi kuumia ovat." Aina kun kisällien silmä vältti, olivat jalkani toisella lailla ristissä. Ja taas kun huomasivat, tuli komento. Aika kului ja tuli jo tammikuu. Tuumailin ettei minusta taida räätäliä tulla. Nälissäänkin sai olla jatkuvasti. Sanoin sen kisälleillekin suoraan samoin kuin sen, että jalat kipeytyvät ja tulevat vääriksi.

Se tuntui tehoavan, sillä räätäleitähän sanottiin siihen aikaan vää-
räsäärisiksi. Kisällit eivät puhuneet minulle mitään, sain olla kuten
tahdoin.

Eräänä lauantaina tuli mestari ottamaan tilauksia vastaan ja
otti mittoja. Kisällit sanoivat sille, ettei minusta tule räätäliä ja on
parempi laittaa minut menemään. Illalla kun menin kortteeriin, ei
minulle puhuttu mitään. Seuraavana päivänä mestari sanoi, että
voin lähteä kotiini ja antoi rahaa pilettiin. Sanoin etten ennen ollut
matkustanut junassa. Se pyysi yhtä pojista viemään minut asemalle
ja junaan ja sanomaan konduktöörille, että olen matkalla Kera-
valle.Vaunuissa oli siihen aikaan kova kolina. Konduktööri ilmoitti
minulle että tultiin Keravalle, jossa minun tätytyi jäädä pois.

Katselin Keravan asemalla ympärilleni, olin siellä ensim-
mäistä kertaa. Kysyin vastaantulijalta mistä menee tie Porvooseen.
Viisasi suunnan ja minä lähdin kävelemään pitkin tietä, jonka var-
rella tiesin isän talon olevan. Saavuin paikkaan, jonka jo tunsin ja
menin pihaan. Kaikki ovet olivat lukossa. Oli jo iltapuoli ja tuu-
mailin mitä tehdä. Sitten muistin että Arttu oli renkinä talossa,
jonka isä oli näyttänyt ajaessamme siitä ohi. Lähdin sinne, menin
sisään. Emäntä kysyi mistä olen. Sanoin olevani leipuri Karlssonin
poika ja nimeni. ”Sinä olet sitten Artun veli”, emäntä sanoi ja pyysi
minua istumaan ja odottamaan. ”Arttu meni kai naapuriin kylään,
mutta eiköhän sieltä pian tule.” Mutta aika vieri ja tuli jo pimeä.
Kysyin saanko olla heillä yötä. Emäntä myöntyi, kun olin kertonut
ettei isä ollut kotona.

Arttu tuli ja oli vihainen. ”Miksi sä et siellä räätälin opissa
pysynyt?” se kysyi. Sanoin ettei minusta ole räätäliksi, ”sääretkin
siinä menee ihan vääriksi”. – ”Mene sitten minne tykkäät, omapa
on asias”, Arttu sanoi ja siihen se puhe taisi loppua. Toiset söivät
illallista, minä sain vain katsella sivusta. Aamun tultua olivat mie-
het menneet jo töihinsä. Herättyäni ei tuvassa ollut kuin emäntä.

Istuin pienen aikaa penkillä. Emäntä ei virkkanut mitään. Kun se lähti ulos, menin minä perässä. Oli tammikuun pakkanen. Kävelin vähän matkaa ja tuli itku, kun oli huonot kengät ja vaatteet. Muistin sen tien, jota oli tultu radanvartta Järvenpäästä. Lähdin painelemaan sitä pitkin ja juoksin välillä lämpimikseni. En muista matkan pituutta, mutta siinä taisi mennä n. kolme tuntia. Nälkä vaivasi, sillä olin viimeksi syönyt edellisenä aamuna räätälillä vähän silakkaa ja leipää. Vastaan tuli kyläasutusta ja aloin katsella mihin sitä poikkeaisi sisälle. Näin kilven MAJATALO ja poikkesin sisään. Emäntä oli yksin isossa tuvassa. Olin jo tiellä päättänyt ryhtyä renkipojaksi mihin vain pääsisin. Kysyin siis tarvitsevatko ne renkipoikaa. ”Ehdittiin tässä taannoin jo ottaa renkipoika, mutta olisit tainnut olla parempi kuin se”, sanoi emäntä. Ajattelin että miten niin parempi, mutta en sanonut siitä enempää. Kysyin voisinko saada jotain ruokaa, kun on kova nälkä. Emäntä sanoi: ”Tässä ei nyt ole mitään valmista, mutta miehet jättivät minut ilman puita, joten menetkös pilkkomaan liiteriin vähän lapeja. Minä laittelen sillä aikaa jotain suuhunpantavaa.” Hakkasin aika kasan ennen kuin emäntä tuli liiterille hakemaan puita. ”Kyllä piisaa jo”, se sanoi. ”Tulehan tupaan syömään.” Menin. Pöydässä oli vaikka millä mitalla ruokaa. Oli hyvää lihaa, voita, limppua, maitoa ja lämmitettyjä perunoita. Söin minkä jaksoin. Emäntä kysyi mihin päin olin menossa. ”Hausjärven Ridasjärvelle”, sanoin. Olin kuullut isältäni, että Lyyti-siskoni oli piikana Hausjärvellä Ridasjärven kylässä Lemmilän talossa, ja aikomukseni oli mennä sinne käymään. Jos saisin sieltä vaikka renkipojan paikan. En kuitenkaan osannut sinne tietä, joten emäntä neuvoi: ”Mene nyt rataa myöten Jokelan asemalle, sitä myöten pääsee parhaiten. Ja muista varoa junaa. Kun näet tai kuulet sen tulevan, hyppää heti radan sivuun. Sitten kyselet

Jokelassa tietä Ridasjärvelle, kyllä siellä joku neuvoo." Emäntä antoi minulle paketin. "Tässä on evästä mukaasi, että jaksat kävellä
siskosi tykö."

Pienen matkan päässä täytyi katsoa mitä paketti sisälsi.
Siellä oli kokonainen ruislimppu, ja kun katsoin sitä tarkemmin,
huomasin että limpun pohjaan oli leikattu syvennys ja siinä oli läskisiivuja. Arvelin siinä riittävän evästä perille asti. Päästyäni Jokelaan kysyin tietä. Ne viisasivat ja minä pistelin ahkeraan eteenpäin.
Kyselin aina välillä tietä.

Ehti tulla jo ilta, kun pääsin Ridasjärvelle. Se oli toinen talo tulosuunnasta katsoen, jonne poikkesin. Isäntä oli iso mies. Tiedustelin renkipojan paikasta. Juteltiin ja se kyseli yhtä ja toista. Sitten tehtiin sopimus, saisin 25 markkaa vuodessa. Talossa ei ollut lainkaan naisväkeä. Oli jo pimeä ja isäntä meni talliin. Istuin tuvan penkillä, kun yhtäkkiä siskoni Lyyti ilmestyi sisään, vaikka se työskenteli toisessa talossa. Ilmeisesti isäntä oli nähnyt sen ja kertonut minusta. Lyyti tuijotti minua ja kysyi: ”Oletko sinä Otto Karlsson?” – ”Olen”, minä sanoin. ”Sinähän olet mun veljeni”, se sanoi. ”Lähde heti mun mukaani tuonne toiseen taloon.” – ”Mä tein juuri renkikaupat tähän taloon”, minä kerroin. ”Meillekin otetaan renki”, sisko sanoi. ”Ei tähän taloon kannata jäädä, tämä on huno paikka. Nyt mennään ennekun isäntä tulee.”

Ja niin lähdettiin. Lemmilä oli siinä lähellä. Mäki ylös ja sitten vähän alaspäin ja siinä oli talo piharakennuksineen. Isäntä oli vanha mies, joka poltti kottivarsipiippua, pitkässä myystykissä oli isoja palloja. Myöhemmin selvisi, että talo oli velkainen ja köyhä ja ruokakin kehnoa. Emäntä oli laiha nainen ja sillä oli kaksi alle kymmenvuotiasta tytärtä. Renkeinä olin minä, Iivanen ja yksi pitkä poika. Piikana toimi Lyyti-siskoni. Lisäksi talossa työskenteli yksi vanhempi maamies, joka asui järven toisella puolen torpassa perheineen.

Palkassa hävisin, en saanut kuin vanhoja vaatteita ja tupakkaa isännältä, kun se leikkasi Venäjän lehtiä. Sanoi, että "tuoppa poika pussis, saat tupakkaa". Minulla oli vanha housun tasku tupakkapussina. Siellä minä tupakkaa sitten opin polttamaan, ja sitä pahetta onkin kestänyt näihin päiviin asti. Oli siellä hauskojakin päiviä jos oli ikäviäkin. Lyyti-sisko joutui kesällä rippikouluun ja pääsi ripille. Minä pääsin mukaan Hausjärven kirkolle, joten tuli sekin nähtyä. Kirkolla tapasin sen Harjulan isännän sieltä Venon kylästä. Sillä oli mukanaan uusi huutolaispoika, jonka kanssa se käveli pitkin kirkon pihaa. Huomattuaan minut se tuli luokseni, kyseli kuulumisia ja sanoi jotakin siitä, kun ei ollut nähnyt silloin lähtöäni.

Aika kulki ja saapui syksy. Ylä-Koskelan isäntä tuli Lemmilään, ja ehdotti että tulisin heille rengiksi ensi vuodeksi. Tuumailin asiaa, koska Lyyti-sisko oli pyytänyt minua jäämään vielä seuraavaksi vuodeksi. Mutta koska Lemmilässä ei luvattu mitään palkkaa ja Ylä-Koskelan isäntä lupasi 25 markkaa rahaa, kahdet saappaat ja kahdet vaatteet vuodessa, oli päätös helppoa. Lisäksi sain 5 mk käsirahaa, joka oli iso asia.

Sitten tuli pyhäinmiesten päivä ja minun oli lähdettävä Ylä-Koskelaan, sillä aikuiset miehet menivät "kissaviikolle". Minun olisi ruokittava isännän kanssa hevoset ja kannettava puita sisälle tupaan. Mutta kylläpä olot muuttuivat! Ruoka oli hyvää. Emäntä sanoi minulle: "Syö poika lihaa että lihoot ja tulet voimakkaaksi," Lihaa oli pöydässä isot kasat, ja minä söin niin että sain vatsani kipeäksi.

Vanhemmat rengit tulivat kotiin. Otto ja Aleksi olivat veljeksiä. Sitten tuli Ridasjärven kylästä Pokolan Kalle myös rengiksi, se oli vuoden minua vanhempi köyhän talon poika, joka piti itseään minua parempana, koska olin ollut huutolaspoika. Mutta kun tuli kyseeseen työ, se jäi minulle toiseksi ja sekös sitä harmitti. Isäntä oli iloinen ihminen, samoin emäntä. Iltaisin kun mentiin ruokkimaan hevosia, oli aina kova kilpajuoksu kuka voittaa. Isäntä oli lyhyt ja paksu, mutta se oli hyvä jaloistaan ja voitti aina vaikka miten yritin pärjätä. Se oli mukava talo. Porstuakamarissa asui kaksi veljestä, jotka olivat isännän enoja, vanhapoikia molemmat. Ne olivat nimeltään Lintu-Antti ja Ville. Miehet kävivät syksyllä ja talvella pyytämässä jäniksiä, kettuja ja lintuja. Siksi söimmekin usein jäniksen lihaa. Välillä veljekset hakkasivat myös halkoja. Lintu-Antti valmisti itselleen luotipyssyn. Se oli oppinut sen taidon Pietarissa, jossa se oli asunut pitkään. Se oli kova juttelemaan, mutta kuulemma myös valehtelemaan. Ville puolestaan kertoili satuja ja tarinoita, ja sitä aina iltaisin kuunneltiin. Minun oli syksystä alkaen käytävä myllyssä. Kolmen, neljän aikoihin aamulla oli lähdettävä, että kerkisin illaksi kotiin. Miehet sanoivat totisella naamalla: "Älä sitten aja kovaa siitä mäestä alas ettei silanappulat aukee. Ja varo haamua, sen on nähty kävelevän siitä tien poikki." Minä väitin ettei siellä mitään ole. Se mäki oli Ylä-Koskelan ja Palvaan talojen välillä. Kerran lähdin taas myllylle, kun oli pimeää. Köytin silan nappulat lujasti kiinni ja päätin, että nyt koitan. Lähdin ja laskin täyttä ravia mäkeä alas, mutta mitään ei tapahtunut, ja samoin tein joka kerta myöhemminkin. "Valehtelitte. Ei siellä mitään ole näkyny", sanoin vielä miehille.

Aika vieri eteenpäin. Ylä-Koskelan talon emännän äiti asui etäämmällä Koskela-nimisessä talossa. Sinne mentiin kesäksi. Isäntä oli nainut sen talon tyttären ja saanut talon siinä mukana. Vanhempi talo purettiin ja tilalle oli rakennettu uusi rakennus, jossa oli iso tupa. Me neljä renkiä saimme ylä-aitan asunnoksemme. Olot olivat kelvolliset ja kaikin puolin sujui hyvin. Mutta yksi rengeistä, Rekolan Kalle, oli luonteeltaan ilkeä ja sen kanssa tuli välillä riitaa. Se oli elokuinen lauantai, riihi oli puitu tyhjäksi. Iltapäivällä aloimme täyttää riihtä uudestaan. Olimme pellolla antamassa kuormaan sitomia, kun Kallen kanssa tuli taas riitaa jostain. Otimme kovasti yhteen, lyötiin ja painittiin. Sen seurauksena suutuin niin paljon, että päätin lähteä koko talosta pois. Illalla kylvettiin ja syötiin ja mentiin aittaan maate.

Minä mietiskelin, että mihinkähän sitä lähtisi. Pyhäaamuna heräsin aikaisin ja kurkistelin luukusta ja ovesta ulos. Näin isännän menevän metsälle kivääri olalla. Toiset nukkuivat. Minä kiskoin vaatteet ja saappaat ylleni, ne olivat talosta saadut ja vielä uudet. Livahdin hiljaa ulos ja tielle ja lähdin pistelemään kohti Keravaa. Ensin talsin Järvenpäähän, ja sieltä edelleen radan vartta pitkin Keravalle. Iltapäivällä olin jo isän tykönä. Arttu oli vielä samassa paikassa renkinä, sekin tuli myöhemmin isän luokse ja kysyi mistä minä olen tulossa. Kerroin, sillä ne eivät tienneet missä olin viimeiset kaksi vuotta ollut.

Jäin siihen oleilemaan isän ja äitipuolen kanssa. Isä leipoi. Äitipuoli jäi kotiin, kun lähdin isän kanssa Porvoon markkinoille myymään leipää. Sieltä jatkettiin Pornaisten kirkolle. Isällä oli pellit ja muita pakarikaluja mukanaan. Se leipoi eräässä torpassa ja minä myin rippikoululaisille kirkolla. Isä leipoi niin paljon, että kuorma tuli täyteen, ja sitten suunnattiin Loviisan markkinoille. Minusta oli mukava nähdä eri seutuja ja paikkoja. Porvoo oli mielestäni ahdas kaupunki, kadut niin kapeita ja vääriä ettei hevoset tahtoneet mahtua sivuuttamaan toisiaan. Loviisa taas oli kuin laajaa kylää, taloja siellä täällä ja metsääkin välissä. Ja paljon erinäköisiä tuulimyllyjä.

Palattiin kotiin. Minä menin Heikkilän perunamaalle, ja sitten ne pyysivät minua sinne rengiksi. Tein sopimuksen. Mutta siellä oli huono kohtelu ja kehno ruoka. Talon omisti helsinkiläinen raatimies Bergh, samoin kuin Lapilan talon. Raatimiehen likinäköinen poika oli nainut kiertokoulun opettajattaren, ja heille raatimies oli antanut sen Heikkilän talon. Siinä oli sali ja kaksi kamaria. Porstuan peräkamarissa asui pehtoori, ontuva iso mies ja perso viinalle. Meitä oli kaksi renkipoikaa ja meille oli erotettu tuvasta pieni kamari. Samoin keittäjälle ja karjakolle toinen pieni kamari. Keittäjä eli köksä oli Sipoon ruotsalaisia ja melkoisen ilkeä luonteeltaan. Se laittoi tuvassa ruuan herrasväen kolmelle hengelle ja kantoi sen sitten saliin, jossa ne söivät. Me saimme syödä tuvan pöydässä riippuen siitä mitä sattui jäämään.

Siellä kävi iltaisin asemamiehiä friiuulla ja koputtelivat ikkunaan. Siinä pihassa oli paljon omenapuita ja marjapensaita, joten puutarha oli minulle ja renkikaverille hyvänä suojana. Me pojan naskalit juonittiin, että pelotellaan ne kaverit pois. Ja kun oli pimeä syysilta, me menimme puutarhan toiselle puolelle ja heiteltiin niitä kivillä. Toiset kivet osuivat seinään ja paukkuivat niin että kaverit pakenivat pihalta. Tytöt arvasivat heti ketkä olivat syyllisiä ja olivat meille vihaisia, vaikka yritimmekin näyttää viattomilta. Ja siitäkös se kiusanteko meitä kohtaan alkoi monin tavoin.

Minä en aikaisemmin ollut syönyt kaalisoppaa, koska sitä ei viljelty vielä laajemmin. Ja tämän köksä tiesi. Se laittoi minulle soppaa pöytään, ei mitään muuta. Minä en suostunut syömään sitä vaan pyysin silakkaa ja kylmiä perunoita, koska tiesin niitä olevan. Köksä kieltäytyi. Minä suutuin ja tartuin ruokakupin korvasta ja heitin kupin kohti köksää, joka ehti väistää. Kuppi lensi pehtoorin oveen ja hajosi ja kaalikeitto levisi ympäriinsä. Pehtoori oli kamarissaan ja tuli katsomaan mikä paukahti. Köksä puhui vain ruotsia, ja pehtoori käski minun siivota jäljet. Mutta minä kieltäydyin, joten köksä sai siivota sotkun. Kerroin pehtoorille miten asiat olivat ja se käski antaa minulle muuta ruokaa. Ja sitä myös sain. Näytin köksälle pitkää nokkaa ja se oli vihoissaan.

Tuli talvi ja päivät kuluivat työn touhuissa ja illat hevosten ruokinnassa ja syrpyn leikkuussa. Myllyreissut kuuluivat aina minun tehtäviini. Paikkakunnalla ei ollut mylläriä, siksi oli käytävä Kellokoskella. Sinne oli lähdettävä jo kello kahdelta yöllä, oli sitten millainen pakanen tai lumimyräkkä tahansa, aina oli mentävä. Kerrankin olin jäätyä ennen kuin pääsin myllylle. Juoksin reen perässä miltei koko matkan, Keravalta ohi Järvenpään ja edelleen Kellokoskelle. Matkaa kertyi ehkä n. 18 km. Minut nähtyään mylläri mylläri käski heti menemään tupaan ja ottamaan vaatteet yltäni. Se sanoi kyllä purkavansa kuorman ja jauhottavan. Eivät olleet jalkani sentään peleltuneet. Tultuaan mylläri kysyi: "Eikös sulla ole evästäkään?" – "Ei", sanoin, sillä köksä ei ollut aamulla laittanut minulle mitään syötävää mukaani. Eikä ollut edes rahaakaan. Mylläri pyysi vaimonsa antamaan minulle ruokaa. Söin ja lämmittelin aikani. Sitten lähdin paluumatkalle.

Kello oli illalla kymmenen, kun saavuin takaisin kotiin. Kaikki näyttivät nukkuvan. Tyhjensin kuorman aittaan, vein hevosen talliin ja annoin ruokaa sen eteen. Menin tupaan, riisuin päältäni ja katsoin mitä oli syötävää. Pöydällä oli astiassa puolikylmää hernesoppaa, ei muuta. Söin sitä ja menin koppiin. Toinen renkipoika kuiskasi korvaani: "Söitkö sä sitä hernesoppaa?" – "Söin, entä sitten?" minä sanoin. "Köksä sekotti siihen hiivaa sekaan", kaveri sanoi. "Miksi sä et kertonu ennenkun mä ehdin syömään sitä?" kysyin kiukkuisena, mutta ei se osannut vastata. Menin maata, eikä aikaakaan kun sisuksissani rupesi mylläämään ja tuli kiire ulos. Mutta siinä oli kaksoisovet, joten en ehtinyt niitä avata, vaan täytyi tehdä tarpeet porstuan lattialle. Sen jälkeen täytyi syöksyä porstuaan vielä kolmesti, ja aina laskin eri kohtaan. Arvasin että siitä nousee aamulla aika pyry, kun huomaavat.

Aamulla emäntä tuli salista porstuan läpi tupaan kahvin keittoon. Se sanoi jotain ruotsiksi. Köksä, joka oli noussut juuri ylös ja teki tulta hellaan, vastasi jotain ruotsiksi. Mutta kuulin kyllä, että nimi Otto siinä mainittiin. Sitten seurasi porstuassa tarkistus ja kuului äänekästä puhetta. Paikalle ilmestyi myös pehtoori ja määräsi kohta minut puhdistamaan porstuan lattian. "Sitä mä en tule tekemään", minä vakuutin. "Sen saa tehdä tuo köksä, sehän se hiivaa oli laittanu mun soppaani. Kalle voi todistaa." Mutta Kalle muuttuikin tietämättömäksi asiasta. Pehtoori rupesi työntämään minua porstuan puolelle, mutta ei onnistunut koska tartuin ovenkarmeista kiinni. Sitten laudat irtosivat ja menin ne käsissäni ulos ja sanoin pehtoorille: "Tule tänne äijä niin saat näistä laudoista." Mutta pehtoori ei uskaltanut, vaikka oli tukeva, riski mies. Sillähän oli se toinen jalka toista lyhyempi. Lopulta siinä kuitenkin kävi niin, että minun oli taivuttava ja putsattava porstua. Ja siitä sitten kannoin aika lailla kaunaa. Aina kuitenkin yritin pitää sitkeästi puoliani.

Minulla oli käytössäni äkäinen hevonen, joka ei tahtonut kelvata toisille. Mutta minä pidin sen hyvin kurissa ja ruokin kunnolla. Varastin sille kauroja ja leipää. Se oli minun mielestäni paras hevonen joka tavalla. Ajoin kevyesti toisten ohi eikä ne voineet mitään. Minä kuljetin maidot aamuisin asemalle. Ja kun yöllä oli sattunut pyryttämään paljon lunta, meni hevonen läpi kinoksista niin kuin ei olisi mitään vastusta ollut. Sillä hevosella oli todella lystiä ajaa.

Talvi vaihtui kevääksi ja tuli pääsiäinen. Valmistettiin mämmiä, mutta köksä vei ne aittaan eikä antanut meille rengeille yhtään. Minä suunnittelin Kallen kanssa niin, että koska Kalle oli hyvissä väleissä köksän kanssa, se menee köksän kamariin juttelemaan tämän kanssa. Ja sillä aikaa minä saan tilaisuuden napata aitan avaimen tuvan seinältä. Ja niin se kävi, että minä vein muutaman mämmituohisen aitasta ja piilotin ne tallin vintille heinien alle. Sitten palautin avaimen tuvan seinälle. Myöhemmin kävimme vuoron perään nauttimassa vintillä mämmiä. Sitten köksä meni aittaan hakemaan tuohisia. Ja siitähän se vasta kohu syntyi. Köksä kummasteli, että miten ihmeessä ne mämmit ovat voineet kadota. Selvittämättähän sekin kepponen sitten jäi. Vein Kallen kanssa tyhjät tuohiset sontakasaan, josta ne kulkeutuivat edelleen pellolle ja metsään.

Toukokuussa olisi pitänyt lähteä kääntämään sontakasoja pellolle. Oli sunnuntaiaamu. Minä panin kamppeet kapsäkkiin, jonka olin ostanut Arttu-veljeltä. Ikkunoista oli otettu jo tuplat pois, ja laskin eteläikkunasta kapsäkin maahan ja painuin itse perässä. Lähdin kävelemään kapsäkki kourassa maantietä pitkin. Ajattelin suunnata kohti Luhtainpakkaa, joka oli Helsingin pitäjässä. Mutta sitten sattui isä ja Arttu tulemaan hevosella vastaan. Isä oli myynyt sen Keravan talonsa raatimiehelle ja teki juuri muuttoa Artun kanssa. Olivat tulossa hakemaan toista kuormaa. Kysyivät mihin olin menossa. Vastasin että samaan suuntaan kuin hekin. Isä pyysi minut kärryille tavaroita hakemaan, jonka jälkeen pääsisin niiden mukana.

Sillä aikaa oli Heikkilässä hälytetty poliisi minua etsimään. Poliisi tavoitti meidät tieltä ja vaati minua takaisin Heikkilään. Mutta isä sanoi siihen, että nyt mennään sinne kaikki. Perillä syntyi riitaa, koska minä en enää suostunut jatkamaan talossa, koska siellä oli huonot olot. Meinasivat, että siitä huolimatta minun olisi siellä jatkettava. Isä kiihtyi: ”Näyttäkäähän sitä ulosseteliä (sopimusta).” Mutta sellaista ei kuitenkaan löytynyt, ja isä jatkoi: ”Eihän teillä ole mitään oikeutta pitää poikaa ilman ulosseteliä. Ja sillä täytyy olla minun antamani ulosseteli, mutta minähän en ole antanut talolle edes suullista lupaa pojan pitämiseen. Poika on alaikäinen, joten sehän on vielä minun holhoukseni alainen. Minähän voin vetää teidät vaikka käräjille alaikäisen luvattomasta väkisin pitämisestä töissänne. Ja lisäksi huonosta kohtelusta.”

Siihen se sitten päättyi ja minä lähdin isän ja Artun matkaan. Kuljimme tavarakuorman kanssa metsäteitä oikaisten kohti Luhtaanpakkaa. Yö ja pimeys yllätti, koska minun takiani oli ollut se Heikkilän kierros. Kun vastaan tuli iso tuuhea kuusi, sanoi isä että ”parasta olla pimein aika tossa kuusen alla”. Riisuttiin hevonen ja sidottiin kiinni. Laitoimme kuusenoksista pedin ja kävimme siihen maata. Koska hevonen oli pitkässä narussa, se oli yöllä asettunut makaamaan ihan minun viereeni siten, että oltiin selät vastakkain ja minun oli lämmin nukkua. Aamulla isä ja Arttu ihmettelivät, että miten kummassa hevonen oli osannut laskeutua niin etten minä ollut jäänyt sen alle. Se oli ihmisläheinen, nelivuotias musta tamma, jolla minä sitten jouduin jälkeenpäin paljonkin ajamaan.

Matka jatkui. Puolilta päivin oltiin Luhtaanpakassa. Isä oli vuokrannut sieltä pienen mökin, jossa äitipuoli jo asusti. Kalle-velikin oli hiljattain päässyt sotaväestä, missä se oli ollut kolme vuotta. Kaikki olivat nyt yhdessä. Isä leipoi ja lähti äitipuolen kanssa myymään tuotteitaan kylille. Me veljekset lähdimme Klaukkalan kylään katsomaan mihin pääsisimme töihin. Kalle pääsi Wiirille. Minä Maliselle, se oli majatalo Wiirin lähellä. Arttu pääsi töihin Ollille. Majatalo oli kehno paikka, en ollut siinä kuin viikon, kunnes siirryin Ollille. Työskenneltiin siellä Artun kanssa ja käytiin välillä katsomassa Kallea Wiirillä. Klaukkala oli jotenkin kurja kylä. Aina siellä tapeltiin. Siellä myös ryöstettiin matkamiehiä, etenkin pyhäjärveläisiä ja loppilaisia, jotka kulkivat sitä kautta.

Eräänä lauantaina Kalle ehdotti, että mentäisiin tanssimaan. Siellä oli eräässä isossa ladossa tanssit. Arttu oli sitten saanut jostain kuulla, että meille oli uhattu antaa selkään. Ne taisivat vihata meitä siksi, että tytöt tuppasivat seurustelemaan meidän kanssa. Kalle oli parhaimmillaan ja Arttu vieläkin komeampi ja isompi. Minä olin vasta siinä neljäntoista paikkeilla, mutta mukana vain piti aina olla. Menin myös tansseihin, jotta meitä olisi tarvittaessa enemmän. Olin samaa mieltä siitä, että selkään ei oteta, kävi miten kävi. Arttu kyllä varoitti minua pysymään vähän syrjemmällä. Tuumasin kuitenkin, että kyllä minäkin saan seipään kouraani, jos tarve vaatisi. Mutta kävi kuitenkin niin, että mitään hankkeitakaan tappelusta ei syntynyt, vaan kaikki sujui tansseissa ilman välikohtauksia. Olisi siitä aika ryske tullutkin, jos ne olisivat alkaneet otella, sillä Arttu oli siihen aikaan jotakuinkin voittamaton, vahva ja norja. Kun se laski päänsä, sen kädet ulottuivat kantapäihin asti, ja siitä se sitten heitti kärrynpyörää pitkin tietä. Kerran Arttu oli Ollin isännän kanssa sahaamassa koivutukkeja. Tukit olivat tuoretta puuta ja 12 tuumaa paksuja ja 5 metriä pitkiä. Veistetty kahta puolen, koska niistä oli tarkoitus sahata lankkuja. Arttu oli sahapukin luona ja tuumaili miten saada tukki pukille. Se nosti ensin toisen pään maasta, ja kohta koko tukin. Isäntä huusi tulevansa auttamaan. Mutta silloit tukki oli jo pukin päällä. Isäntä tuli minun tyköni ja sanoi: "Herra jestas, ei noi ole enää ihmisen voimia tommoset." Isäntä oli itse myös iso js riski mies, mutta myönsi, että "kyllähän se minulta olisi nostamatta jäänyt". Arttu vain nauroi ja vähätteli tukin painoa. Kerran jälkeenpäin Kemiössä, eräässä isossa tuvassa,

Arttu otti Kallen toiseen kainaloonsa ja minut toiseen. Sitten se alkoi tanssata ympäri tupaa emmekä mahtaneet sille mitään, Arttu ei päästänyt irti vaikka kuinka rimpuilimme.

Isän ja äitipuolen kesken oli tullut riitaa. Äitipuoli oli lähtenyt karkuun ja vienyt isältä rahaa. Eikä tiedetty minne se oli mennyt. Karjaalla asuvalla Leipuri Henrikssonilla oli paljon töitä, joten se pyysi isää avuksi. Isä suostui ja otti mukaansa tärkeimmät tavaransa ja lähti hevosella kohti Karjaata. Siellä se sai hevosensa jonkun talon hakaan pidettäväksi ja ryhtyi töihin. Isä sai kuulemma hyvää palkkaa. Joskus pyhisin se oli noutanut hevosen haasta ja ajellut ympäri tienoota. Se Henriksson oli vanhanpuoleinen ontuva mies. Rouva taas nuorempi ja komea nainen, ei kuulemma tehnyt oikein muuta kuin kulki herrojen kanssa kaupungilla. Tullessaan kotiin se usein haukkui miestään. Ja kun se taas kerran oli tullut pahantuulisena pakariin, kun toiset tekivät töitä, oli isä ajanut sen ulos. Ja siitäkös Henriksson oli ollut iloinen. Se turvasi sittemmin aina isään, että sai olla paremmin rauhassa vaimoltaan.

Minä ja Arttu lähdettiin pois Ollilta. Kalle jäi vielä Wiirille. Menimme Lepsämän kylän kautta Otalammen rautatiepysäkille. Silloin alettiin rakentaa Otalammen asemaa, ja me pääsimme sinne heti töihin. Kortteeri ja ruoka maksoi yhden markan päivältä. Tosin se kortteeri oli ladossa, missä miehet nukkuivat heinien seassa. Minä sain alemman miehen palkkaa, joka oli valtion taksan mukaan markka viisikymmentä penniä päivässä. Kesä riensi ja rahaa jäi vähän taskuunkin. Isä oli kuullut, että me olimme Otalammella töissä. Se oli saanut tiedon konduktöörin kautta, joka oli kulkenut samassa junassa, mikä kuljetti santaa Karjaalta Otalammen asematyömaalle. Isä kirjoitti Artulle kirjeen, jossa se pyysi meitä tulemaan Karjaalle. Emme kuitenkaan lähteneet ennen kuin vasta syksymmällä, kun miehia ruvettiin vähentämään.

Matkustimme Karjaalle. Isä työskenteli vielä Henrikssonilla. Se järjesti minut ajamaan hevosellaan santaa Karjaan asemalle, kun sitä laajennettiin. Hyvinhän se työ sujui, mutta palkka huononi. Arttu lähti edemmäksi Kosken bruukille. Se osti hevosen, valjaat ja rattaat ja rupesi ajamaan maata rautatielle. Silloinhan rakennettiin Helsinki–Turku rautatietä. Sitten Karjaalta vähennettiin hevosmiehiä. Ilmat alkoivat viiletä. Isä erosi Henrikssonilta ja vuokrasi huoneet Karjaalta valtamaantien vierestä. Se ryhtyi leipomaan ja minä sain olla siinä apuna. Kävin työmiesten tilipäivänä myymässä leipää Karjaan asemalla, sitten siirryin kasöörin perässä toisille tilipaikoille Billnäsiin, Skuruun ja Brödtorpan mäkileikkauksille. Välillä loppui leipä kesken ja täytyi palata takaisin. Sitä työtä tehtiin jouluun asti, jonka jälkeen muutimme Kosken bruukille. Isä sai itse ruveta ajamaan hevosta, koska se ei maksanut minulle palkkaa. Se asui yhdessä Artun kanssa. Minä lähdin Koskelta ja palasin Karjaan suuntaan. Saavuin Brödtorpan mäkileikkaukselle ja pääsin töihin kuuppavaunun rasvariksi. En viihtynyt siellä pitkään, koska paikassa oli surkea kortteeri. Lähdin matkaan ja tulin Valkjärvelle, jonka rannalla oli talo. Sen oli rakentanut savolainen mies perheineen, koska se oli saanut luvan ottaa valtion tukkeja ratatyömaan alueelta. Poikkesin sinne tiedustelemaan töitä. Talossa oli suuri tupa ja leivinuuni nurkassa. Pääsin hevoskuskiksi, sillä niillä oli kolme hevosta, mutta vain kaksi miestä, isä ja poika. Palkkaa luvattiin kortteeri, ruoka ja markka päivältä. Suostuin, sillä oli tammikuu ja kylmää. Ajoimme maata kahdesta kallioleikkauksesta ja kuljetimme sitä paikkaan, johon rakennettiin rataa järven poikki.

Kerran kun olin mennyt Brödtorpan pellon läpi, olin törmännyt härkälaumaan. Niitä oli toistakymmentä päätä, isoja mutta laihoja ja niillä oli toista metriä leveät sarvet. Kävin pyhisin kylässä Valkjärven kartanon saunarakennuksessa, missä asui eräs Kivistön pohjalaisperhe, rautateillä nekin. Perheeseen kuului kaksi ikäistäni poikaa, joihin olin tutustunut työmaalla ja jotka olivat pyytäneet minua käymään. Siellä oli lämmintä. Molemmat pojat istuivat saunan parvella ja soittivat hanuria. Siellä tehtiin päätös, että keväällä lähdetään rippikouluun Tenholaan. Kivistön rouva lähti sitten toimittamaan asiaa, ja sille annettiin tiedoksi, että meitä lähtijöitä olisi 28 poikaa ja vain yksi tyttö.

Sitten tapasin taas isän, kun se oli muuttanut Valkjärvelle asumaan. Rautatien työroikka oli piakkoin lähdössä Salon suuntaan. Oli kuulemma kiiretta alkaa ajamaan santaa. Isä ehdotti, että alkaisin taas ajamaan sen pikkumustan kanssa, ja minä suostuin. Sitten tuli toukokuu ja Tenholasta tieto, että rippikoulu oli alkamassa. Kun teimme lähtöä, ei isä antanut minulle penniäkään rahaa mukaan. Mutta en myöskään pyytänyt. Onneksi olin hankkinut silloin ratatöistä sen verran, että tulisin toimeen. Kuljimme osan matkaa soutamalla järviä myöten. Lopulta saavuimme Tenholan kirkonkylään. Maksoin papille 15 mk, joka kaikilta vaadittiin. Meitä oli yhteensä 41 henkeä. Sitten täytyi etsiä kortteeri. Pääsimme erään räätälin lesken luokse asumaan. Ne olivat paikkakunnalla ruotsinkielisiä. Mutta olin jo sen verran oppinut ruotsia Keravalla ja isän kanssa kulkiessani, että tulin auttavasti toimeen. Pääsimme myös ruokamiehiksi taloon, jossa saimme kamarit asunnoiksi. Hinta oli 1 mk päivässä. Yksi poika oli Alavudelta ja iältään jo 23 vuotias. Se oli huono lukemaan, mutta pappi sanoi: "Kyllä kai sinut ripille täytyy päästää, kun olet jo noinkin iäkäs. Eihän se sinun lukutaito siitä kuitenkaan paremmaksikaan näytä tulevan." Keräsimme papille keskuudestamme kolehdin, että se olisi päässyt ryypylle. Olihan se kovin kiitollinen. Se kun oli kuulemma kova ryyppymies. Siinä valtamaantien vieressä oli majatalo, jossa myytiin myös olutta, ja pappi oli siellä usein nähty vieras meidänkin aikana. Aamuisin kun pappi tuli väentupaan, jossa meitä opetti, se käveli ympäriinsä iso sikari suussaan ja teki meille kysymyksiä. Viittasi sitten kädellään kuka sai vastata. Kun oli välitunti ja pappi poistui, me panimme tupakaksi ja kohta koko tupa kylpi savussa. Kerran pappi valitti että savua oli liikaa ja vaati meitä polttamaan ulkona. Eipä se pappi muuten juuri pahaa sanaa sanonut. Toisinaan se kertoi jotain hauskaa tarinaa ja sai meidät nauramaan. Kolme viikkoa kestänyt koulu sujui hyvin ja pappi lähetti myöhemmin todistukset kaikkien kotipaikkaan. Minähän olin silloin vielä kirjoilla Helsingin seurakunnassa.

Ripillepääsyn jälkeen oltiin kovasti miehiä, kun palattiin kortteeripaikkaan ja pidettiin pienet kahvikekkerit. Sitten oli lähdettävä etsimään töitä. Olin tullut rippikoulussa tutuksi Pihlin kasvattipojan kanssa, ja se ehdotti että tulisin sen kanssa rautatietöihin osuudelle, joka ulottui Valkjärveltä aina Perniön ja Uskelan rajalle saakka. Siellä oli esimiehenä Sipilä, jota kutsuttiin Sipiksi, ja se oli kotoisin Tampereen puolesta. Se kutsui työhalukkaita miehiä saapumaan Kosken bruukille. Mentiin sinne. Kosken asemalle oltiin juuri rakentamassa laituria ja siinä oli kivimiehiä työssä. Me aloimme tasoittaa rautatieroikkaa varten penkkaa, johon levitettiin pölkyt ja asetettiin kiskot niiden päälle. Rautatieroikka oli tullut jo siinä vaiheessa Skurun tunnelin läpi, mutta joutui viipymään kauemmin, koska sinne tuli myös asema ja sivuraiteet, jotka veivät laivalaiturille.

Etäämpänä Salon suunnassa alkoi pehmeä alusmaa. Sinne oli ajettu kaikki mäkileikkauksen maa, mutta silti se oli painunut. Rataroikka oli joutunut pysähtymään, koska rata ei meinannut kestää veturin painoa. Me lähdimme sinne kymmenen miehen voimin tasoitushommiin. Mitattiin mistä täytyi poistaa maata ja mihin lisätä, jotta saatiin penkka suoraksi. Työ eteni pienen matkan kerrallaan. Meitä oli viisi paria, ja aina kun takimmainen pari sai osansa valmiiksi, se siirtyi eteen. Välillä työ muuttui jopa kilpailuksi, mutta toisinaan saatiin vain kävellä hiljaksiin, kun oli tasaista alusmaata.

Etenimme ja yövyimme taloissa, jotka kohdalle osuivat. Myös ruoka haettiin taloista, yksi aina lähti tekemään tilausta. Olimme edenneet n. virstan (1069 m) mäkien läpi ja soitten yli Perniön asemalta Ervelään. Se oli iso kylä ja siitä pari kilometriä eteenpäin oli penkan päällys vailla santaa. Meidän täytyi ruveta kärräämään erään matalan kallion päältä santaa alas, jotta kirvesmiehet olisivat päässeet työskentelemään. Siinä meni pitkän aikaa ennen kuin pääsimme taas jatkamaan eteenpäin.

Työ jatkui läpi Perniön aina Uskelan rajalle saakka, johon päättyikin meidän osuus. Salosta päin tuli vastaamme toinen porukka toisen mestarin kanssa. Sitten rautaroikkakin oli päässyt jo Perniön aseman ohitse. Me saimme palata takaisin Ervelän kylän kohdalle ja liittyä topparoikkaan, kun santajuna kuljetti taas santaa pölkkyjen väliin. Santaa tasoitellen saavuimme Perniön aseman suuntaan, ja rautatie eteni hyvin, koska mukana oli monta topparoikkaa.

Sitten tuli pyhäpäivänä juna Karjaalta Saloon, ja meille ilmoitettiin, että kuka haluaa pääsee mukaan junaan. Ja koska santavaunut oli jo tyhjennetty, me ilmottauduimme mukaan. Kävelimme Erveleästä Perniön asemalle, missä juna pysähtyi. Minä ja Pihlin poika noustiin veturin nokalle istumaan, koska oletimme että veturi pitää meidät lämpiminä. Mutta erehdyimme kyllä pahan kerran. Selkää veturi kyllä lämmitti, mutta muuten oli kylmempää. Ratapölkyt vilistivät silmissä, joka aiheutti pahoinvointia. Päästiin Saloon Uskelan kohdalle, missä rata meni tien yli. Siihen juna pysähtyi, koska menossa oli tietyö. Saatiin kävellä Saloon. Pääsimme sitten junalla takaisin, kun se meni Karjaalle.

Olimme työssä milloin missäkin paikassa. Minut ja pari muuta miestä laitettiin asettelemaan turvetta kallioleikkausten seinämiin. Matkustajajunat kulkivat jo molempiin suuntiin. Oli aamupäivä ja olimme Perniön asemalta n. puolitoista kilometriä Ervelään päin, kun ratavartija ja mestari meneivät resiinalla ohi Perniön aseman suuntaan. Ratavartija pysäytti ja mestari jäi siihen tarkastelemaan ojan pojalle ilmestynyttä halkeamaa. Mestarin seistessä siinä pellonpuolisella reunalla, alkoi repeämä suurenemaan. Penger kohosi ja mestari sen mukana ja koko rata kiskoineen painui n. 5 metrin syvyyteen. Junia oli tulossa molemmista suunnista, Salosta ja Karjaalta. Niiden oli tarkoitus sivuuttaa toisensa Perniön asemalla, johon oli n. 150 metriä matkaa. Karjaalta tuleva juna saatiin pysäytettyä ensin. Meidät määrättiin kantamaan ihmisten matkatavaroita pois junasta. Teimme työtä yötä päivää korjataksemme n. 50 metrin matkan rataa. Saimme 3 mk päivältä ja 4 mk yöltä. Juna toi santaa. Siinä täytyi kärrätä paljon ja asettaa hirsiä poikittain pohjalle ja sitten ratapölkyt ja kiskot päälle. Vasta sitten santajuna pääsi peruuttamaan kuormansa suoraan sinne monttuun. Siinä meni kolmisen viikkoa ennen kuin matkustajajunat pääsivät siitä yli, ja sittenkin se hieman painui. Paikka on Paarskylän kartanon kohdalla, pellon keskellä.

Siihen päättyi rautatien rakentaminen minun kohdaltani, sillä Sipi ilmoitti että miehiä vähennetään. "Ne miehet, jotka suostuvat lähtemään minun kanssa Loviisan raiteelle, voivat vielä jatkaa jonkin aikaa", Sipi sanoi. Minä en suostunut, joten se laittoi minut lopetuslistalle. Sipi kertoi hakevansa ratavartijan paikkaa, ja kun utelin mitä siitä maksetaan, se kertoi, että 70 mk kuukaudessa ja ilmainen asunto ja puut.

Pihl haki poikansa luotsikouluun Turkuun ja koitti yllyttää minua-
kin sinne, mutta se ei olisi onnistunut, koska minulla oli ainoastaan
kahden vuoden kansakoulutodistus. Artun työpaikasta minulla ei
ollut enää tietoa. Sitten sain tiedon, että isä oli muuttanut Kemiöön
lähelle Srtömmaa. Sain myös ohjeet kuinka osata perille. Perniön
asemalta oli sinne n. 20 kilometriä. Päätin lähteä sinne, näkisin
samalla taas uusia seutuja ja paikkoja.

Olihan siinä matkalla näkemistä, kyliä ja taloja. Opin myö-
hemmin tietämään mm. sen, että loppumatkalla vastaan tuleva kar-
tano oli Srömma, ja sen omisti aatelisherra Karl Wasastjerna. Sitten
siinä tuli Srömman kanava ja kääntösilta, josta laivat pääsivät kul-
kemaan. Oikealla oli iso kaksiraaminen saha, joka oli käynnissä.
Siitä kanavalta nousi iso mäki santaharjulle, johon meri näkyi ja
jota myöten maantie kulki Kemiön kirkon suuntaan. Kuljin saa-
mieni tietojen mukaan n. kilometrin verran, kunnes oikealla tuli
vastaan sellainen vanhanaikainen, harmaa maatilarakennus. Menin
sisään isoon tupaan, jonka seinänvierustoja kiersivät penkit. Valoa
tulvi kolmesta ikkunasta ja nurkassa oli iso ruskea uuni.

Isä istui äitipuolen kanssa tuvan perällä. Äitipuoli oli siis jos-
sain vaiheessa palannut matkaltaan. Isä tuijotti minua ihmetellen ja
totesi: "Otto. Sinähän olet jo täysi mies, kovasti kasvanu." Kävin
silloin seitsemäätoista ja olin komeassa tällissä, koska olin ostanut

tienisteilläni uudet vaatteet, oli hattu päässä, vormusaappaat jaloissa sekä kello taskussa. "Asustele nyt tässä toistaiseksi kun on talvikin tulossa", isä sanoi. Ja siinä minä sitten oleilin. Tupa oli lämmin, kun isä leipoi. Se kävi äitipuolen kanssa pyhisin myymässä leipää kirkonkylässä ja toisinaan muuallakin. Niillä oli se pieni, musta tammahevonen, joka oli hyvä kulkemaan.

Tuli joulukuu. Kalle-veli kirjoitti isälle Kytäjän Hällistä, että se oli mennyt naimisiin ja asuu siellä ja toimii leipurina. Ja että myös Arttu-veli on siellä ja kaataa tukkeja Kytäjän metsissä. Isä sanoi minulle: "Eiköhän lahdetä kattomaan millainen vaimo Kallella on." Ja niin lähdimme ajamaan mustalla tammalla. Äitipuoli jäi yksin pitämään taloa. Kuljimme Perniön ja Kiskon läpi Suomusjärvelle, sieltä edelleen Sammattiin, jossa isän ehdotuksesta poikettiin kylään leipuri Lindbergin luokse. Se oli isän vanha tuttu, valtavan iso mies. Juteltiin, nautittiin kahvit ja pullaa ja sitten taas jatkettiin matkaa. Tultiin Nummelle, Pusulaan, ja sitten Lopen pitäjän Läyliäisiin, ja sieltä Vanhaan kylään ja Hälliin. Olimme kulkeneet pitkän matkan, mutta perilläpä lopulta oltiin.

Kallella oli nuori, hilpeä vaimo, jonka nimi oli Fiina. Siinä vierähti muutama päivä Kallen luona. Isä kävi kylillä ja oli kuullut mielenkiintoisia asioita, joita sitten jälkeenpäin minulle kertoi. Se Kallen vaimo Fiina oli kuulemma synnyttänyt lapsen ja tappanut sen. Mutta siitä Kalle oli täysin tietämätön mennessään Fiinan kanssa naimisiin. Vaimolla oli kaksi veljeä, Otto ja Akseli, joista nuorempi, Akseli, oli sen kuolleen lapsen kätkenyt metsään. Tapaus oli tullut ilmi, tutkittu, selvitetty ja käräjät pidetty. Fiina oli tuomittu vankilaan, missä oli istunut aikansa

Kalle halusi lähteä meidän kanssamme Kemiöön ja jättää vaimo ja anoppi joksikin aikaa kotiin. Fiinan vanhempi veli, Otto, oli Artun kanssa tukkimetsässä. Otto oli riski mies, ja siitä tuli myöhemmin helsinkiläinen poliisi. Arttu halusi myös tulla kanssamme Kemiöön. Ja niin lähdimme matkaan neljän miehen voimin. Oli jouluaatto ja kireä pakkanen. Matka kulki Hiiskulaan ja sieltä Vihdin läpi Nummelle ja edelleen Suomusjärvelle. Yövyimme Lahnajärven päässä erään talon muonamiehen mökissä, jossa oli tuvan lisäksi myös kamari. Tupa oli lämmin, ja kun permannolle levitettiin olkia, siinä oli hyvä nukkua.

Aamulla herättiin aikaisin, kun oli joulupäivä ja isännän oli lähdettävä kirkkoon. Ulkona paukkui pakkanen, joten isäntä ei sitten lähtenytkään. Joimme kahvit ja juteltiin niitä näitä, kunnes isä sanoi, että "eiköhän lähdetä että ehditään kirkon ohi ennen kuin väki purkautuu sieltä ulos". Ajoimme juuri kirkon kohdalla, kun sieltä oli tullut jo kansaa ulos. Pääsimme muiden rekien kanssa isoon mäkeen, joka laskee Ahtialaan päin. Meidän reessä oleva traaki rupesi kiinnostamaan ihmisiä ja ne kyselivät mikä se on. Isä oli ensin vaiti, mutta kun kyselijöitä tuntui aina vain riittävän, se sanoi: "Siinä on gorilla sisällä. Jos olette lukeneet lehdistä, niin tiedätte että gorilla on karannut ja se pitää ottaa kiinni. Me saatiin se pyydystettyä ja ollaan nyt viemässä sitä Hankoniemeen." Kyselijät näyttivät ottaneen täydestä selityksen. Etenkin kun meitä sattui olemaan kuorman mukana neljä miestä reessä. Siihen aikaan oli kyllä ilmoitettu lehdissä, että Hangossa oli päässyt sirkuksesta gorilla karkuun. Jouduimme kiipeliin, kun pääsimme Rautsuon kylään. Edelle ehtinyt kirkkoväki oli vienyt tiedon, että sieltä tuodaan gorillaa. Kun pääsimme kylään, oli ihmisiä tiellä ja aitojen päällä kurkottelemassa rekeemme. Meitä pyydettiin näyttämään sitä gorillaa, aukaisemaan edes hieman sitä lootan kantta. "Eihän se siitä karkuun pääse", ne sanoivat. Mutta isä totesi vakavana: "Se on kuulkaa niin suuri ja vahva, että jos se saa sormensa rakoon, se katkaisee noi köydet ja pääsee ulos." Yksi kookas punakka mies käveli vieressämme ja sanoi maksavansa, jos näyttäisimme sille gorillan.

Mutta me menimme menojamme, ja kun tuli alamäki, annettiin hevosen mennä aika kyytiä päästäksemme eroon uteliaista.

Matka taittui. Enää emme uskaltaneet kertoa moisia valheita, koska ihmiset näyttivät uskovan niihin liian herkästi. Ajoimme läpi Kiskon pitäjän ja saavuimme Perniöön, joka olikin jo kehittyneempi pitäjä. Sen halki kulki Turku–Helsinki maantie samoin kuin rautatiekin, ja ne olivat tuoneet mukanaan lisää sivistystä. Perniöstä menimme Strömman sillan yli Kemiön puolelle. Äitipuolen silmät laajenivat, kun se näki neljän miehen astuvan ovesta. Siinä me sitten asustelimme ja tuumailimme mitä ryhtyisimme tekemään. Kallea halutti hankkia jostain huone, missä voisi alkaa leipomaan. Maakari Helinillä oli tyhjänä toinen rakennus, jossa oli iso uuni. Helin vuokrasi talon, ja Kallen tavarat vietiin sinne. Sitten mentiin hakemaan sahalta jäterimoja polttopuiksi. Palatessamme Kalle ehdotti, että eiköhän ajeta jään yli. Muistelen että Strömman ja Smitabölen välinen merenlahti oikaisi matkaa reilusti. Meri oli kuitenkin vielä aika heikossa jäässä, taisi olla vasta muutaman vuorokauden ikäinen, koska siellä oli jonkinlaista virtausta. Reessä oli sahalta tuotua puutavaraa sekä minä, Kalle ja Arttu. Hevosena oli isän musta tamma, joka oli hyvä kulkemaan. Rannassa jää petti heti. Sanoimme Kallelle, että käännytään takaisin. Mutta Kalle nykäisi ohjaksia ja hevonen lähti kovaa vauhtia eteenpäin. Jää taipui allamme, ritisi ja halkeili. Katsoessani taakse näin, että jää oli painunut ja vettä työntyi jäälle. Mutta niin vain päästiin yli, joka oli kyllä sen hevosen nopeuden ansioita.

Parin päivän kuluttua Arttu ehdotti, että menisimme katsomaan Kallea, ja koska Kallen oli tarkoitus sinä päivänä leipoa minulle, lähdimme sen luokse. Kun pääsimme sinne ja avasimme oven, oli tupa täynnä sinistä savua, jonka seassa Kalle hääräsi. Totesimme, että siellä oli häkää ja vedimme oven kokonaan auki. Kalle vain sanoi, että ovi pitää sulkea ja samassa se kaatui oven luokse. Arttu sieppasi Kallen kokonaan ulos ja ryhtyi hieromaan lumella sen niskaa. Kelle rupesi oksentamaan ja sitten virkoamaan. Mutta se oli niin huonona, että se piti viedä sänkyyn toipumaan. Selvisi että Kalle oli pannut uuninpellit liian aikaisin kiinni eikä ollut huomannut, että sisälle oli kertynyt häkää. Kalle olisi voinut pahimmassa tapauksessa jopa kuolla, jos emme olisi sattuneet menemään juuri silloin paikalle. Minä ja Arttu sitten tuuletettiin tupa ja leivottiin Kallen taikina ja paistettiin leivät. Arttu oli jo ammattitaitoinen leipuri, käynyt opin Otto Virtasella Helsingissä. Mutta se teki muita töitä, koska niistä sai parempaa palkkaa.

Tuli loppiainen ja asuimme edelleen isän luona. Siinä lähellä oli Gammelby-niminen talo. Sen isäntä tuli käymään ja pyysi minua ja Arttua heille päivätöihin. Palkka oli 1 markka päivältä sekä talon ruoka ja kortteeri. Suostuimme tarjoukseen. Muuten se paikka kyllä luonnistui, mutta entinen renkitupa jonka saimme asunnoksi, oli kylmä, hatara ja likainen. Sitä ei saanut kunnolla lämpimäksi, koska siinä oli sellainen savupiippu kuin yleensä pajoissa. Siinä kun piti valkeata niin meni entisetkin lämmöt ulos. Silloin oli kovia pakkasia, ja lisäksi se meri siinä vieressä vaikutti siihen, että aina oli kylmä. Gammelbyssä oli myös isäntärenki, ja sillä oli rakennuksen toisessa päässä lämmin ja siisti kamari, jota talon puolesta siivottiin. Syksyllä oli jäänyt kaurat pellolle, joten sieltä lumen alta niitä koottiin pois seipäiltä ja jäisenä puitiin tammikuussa. Taisihan niistä sitten jonkinlaista kauraa tulla käytettäväksi.

Talvi siinä talossa kuitenkin vierähti kevääseen ja tuli vappu. Tuumailtiin Artun kanssa, että eiköhän ole aika jättää tämä talo. Ilmoitimme asian isännälle ja pyysimme palkan, mutta isäntäpä ei suostunutkaan maksamaan. Se rupesi valjastamaan hevosta kärryjen eteen, nousi kärryille ja otti ohjakset käteensä. Ehdin jo ajatella, että nyt taidetaan jäädä ilman palkkaa, kun Arttu nappasi kiinni isännästä ja kiskaisi miehen alas kärryiltä ja sanoi vihaisena: "Nyt kyllä maksat palkat ennen kuin häivyt mihinkään. Mennäänpä sisälle." Tuvassa ne istuivat vastakkain pöydän ääressä. Minä seisoin ovensuussa. Isäntä väitti ettei sillä ole rahaa. "Lainaa joltain", Arttu sanoi. Isäntä pyysi päästä rakennuksen toiseen päähän, jossa sen appivanhemmat asuivat. Arttu myöntyi, mutta sanoi: "Älä sitten yritä karkuun." – "En lähde. Menen tuosta sisäkautta kysymään, jos niiltä liikenisi", isäntä sanoi ja poistui. Arttu oli kuullut, että isäntä oli huono maksamaan palkkoja. Odotimme jonkin aikaa, sitten isäntä palasi ja maksoi kaikki saatavamme. Se lupasi maksaa enemmänkin, jos olisimme jääneet taloon. Mutta Arttu sanoi: "Ei noin huonossa kortteerissa kukaan suostu asumaan."

Niin kurja se asunto oli ollut, että olin vilustunut ja tullut huonovointiseksi. Isän luona oli lämmintä, ja siellä minä muutuin väsyneeksi ja heikoksi. Isä sanoi: "Sinä olet kylmettynyt ja veri on pahoittunut. Mene apteekkiin kirkolle ja osta sieltä elävää hopeeta kahdella markalla ja niele sitä sisääs." Minä kauhistuin ja sanoin: "Sehän tappaa minut." – "Ei tapa", sanoi isä. "Tuot sen pullon tänne niin minä viisaan miten sitä otetaan."

Kävin Kemiön kirkolla apteekissa ja palasin pieni pullo taskussani. Pullossa oli herneen kokoinen elävä hopea. Isä neuvoi: "Pane kurkku suoraksi ja suu auki äläkä yhtään hengitä. Kaada aine äkkiä sisääs ja niele se samassa. Silloin se menee vatsaan eikä henkitorveen. Jos se pääsee vahingossa henkitorveen, voi kyllä päästä hengestään." Tein työtä käskettyä ja hyvinhän se onnistui. Ja koska Arttukin alkoi vaikuttaa vilustuneelta, pyysi isä sitä tekemään samoin. Mutta Arttupa ei suostunut elävää hopeaa hakemaan.

Arttu oli ollut aikaisemmin pitkään Virtasen leipomossa Helsingissä. Se oli käynyt opin siellä ja oli hyvä leipuri. Arttu oli pihkaantunut keittäjään ja ne olivat menneet kihloihin, mutta syystä tai toisesta keittäjä oli palauttanut sormuksen ja antanut Artulle rukkaset. Sen seurauksena Arttu oli alkanut muuttua ja ruvennut juomaan. Vaikka kuumassa leipomossa tuli luonnollisesti jano, kului olutta paljon normaalia enemmän. Uunin päällä oli aina useita pulloja odottamassa tyhjennystään. Sitten se oli alkanut nähdä välillä ns. pikku-ukkoja. Samalla se oli muuttunut synkkämieliseksi, joka vaikutti vain pahenevan.

Isä alkoi yllyttää minuakin lähtemään Helsinkiin leipuri Virtasen oppiin. Se oli kuulemma puhunut jo aikaisemmin Virtasen kanssa asiasta, ja Virtanen oli luvannut ottaa minut. Kun sanoin ettei minua kiinnosta leipurin ammatti, sanoi isä: "Leivän vieressä ei tule koskaan nälkä." Sitten se kertoi olleensa nälkävuosina Tampereella leipurina samaan aikaan, kun ihmisiä oli kuollut kaduille nälkään. Mutta sillä itsellä oli ollut sen verran riittävästi leipää, että oli voinut viedä sitä ensimmäisen vaimonsa vanhemmillekin Pirkkalan Epilään, missä myös oli kärsitty ruuan puutteesta.

Pohdin asiaa ja päädyin siihen, että taitaa sittenkin olla viisainta lähteä oppiin. Jäät olivat lähteneet merestä, ja ensimmäinen laiva joka lähti Helsinkiin, oli nimeltään Inkoo. Siihen minä sitten nousin. Mutta matkalla kävi vähän nolosti. Olin ostanut siltä Gummelbyn isännältä hienon näköisen mustan verkapuvun, joka oli ollut sen vihkipukuna, mutta jo pieneksi käynyt. Siinä laivassa oli kannella onkapannun kansi, johon kävin istumaan, koska siinä oli lämmintä. Kannessa oli isoja muttereita, ja kun nousin siitä ylös, repäisi mutterin pää housuni takapuolesta halki. Laivassa matkustavia tyttöjä nauratti, kun minun oli pidettävä koko matkan ajan housuista kiinni. Sitten kun pääsin Helsingin satamaan, huusin vossikan paikalle ja ajoin narikalle ja ostin kesäpalttoon ylleni, jotta kehtasin kulkea Virtasen leipomolle. Kun Virtanen näki risat housuni, se antoi tilalle ehjät.

Aloitin hommat leipomossa. Minulla oli jo kokemusta leipomisesta isän kanssa, joten tiesin mitä on tehtävä. Siellä se tapahtui vain isommassa mittasuhteessa. Aamuisin kuuden maissa oli ensimmäinen tehtäväni työntää leipäkärryjä rantahalliin ja maitokauppoihin. Kaikki sujui hyvin, mutta parin kuukauden kuluttua minuun alkoi ilmaantua paiseita. Enimmillään laskin niitä olevan kehossa 28 kappaletta. Todennäköisesti ne oli aiheuttanut se elävän hopean nieleminen, kun sen sanottiin puhdistavan verta. Olihan siinä kärsimistä kerrakseen, kun samalla piti työtäkin tehdä kuten ennenkin. Mutta sitten kuppari teki niistä lopun. Kävin kuppisaunassa ja kuppari löi sarven jokaisen paiseen päälle ja vielä muuallekin. Ja niinhän ne rupesivat kuivumaan ja aloin tervehtyä. Olin kyllä vielä laiha ja veretön, mutta aina oli nälkä. Söin kaikkea mitä vain sain ja hyvää oli ruoka talossa. Rupesin jopa lihoamaan siinä määrin, että täytyi ostaa ns. möhömahan palttoo narikasta. Muut kutsuivatkin minua lihavaksi leipuriksi. Olin silloin 17 –vuotias. Mutta sitten aloin laihtua ja muutuin lopulta ihan entiselleni, ja vasta silloin tunsin itseni täysin terveeksi.

Arttu tuli Kemiöstä Helsinkiin. Se olisi tahtonut Virtaselle takaisin leipurin töihin, mutta Virtanen ei uskaltanut sitä enää ottaa, koska se oli jo niin synkkämielinen. Virtanen toimitti Artun Brondinille, joka oli tuolloin Helsingin suurin leipomoliike. Brondin otti Artun töihin, mutta sen työstä ei tahtonut tulla mitään. Brondin pani Artun vinttiin ravistelemaan jauhosäkkejä puhtaaksi. Sieltä se oli lähtenyt käymään Virtasen leipomossa aivan jauhon peitossa. Virtanen käski minun ja toisen oppipojan, Jalmarin, menemään merenrannan kalliolle pesemään jauhosäkkejä ja ottamaan Artun mukaamme pesemään itsensä ja vaatteensa. Saimme vieteltyä Artun kanssamme rannalle, jossa se meni veteen, koska oli hyvä uimari.

Pesimme miehissä sen vaatteet, jotka kuivuivat hyvin aurinkoisessa säässä. Sitten se tuli meidän kanssa Virtaselle ja oli siellä yön yli. Aamulla Virtanen vei Artun Kirurgiin, jossa lääkärit olivat todenneet, että veri oli pahentunut ja täynnä jotain "pieniä eläviä" ja ettei siitä enää miestä tule, sanoi Virtanen. Ja sille tielle Arttu jäi. Myöhemmin Virtanen kertoi, että Arttu oli viety Lapinlahden mielisairaalaan ja pyysi minua katsomaan sitä ja viemään sille tupakkaa ja pullaa. Yhtenä pyhänä sitten menin Jalmarin kanssa Lapinlahteen käymään. Siellä se Arttu oleskeli toisten hullujen seassa eikä tahtonut meitä tuntea. Kovin se oli hiljainen, joten eipä siinä paljon puhuttu.

Virtasen leipuriliike oli Iso–Robertinkadulla, ja sinne oli tullut kaksi muutakin oppipoikaa, joiden kanssa olin tullut tutuksi teollisuusiltakoulussa, mitä olin alkanut käymään. Koulu sijaitsi Aleksanterikadulla Tallbergin talon 4. kerroksessa. Se koulu oli ensimmäinen alallaan. Meitä oli toistasataa oppilasta, oli isoja ja pienempiä poikia sekä keski-ikäisiä miehiäkin joukossa. Eräänä iltana opettajat määräsivät, että kadulle ja aukiolle ei saa jäädä oleskelmaan. (Nykyisin siinä aukiolla on Kolmen sepän patsas.) Se kun haittasi kuulemma liikennettä. Tullessamme ulos koulusta, kaikki yleensä jäivät siihen edustalle seisoskelemaan. Kerran kun pienemmät pojat rupesivat tappelemaan keskenään, minä menin väliin rauhoittelemaan. Mutta sainkin ne kaikki kimppuuni. Siinä ei ei silloin auttanut muu kuin alkaa ottelemaan. Otin yhden pojan olkapäistä kiinni ja lakaisin kaverilla toisia nurin. Mittelö päättyi ja kaikki lähtivät liikkeelle. Minua ja Laksin poikia lähti seuraamaan joukko poikia, osa edellä osa takanamme. Niillä näytti olevan mukanaan kättä pitempää kuten naruja, joissa oli jokin mötikkä päässä. Sain sellaisesta iskun selkääni, ja koska minulla ei ollut mitään asetta, oli parasta lähteä juoksemaan. Olin silloin nopea jaloistani, joten ne jäivät kauas taakseni.

Seuraavana päivänä minulla oli mukanani puolen kilon naulapuntti nahkasilmukan päässä. Ja kuten olin arvellutkin, tuli taas sama sakki perääni. Päästyäni Erottajalle käännyin ympäri ja huitaisin jokaista, joka astui riittävän lähelle. Sitten porukka kävi kehään ympärilleni. Iskin heti kun joku tuli kyllin lähelle ja ne väistelivät minkä voivat. Yksi onnistui kuitenkin hyppäämään selkääni ja putosin polvilleni poika niskassani. Siinä olisi saattanut käydä huonosti, mutta silloin paikalle ilmestyi eräs kaveri, joka oli koulussa makkaratyöntekijäin linjalla. Se tuli heti avukseni kädessään sonnin suora, jolla se läväytteli sitä niskassani roikkuvaa poikaa suoraan naamaan. Poika irrotti otteensa ja minä nousin ylös. Sakki ampaisi käpälämäkeen ja me perässä pitkin katuja. Seuraavana iltana tapasimme taas koulussa. Monella tappelusakin pojalla näytti olevan tukko päässään, ja siitä me vähän kiusoiteltiinkin niitä. Ne olivat nuistaakseni Kampin talojen poikia ja me taas Tokan seudulta. Sen koommin ei kukaan tullut minua enää häiritsemään, ja aina kun näimme niitä kavereita kadulla, tuli niille yleensä kiire. Lopulta menneitä ei enää muisteltu ja elimme vastedes sovussa.

Seuraavana kesänä oli leipurien lakko, jolla vauhditettiin yötyön lopettamista ja vaadittiin työpäivän lyhentämistä kymmeneen tuntiin. Minäkin osallistuin siihen. Helsingin työväenyhdistys vuokrasi puutalon Yrjönkadulta, ja olin katsomassa kun siellä pidettiin ensimmäiset iltamat. Siinä työväenyhdistyksessä oli johtohenkilöinä leipurimestareita. Otto Virtanen toimi rahastonhoitajana ja leipurit Koivisto ja Leino olivat myös mukana. Sitten seurasi puhdistus ja ne joutuivat pois ja perustettiin uusi liitto. Tulin tuntemaan leipuri Vanhasen, joka oli päähenkilönä sitä perustamassa Kaivopuiston kalliolla, kun oltiin lakossa. Tämä tapahtui samana kesänä 1899, kun Nurmijärven Klaukkalassa murhattiin seitsemän henkilöä, tekijänä Karl Emil Malmelin.

Talvi teki tuloaan, minä ja Laksin pojat olimme aina yksissä. Isompi pojista oli Riku, ja sen kanssa päätimme lähteä pois koulusta, koska olimme tulleet siihen lopputulokseen, että kyllä me jo leipoa osaamme ihan riittävästi. Tiesimme, että mestarit maksaa huonoa palkkaa. Siksi asiaa tuumittuamme keksimme ajatuksen lähteä kävellen Ruotsiin. Ensin Tornioon ja sieltä rajan ylitse Haaparantaan. Tarkoituksenamme oli hakeutua Ruotsin puolelle töihin johonkin leipomoon, jossa samalla oppisi jotain uutta. Suunnittelimme, että näyttelisimme matkalla aina tilanteen mukaan olevamme mitä milloinkin, jotta selviäisimme matkassa eteenpäin.

Ensimmäisenä päivänä kävelimme Luhtainpakkaan, sieltä Palojoen kylään ja edelleen Nurmijärven kirkonkylään. Alkoi hämärtää ja katselimme sopivaa yöpymispaikkaa. Tienvarressa seisoi torppa, jonka ovi oli lukossa eikä ikkunoissa näkynyt verhoja. Jatkoimme matkaa ja kysyimme vastaan tulevalta hevosmieheltä oliko lähistöllä taloja. Mies kertoi, että pienen matkan päässä oli Silfverbergin talo, josta pitäisi saada yösijan. Menimme taloon ja kysyimme emännältä yösijaa. Emäntä siihen että petipaikkoja ei ole, mutta lattialla saisimme nukkua. Sehän sopi hyvin. Sitten siihen tuli pihatosta kaksi palvelijaa, joista toinen tunsi minut ja muisti, että olen Kallen veli. Nainen kertoi Kallen olevan Rajamäessä leipurina ja pyysi minua menemään käymään siellä huomenissa. Palvelija oli Kallen vaimon Fiinan sisko. Muistin Fiinan, jonka olin tavannut silloin Kytäjän Hällissä, kun olin käynyt siellä isän kanssa.

Aamulla söimme ja joimme eikä se maksanut mitään. Lähdimme kävelemään kirkonkylän kautta Rajamäkeen päin. Saavuimme Kallen luokse aamupäivällä. Siellä oli juuri leipominen meneillään, joten ei muuta kuin kädet puhtaiksi ja hihat ylös ja mukaan hommiin. Siellä vietimme seuraavan yön. Aamulla oli taas tarkoitus jatkaa Rikun kanssa matkaa kohti pohjoista. Mutta Kalle ja Fiina ryhtyivät estelemään meitä siinä määrin, että matkan jatkaminen tyssäsi siihen. Riku keksi yrittää kelloseppäoppilaaksi kelloseppä Hyöttiselle, mutta tämä ei sillä kertaa tarvinnut oppilasta. Yksin Riku sitten lähti Rajamäeltä, en tiedä mihin, koska en enää myöhemmin kuullut kaverista mitään. Minä jäin Kallen luokse töihin kahden kuukauden ajaksi.

Kalle meni Hämeen markkinoille ja toi palattuaan mukanaan kolmivuotisen hiirakkovarsan. Siitä n. viikon päästä tuli isä käymään Kemiöstä. Se oli saanut tietää, että Kalle oli Rajamäessä leipurina. Isä teki Kallen kanssa hevoskaupan ja osti sen hiirakkovarsan 300 markalla. Sitten isä pyysi minua viemään hevosen Kemiöön, koska sen täytyi itse mennä Helsinkiin. Se ohjeisti minua menemään niitä teitä, joita olin jo ennenkin kulkenut, Vihdin, Nummen, Suomusjärven ja Kiskon pitäjien läpi Perniöön. Se neuvoi ajamaan siten, että olisin tiettynä päivänä Perniön asemalla, kun se saapuisi junalla Helsingistä. Siitä sitten yhdessä ajettaisiin Kemiöön.

Ja niin lähdin matkaan. Varsan perässä oli ainoastaan parireen etuosa ja siinä heinäpussi päällä. Yllään varsalla oli luokkivaljaat, tryykit ja sitolkka selässä. Lähdettäessä hevonen oli kovalla menotuulella. Lumi vain pöllysi kun mentiin Röykkään päin. Mutta hevonen alkoi talttua. Röykästä kuljettiin Haimooseen ja Vihdin kirkolle, mistä sitten edelleen Nummelle. Oli tammikuun pakkanen ja minua rupesi paleltamaan niin, että täytyi välillä nousta reestä kävelemään perässä. Ohjat oli pidettävä lujasti käsissä ettei varsa olisi päässyt karkaamaan.

Poikkesin taloissa, syötin varsan ja söin itsekin mikäli satuin saamaan. Matka joutui hyvin Nummelle asti, kunnes puhkesi raju lumipyry. Mutta me vain jatkoimme, vaikka tiet rupesivat käymään tukkoisiksi. Onnistuimme lopulta pääsemään Suomusjärvelle Kernaalan kylään. Menimme Paakan taloon ja sain varsan lämpimään talliin, se olikin aivan märkä. Pyysin ostaa kauroja, joita annoin varsalle. Oltiin siellä yö, ja kovin se oli tarpeenkin kun oli matkattu monen pitäjän läpi.

Aamulla sää oli tyyntynyt, joten lähdimme kohti Perniötä. Tiet olivat paikoin ummessa, mutta Perniöön päästyämme jo aukoivat teitä. Pääsin Perniön asemalle tarpeeksi ajoissa, että ehdin syöttää hevosen ja istua aseman lämpimässä odotushuoneessa. Juna saapui ja isä sen mukana. Lähdimme ajamaan kohti Kemiötä. Aikaa oli riittävästi, että olisimme ennen iltaa perillä. Tie oli tuttu aina Smedabölen tienhaaraan asti, josta se kääntyi Kalkkilan kylään. Isä oli muuttanut kauemmaksi toiseen paikkaan, ja sinne oli vielä kaksi kilometriä matkaa. Se oli metsätietä, jossa ei ollut kuin yksi asukas välillä. Isän talo oli kylmä, samoin talli. Laitoin loimia hevosen selkään ja vyöllä kiinni. Heiniä laitettiin sen eteen, mutta vettä ei uskallettu antaa, koska se oli vielä hikinen. Vasta myöhemmin se sai juodakseen.

Aloimme lämmittää torppaa, jonka isä oli vuokrannut yhdestä talosta Kalkkilan kylästä. Torppaan kuului 3 hehtaaria peltoa ja lisäksi siihen sisältyi vielä oma järvikin, jonka ympärysmitta oli n. 1 kilometri ja joka oli hyvin kalainen. Järvellä oli sama nimi kuin torpallakin: Puujärvi. Isä oli tehnyt siellä jo edellisen kesän maatöitä, joten lato oli täynnä heinää. Lisäksi isä oli kasvattanut vehnää, kauraa ja perunoita. Isä oli asunut syksystä asti yksin, koska äitipuolen kanssa oli tullut riitaa ja se oli matkustanut Lahteen.

Hakkasimme jonkin aikaa halkoja. Sitten isä ehdotti: "Eikö-hän lähdetä ajamaan tukkeja Kananmäen metsään. Siellä alkaa tu-kinajo Angelniemen lahteen. Minä menen ostamaan toisen hevo-sen." Isä lähti matkaan ja osti sellaisen vanhemman hevosen, val-jaat sekä parireen ja sanoi, että minä saisin ajaa nuorempaa hevosta. Se oli minulle mieleen, koska varsa oli hyvä kulkemaan. Oli sun-nuntaiaamu. Otimme heinäkuorman rekeen ja sitten mentiin. Minä ajoin edellä, koska se vanhempi hevonen oli hitaampi. Saimme An-gelniemellä kortteerin torpasta läheltä kartanoa, jonka omisti enti-nen merikapteeni.

Maanantaina ajettiin merenlahden yli Halikon puoleisele rannalle, johon niitä tukkeja ajettiin. Siitä jatkoimme metsään, mistä tukit haettiin. Löysimme pomon, joka neuvoi miten toimia. Minun hevoseni oli vielä niin nuori, ettei sille saanut laittaa isoa kuormaa. Isän hevonen ol taas niin vanha, ettei sillekään sopinut kovin montaa tukkia laittaa. Ajoimme kaksi reissua päivässä. Vie-rähti viikko, jossa ajassa ei kovin kummoista tulosta syntynyt. Mutta toisella viikolla jo petrattiin, kun hevosten olkapäät olivat jo tottuneet paremmin vetämään. Välillä kävimme pyhisin kotona ot-tamassa heinää. Kauroja oli siksi vähän, etteivät hevoset jaksaneet täysillä työskennellä.

Eräänä maanantaiaamuna olimme menossa taas Angelnie-men suuntaan. Silloin oli erittäin luminen talvi, tie kulki syvässä kuurnassa ja kahden puolen oli korkeat vallit, joten ohittaminen oli hankalaa. Silloin sattui tulemaan vastaamme hevonen ja komea reki, jossa oli sivuilla jonkinlaiset siivekkeet. Reki oli täynnä nuo-ria herroja, jotka näyttivät olevan vahvassa humalassa. Minä ajoin aivan tien reunaan, samoin he. Pysäytin hevoseni. Kun niiden reki sitten pääsi hevoseni kohdalle, se reki kaatui ja herrat kierivät mi-nun hevoseni alle ja möyrivät sen jaloissa. Mutta varsa oli onneksi niin säyseä, että pysytteli paikallaan kunnes miehet pääsivät ylös.

Sitten kun reki oli pystyssä ja ne lähtivät taas liikkeelle, löysin lumihangesta täyden konjakkipullon. Huusin miesten perään ja annoin niille pullon. Miehet kiittelivät. Isä oli harmissaan ja sanoi, että "näin pakkasella konjakki olisi tehny meillekin hyvää". Itse en ollut vielä silloin maistanut viinaksia, enkä niin ollen tuntenut kiinnostusta konjakkiin. Ajoimme tukkeja vielä viikon, kunnes työt päättyivät.

Elettin jo huhtikuuta. Huilasimme viikon päivät. Isä tutki almanakkaa ja ehdotti: "Eiköhän lähdetä poika Tampereelle. Siellä on pääsiäismarkkinat. Näet samalla faariskin kun mennään sen luokse pääsiäiseksi Epilään." Ja koska minuakin ehdotus alkoi kiinnostaa, teimme päätöksen matkasta. Isä sanoi myyvänsä nuoremman hevosen ja tekisimme matkan vanhemmalla. Isä tiesi Angelniemellä yhden talon isännän, joka oli halukas ostamaan hevosen. "Joten eiköhän mennä sen kautta", sanoi isä. Laitoimme ovet lukkoon ja lautoja ikkunoiden eteen. Otimme yhden reen ja siihen heiniä sekä pussin, jossa oli hyvä istua. Asetimme toisen hevosen reen eteen ja toisen taakse, ja sitten lähdettiin. Kuljimme ensin sinne kylään myymään hevosta. Isä pyysi siitä 500 mk, mutta isäntä lupasi 400 mk ja pysyi lujana, joten isä myöntyi ja hevonen myytiin.

Menimme meren yli Halikon puolelle ja yhteen isoon taloon yöksi. Siellä oli komea emäntä ja kolme tytärtä. Meille tehtiin permannolle peti ja emäntä laittoi fällyjä alle ja kahdet peitoksi. "Kuinkas paljon teillä näitä fällyjä oikein on, kun niitä näin piisaa?" isä uteli. Siihen emäntä: "Eiköhän niitä vintiltä löytyne vielä pari tusinaa." Aamulla kun oli lähdetty ja istuttiin reessä, isä jutteli, että "tuollaiseen taloon olisi mukava mennä vävyksi, kun on semmoset määrät fällyjäkin. Kyllä sieltä tyttöjä riittäisi otettavaksi – ja vähän muutakin". Tuumailin sen olevan isän vihjailuja minun suuntaani.

Kuljimme ensin Salon kauppalaan, ja sieltä sitten hiljalleen Kiikalan ja Someron läpi Tammelaan, missä isä tahtoi näyttää minulle "tammelalaisia". Se oli sille tuttu paikka. Se kertoi minulle paikallisista jo etukäteen. Sitten vastaamme tuli miehiä ja hevosia, pysähtyivät ja rupesivat töihin. Isä pysäytti myös ja meni juttelemaan. Katselin miehiä, niillä oli yllään pitkä säkkikankainen mekko, joka ulottui puoleen sääreen ja vyötäisillä vyö. Jaloissa niillä oli lehmän nahasta tehdyt jalkineet. Olivathan ne aika koomillisen näköistä porukkaa.

Matka jatkui Urjalan pitäjän puolelle, sieltä Vesilahden pitäjään lähelle Pyhäjärveä. Sää oli niin huono, että se on jäänyt mieleeni. Satoi vettä ja lumiräntää. Menimme erääseen taloo joksikin aikaa. Isä kyseli talonväeltä, että "pitääköhän toi Pyhäjärven jää vielä mennä yli?" Ne vastasivat, että "kyllä se kestää, mutta vettä siellä jäällä on jo paljon". – "Yltääkö vesi rekeen?" isä kysyi, ja ne vastasivat: "Taitaa se toisin paikoin yltää." Ajoimme rantaan, josta oli oikotie järven yli Pirkkalan puolelle. Taisi olla pitkäperjantain aatto, ja illaksi piti päästä sinne Risuharjun torppaan Epilään, joten ajoimme jäälle. Mutta emme päässeet montakaan metriä kun vettä oli jo niin paljon, että meidän oli noustava seisomaan ettei takamuksemme olisi kastuneet. Sitä jään päällistä vettä riitti sitten järven toiselle puolelle asti. Välillä pelkäsimme, että jää voisi pettää. Se Pyhäjärven jää oli kuulemma jotenkin oikullista, koska siellä ylempänä kävi jotain virtauksia.

Mutta hyvin selvittiin, vaikka paikkakuntalaisetkaan eivät enää uskaltaneet jäätä ylittää. Lähellä rantaa kulki iso maantie, joka vasemmalle johti Pirkkalan kirkolle. Me lähdimme oikealle Tampereen suuntaan. Illan suussa kuljimme Epilän kartanon ohitse Epilän rautatiepysäkille, mistä oli enää lyhyt matka mäen päälle Risuharjun torpalle. Se oli Epilän kartanon taksvärkkitorppa, josta eno teki taksvärkkiä. Olimme perille saavuttuamme läpimärkiä.

Hevonen saatiin talliin ja itse pääsimme sisälle torppaan. Etutupa oli hyvin lämmin, koska leivinuunissa oli sinä päivänä paistettu leipää. Uunin vierellä sai hyvin kuivatettua vaatteita. Asukkaat katselivat minua ihmetellen, perheen nuorinta poikaa. (Olin tuolloin 19 –vuotias) Viereisessä mökissä asuva faarikin tuli meitä tervehtimään. Se, Wilhelm Kustafsson, oli iso, 72-vuotias harmaapäinen mies, joka oli kova juttelemaan. Eno, Wilhelmsson, oli mennyt naimisiin ja sen vaimo oli kotoisin Mouhijärveltä. Lapsia niillä ei vielä ollut.

Oltiin siinä se pitkäperjantai. Lauantaiaamuna isä ehdotti minulle, että "eiköhän painuta kävellen Tampereelle. Annetaan hevosen huilaa oikein kunnolla. Ei tästä ole kun kolmisen kilometriä. Täytyy ostaa vähän viinaa, että faarikin saa kun tulee pääsiäinen. Samalla mennään katsomaan tätejäs". Toinen tätini oli isän sisko, ja sen mies, Viljanen, oli Tampereen viinatehtaalla varastomiehenä. Toinen tätini, äitini sisko, asui samassa paikassa ja oli pitkä, laiha nainen, jolla oli lumivalkea tukka ja iloinen luonne. Se työskenteli Finlayssonin kehruutehtaassa, samoin kuin sen parikymppinen kaunis tyttärensäkin. Ihmettelivät isälle: "Ai sulla on tommonenkin poika," Isä taas kertomaan, että olin sen pojista nuorin, mutta kaksi tyttöä on nuorimmat, joista minusta seuraava Aino asui Janakkalassa. Juotiin kahvit ja ne yllyttivät minua jäämään Tampereelle, mutta siihen en suostunut.

Lähdimme kaupungille. Isä osti viinakaupasta kahden litran pullon viinaa. Sitten lähdimme talsimaan kohti Epilää. Tehtaista alkoi purkautua työläisiä, niitä vilisi kadut täynnään. Perässämme kulkevat tytöt nauraa tirskuivat ja puhelivat, että "et taida poika vielä ymmärtää tyttöjen päälle mitään". Isä naureskeli ja vilkuili minua ja minua ujostutti. Ei ollut vielä tarpeeksi kokemusta ja rohkeutta alkaa siinä kadulla livertelemään tuntemattomien naisten kanssa. Mutta koska Tampereella oli paljon enemmän naisia kuin miehiä, niin tietäähän sen, että naisilla riitti halua ja pyrkimystä saada miehiä koukkuunsa. Noustiin Pyynikin harjulle, joka oli minulle elämys. Sieltä näkyivät suuret vedet kahtapuolen männikköistä harjua, jonka keskellä kulki tie. Pyhäjärven puoleinen rinne alkoi olla jo kokonaan vapaa lumesta.

Päästyämme takaisin Risuharjulle oli sauna jo lämmitetty. Isä teki ensin faarille, enolle ja itselleen ryypyt. Minulle ei vielä tarjottu, enkä olisi halunnutkaan. Palattuamme saunasta isä teki toiset ryypyt. Miehet istuivat siinä kakluunin valossa ja naukkailivat napsuja ja juttelivat. Minä istuin vähän syrjemmällä enkä aina kuullut mitä ne puhuivat. Sitten jossain vaiheessa faarin tultua jo humalaan se nousi seisaalleen, puristi nyrkkiään ja sanoi: "Kyllä tässä nyrkissä mies vielä pysyy." Kohta eno lähti kylään Risti-pakka-nimiseen torppaan. Isä ja faari jäivät vielä juttelemaan kun minä menin toiseen huoneeseen, mihin minulle oli tehty jo peti. Väsytti niin että kävin maate. Aamulla mentiin juomaan kahvia. Faari ilmestyi siihen ja kysyi isältä jäikö pulloon illalla mitään. Isä otti pullon esiin ja totesi siellä vielä olevan viinaa. "Tehdään sitten pienet, kun toi pää on sen tarpeessa", sanoi faari. Pullo tyhjeni ja juttua piisasi taas pitkään.

Pääsiäisenä rupesi satamaan taas vettä ja lumiräntää. Pääsi-äismaanantaina oli markkinat, jonne ajoimme hevosella. Isä osti vaalean, kaksivuotiaan kauniin tammavarsan, josta maksoi 200 mk. Sitten se vaihtoi sen vanhemman hevosen parivuotiaaseen salskeaan varsaan, joka oli salvettu valakka. Telläsimme ne rinnakkain reen eteen, jossa ne kulkivat hyvin keskenään. Ajoimme kaupungista Risuharjuun näyttämään hevosia ja samalla jättämään hyvästit.

Sitten lähdimme paluumatkalle. Ensin läpi Pirkkalan pitäjän ja sieltä Humppilaan, missä olimme yötä ja vaihdoimme reen rattaisiin. Ne olivat sellaiset jousitetut linjaalirattaat. Siihen sitten varsat rinnakkain eteen ja lähdimme hurjaa kyytiä kohti Forssaa. Sitten Jokioisten läpi jne. Mutta hidastahan se kulkeminen enimmäkseen oli, sillä niin nuoria varsoja ei passannut liikaa rasittaa. Yövyimme taas välillä. Tulihan siinä nähtyä paljon uusia seutuja ennen kuin päästiin Saloon, joka olikin jo tuttu paikka. Saavuimme kotiin n. viikkoa ennen vappua. Kemiössä oli tuolloin jo lähes kesä ja vehnä ja kaura kylvetty. Myös meille tuli kiire kylvää vehnä ja kaura.

Kiirettä piti myös Tammisaaren lähestyvät markkinat, jotka olivat toukokuun 5. päivänä. Sinne oli tarkoitus lähteä myymään varsoja, jotka menisivät kuulemma hyvin kaupaksi. Vehnä oli syysviljaa, joten se alkoi kasvaa kohisten. mutta perunat päätimme istuttaa vasta sitten, kun palaisimme Tammisaaresta. Hevosten ape oli myös laitettu. Ajoimme ensin parivaljakolla Perniön kirkolle. Sieltä sitten Turku–Helsinki maantietä Tenholaan, josta oli silta meren yli Tammisaareen. Markkinat olivat parhaillaan menossa ja menimme suoraan hevostorille. Vaalea tamma meni nopeasti 300 mk hintaan, joten isä voitti 100 mk. Mutta valakkavarsa ei tahtonut kelvata, joten se täytyi vaihtaa vanhempaan hevoseen, millä saisimme tehtyä kesannon kyntötöitä. Ostimme myös toisen hevosen, joten taas mentiin parivaljakolla Kemiöön. Istutimme perunat, mutta kyntötöitä emme vielä aloittaneet. Yhtenä päivänä isä sanoi: "Mitäs jos minä lähden käymään Helsingissä ja haen Artun pois sieltä Lapinlahdesta? Ehkä se selkiää paremmin täällä meidän kanssa. Sehän oli hyvä kyntömies, kun se oli kolme vuotta renkinä siellä Paslaarilla Keravalla. Se vois tehdä täällä sinun kanssas töitä." Asia oli kohta päätetty ja isä lähti toisella hevosella Perniön asemalle. Se jätti hevosen johonkin torppaan hoidettavaksi siksi aikaa, kun kävisi junalla Helsingissä. Minä jäin yksin kotiin. Puuhastelin yhtä ja toista. Ongin mm. järvestä kaloja, joita söin perunoiden ja leivän kanssa.

Kun isä palasi kotiin Puujärvelle, sillä oli Arttu mukanaan. Se oli onnistunut saamaan sen pois Lapinlahdesta. Arttu vain seisoi talon nurkalla, mutta kyllä se sentään minut vielä tunsi. Vähitellen Arttu rupesi ikään kuin selkiämään, ja isä houkutteli sitä lupaamalla hevosen sen nimiin. Teimme mm. heinätöitä ja kaivoimme ojia kesämaahan. Kallekin tuli kylään ja viipyi viikon verran. Sillä oli isältä saatavia 300 mk siitä varsasta, jonka minä toin Rajamäestä. Mutta ei isä Kallelle mitään suostunut maksamaan. Samoin kuin minullekaan ei pennin pyörylää antanut, vaikka tienattiin aika hyvin siellä tukinajossa.

Sitten tuli päivä, joka toi mukanaan uusia seikkailuja. Meidän oli aikomus ruveta kyntämään sitä kesämaata, joten veimme hevoset pellon syrjään. Tarkoitus oli valjastaa molemmat hevoset auran eteen. Mutta Arttupa ei suostunutkaan, vaan sanoi, että "se on minun hevonen, koska isä antoi sen minulle. Aja yksin tolla toisella". Sitten Arttu päästi hevosen irti ja hätyytti sen kauramaalle. Minä menin häätämään hevosta sieltä pois, ja se lahti kauramaan yli kotiin. Arttu meni perässä ja ajoi hevosen vajaan. Siellä oli hyvät linjaalirattaat ja paremmat valjaat ja suitset, ja Arttu rupesi valjastamaan hevosta rattaiden eteen. Huomasin isän katsovan ikkunasta. Arttu oli sen verran riski mies, ettei isä uskaltanut mennä sen luokse ilman vanhanaikaista haulikivääriä, joka oli latingissa. Tarkoituksena oli vain saada Arttu pelokkaaksi ja asettumaan. Mutta Arttu ei luovuttanut, vaan hyökkäsi vajasta isän päälle ja rupesi takomaan tätä päähän. Minä juoksin kaurapellon yli hätiin. Yleensä Arttu arvosti minua ainakin jossain määrin. Nähtyään minun lähestyvän se jätti isän siihen verissään, sieppasi aseen ja livahti vajaan. Se seisoi rattailla kivääri ojossa ja toisessa kädessään ohjakset. Sitten se ajoi ohitsemme tielle. Isä lähti juoksemaan perään, vaikka sen päästä valui verta. Se seurasi Arttua pari-, kolmesataa metriä, kunnes tuli ylämäki vastaan ja isä pääsi kärryjen lähelle. Arttu pysäytti hevosen ja uhkasi ampua isää, jos tämä ei kääntyisi takaisin. Arttu osoitti aseen piipun kohti isää, joka luovutti ja palasi takaisin.

Puhdistimme kiireesti isän pään ja laitoimme siihen voidetta ja räsyn. Minä valjastin toisen hevosen toisten linjaalirattaiden eteen ja isä lähti ajamaan Artun perään. Matkalla se oli soittanut jostakin talosta Perniön kirkolle Kaarton taloon, jonka isännän se tunsi. Isäntä oli riski mies, ja isä oli selostanut tälle tilanteen ja antanut tuntomerkit Artusta ja hevosesta. Miehet sopivat, että isäntä tavoittaisi Artun ja kertoisi sille, että he menisivät yhdessä poistamaan Arttu ns. ”hullun kirjoista”. Että nyt oli muka sellainen aika, jolloin viranomaiset kyllä suostuisivat päästämään Artun elelemään ihan vapaasti kuten tahtoi. Isä sanoi tulevansa perässä ja pyysi sijoittamaan Artun ”sellaiseen paikkaan, ettei se näe minun saapumista. Sovitaan sitten siellä tarkemmin asioista”. Se isäntä oli pyytänyt miehiä mukaansa ja valistanut niitä tilanteesta. Sovittiin, että miehet menisivät nurkan taakse piiloon odottamaan ja isäntä itse menisi tien vierelle seisomaan.

Kun Arttu sitten saapui kohdalle, pysäytti isäntä tämän ja kysyi: "Menettekö te asemalle?" Ja kun Arttu myönsi menevänsä, sanoi isäntä: "Minä olisin myös sinne menossa. Pääsenkö kyydissä?" Arttu oli myöntynyt ja kysynyt "missäs päin se asema on". Isäntä oli viitannut kädellään. "Tuolla", sanoi isäntä, ja kun Arttu oli kääntänyt päätään, oli isäntä siepannut Artusta tukevan otteen ja vetänyt alleen maahan. Samassa miehet olivat syöksyneet piilostaan ja köyttäneet Artun kädet tämän selän taakse. Arttu oli todennut: "Näinkös sitä nyt mennäänkin." Sisällä ne olivat irrottaneet köyden ja jutelleet Artun kanssa niitä näitä. Kun isä oli sitten saapunut, meni isäntä sen kanssa toiseen huoneeseen. Siellä ne olivat sopineet, että isäntä lähtisi viemään Artun takaisin Lapinlahteen ja luovuttaisi sinne. Tämän jälkeen isä lähti ajamaan kotiin perässään toinenkin hevonen tyhjine kärryineen. Isännän mukaan Arttu oli lähtenyt mielellään sen kanssa Helsinkiin, koska isäntä oli luvannut toimittaa Artun pois niistä "hullunkirjoista". Mutta perillä oli isännällä kuulemma ollut aika työ saada vieteltyä Arttu laitoksen portista sisään. Ja kun se lopulta oli onnistunut, oli isäntä vuorostaan livahtanut toisesta portista ulos.

Isä palasi hevosten kanssa kotiin. Se kivääri oli myös mukana. Isä sanoi: "Jumalan kiitos ettei tää pyssy lauennut sen Artun käsissä." Ase kun oli ladattu ja nalli siinä hanan päässä. Sen jälkeen en ole Arttua nähnyt. Sitäkään en tiedä mihin mies on lopulta päätynyt. Sellaista puhetta olen kyllä kuullut, että Arttu olisi jossakin vaiheessa viety Lapinlahdesta Sortavalaan, josta se olisi sitten kadonnut tietymättömiin. Mutta mitään sen varmempaa tietoa minulla ei veljestä ole. Koitti rauhaisa arki ja rupesimme tekemään kahdestaan ruiskylvöä. Sitten tuli aika isän lähteä Salon kala- ja hevosmarkkinoille. Se myi sen toisen hevosensa pois.

Kuukaudet kuluivat ja talvi teki tuloaan. Isä sai Monoselta eli äitipuolelta Lahdesta kirjeen, jossa se ilmoitti halustaan palata kotiin. Silloin isä kehotti minua lähtemään Taalintehtaalle leipuri Kreskin luokse töihin. Itse se sanoi lähtevänsä käymään Lahdessa. Se ei antanut minulle penniäkään rahaa ja se harmitti raskaasti. Mutta minkäs teit, se nyt oli sellainen kuin oli. Lähdin painelemaan ja poikkesin Kemiön kirkolla leipuri Lidforsilla, mutta siellä ei tarvittu töihin. Sain kyllä kahvia leivän kanssa ja kisälli antoi minulle pari markkaa niin kuin siihen aikaan oli tapana. Mieli hieman leppyneenä jatkoin matkaani ja saavuin illaksi Kreskille, joka otti minut töihin ja johon pääsin yöksi. Aamulla aloin mestarin kanssa työt. Parin päivän kuluttua Kreski lähti kahdella hevosella Turkuun ostamaan tavaraa. Silloin oli meri jo jäässä, joten se pääsi merenlahden yli Turkuun. Kreski ehti jo illaksi takaisin, se oli tuonut muun tavaran ohella paljon erinäköisiä viinapulloja. Se kantoi niitä sisään ja näytti olevan jo hiprakassa. Tehdessään ryyppyä se tarjosi minullekin, mutta en huolinut kun ei ollut vielä kokemusta. Mestari sanoi: ”Mikäs leipuri se sinä olet kun ei viina kelpaa?” Sitten se väsähti ja painui nukkumaan. Aamulla Kreski tuli pakariin ja käski minun tehdä taikinaa. Itse se rupesi ryypiskelemään ja tarjosi taas minullekin. Mutta kun jälleen kieltäydyin, se alkoi haukuskelemaan minua. Huusin että ”tee itse hommasi” ja heitin förkkelit ja lakin yltäni ja vaihdoin tilalle omat vaatteeni. Ajattelin, että mies voi tulla kimppuuni, mutta uskoin kyllä pärjääväni sille. Kreski pysyi kuitenkin aloillaan. Palkkaani se ei maksanut, enkä minäkään anellut. Painuin ulos ja tielle.

En mennyt kotiin, koska arvelin äitipuolen jo olevan siellä. Kävelin Kemiön läpi. Sitten jatkoin Perniön läpi Kiskoon ja edelleen Suomusjärvelle. Aikaa taisi kulua muutamia päiviä ja yövyin milloin missäkin. Lopulta saavuin Nummen pitäjän Ailaan kylään, jossa pääsin leipurille töihin. Mies oli niitä vanhanajan äkäisiä tyyppejä, joten en viihtynyt siellä kuukautta pitempään. Sitten talsin Vihtiin päin. Vastaan sattui tulemaan muuan mies, ja aikamme siinä puheltuamme selvisi, että mies oli leipuri. Kaiken lisäksi se tunsi veljeni Kalle Karlssonin, joka oli kuulemma Nurmijärvellä, Korven aseman lähellä Pyhälän talossa. Neuvoin miehen menemään Nummelle Ailaan kylään, jossa sille olisi töitä. Erottuamme kuljin vihdin kirkolle, sieltä Haimoon läpi Nurmijärvelle Korven kylään.

Kalle kuivatteli parastaikaa uutta uunia. Yövyin siellä, aamulla Kalle ehdotti, että jäisin sen kanssa töihin. "Välillä voit lähteä myymään, niin mulle jää enemmän aikaa leipomiseen", se sanoi. Siinä Korven asemalla oli silloin hyvä liikepaikka, koska Högforssista (nyk. Karkkila) ajettiin tavaraa Korven asemalle, josta ne kuljetettiin edelleen rautateitse muualle. Asemalla kävi melkoinen vilske ja paikka oli välillä niin kurainen, että sitä tunkeutui kaikkialle kärryjen akseleita myöten. Ja paljon käytettiin huonoja hevosraakkeja, jotka näyttivät surkeilta. Työskentelin siinä ja leipää meni hyvin kaupaksi. Välillä kiertelin etäämmälläkin myymässä. Haimoon alueella kävin talossa, jossa oli tyttäriä. Yksi niistä oli Pikku–Antu, jolla oli usein asiaa Kallen liikkeeseen. Aina kun Kalle näki tytön tulevan, se ryhtyi härnäämään minua.

Tammikuussa Kalle lähti käymään kylillä. Silloin Kallen vaimo Fiina pyysi minua tekemään ruskeita piparkakkuja, koska ne olivat loppuneet ja niitä kovasti kysyttiin. Tein työtä käskettyä ja kun Kalle palasi illalla kotiin, se suuttui nähtyään että olin tehnyt piparkakkuja. Se oli humalassa ja möykkäsi, että "lapsethan ne kaikki syö, ei niistä mitään voittoa tule". Tarkoitti kahta omaa lastaan, Iinestä ja Kostia, jotka kävivät usein puodissa kähveltämässä niitä pipareita. Siitä sitten syntyi myöhemminkin sananharkkaa.

Yhdeltä koksinkuljettajalta kuulin, että Pusulan kirkolla oli leipurin paikka avoinna. Sanoin Kallelle lähteväni, se olisi halunnut pitää minut vielä, mutta sanoin etten enää ilman palkkaa suostu jatkamaan. Pitihän minun saada jo uusia vaatteita sekä kengät. Pääsin koksimiehen reen mukana. Se ajoi Haimoon kautta Vihtijärvelle, välillä järvien yli ja sitten maantietä myöten Högforssiin. Sieltä läksin kävellen ja saavuin lopulta Pusulaan ja kyseiseen leipomoon. Paikassa oli kaksi leipuria, toinen oli lähdössä pois, mutta toinen jo tullut tilalle, joten minua ei tarvittu. Sain kuitenkin syödä ja juoda kahvia ennen poistumistani. Kirkonkylässä poikkesin yhteen torppaan missä sain kuulla, että kirkonkylän lähellä oli kauppias, jolta oli juuri lähtenyt työntekijä pois. Menin sinne ja pääsin heti töihin. Palkka oli siihen aikaan hyvä, 10 mk viikossa.

Siinä paikassa olin maaliskuun loppuun saakka, jolloin ilmoitin lähteväni. Kauppias olisi pitänyt minut mielellään edelleen, se yritti kovasti houkutella, kesällä voisimme käydä välillä järvellä kalassa jms. Mutta vetosin siihen, että olin kirjoilla Kemiössä ja minun oli palattava sinne sotaväen syynin takia, sillä olin jo siinä iässä. Lähdin kulkemaan Nummelan asemalle, josta matkustin junalla Karjaalle ja sieltä toisella junalla Perniöön. Asemalta kävelin Strömman sillalle ja siitä isän asunnolle. Monosella oli vauva sylissään, sisarpuoleni Martta oli syntynyt. (Kaksi edellistä olivat kuolleet kumpikin n. 3 kuukauden ikäisinä, velipuoleni Johannes s.1896 ja sisarpuoleni Elsa–Lisa s,1897)

Isäkin muisti, että minun pitäisi mennä syyniin. Tiesimme että tulossa oli kutsuntalakko ja siksi pohdittiin mitä tehdä. En ehkä olisi lähtenyt, mutta lähistön torpan pojalla, Santeri Karlingilla, oli myös sama tilanne, joten sovimme lähtevämme yhdessä. ”Sittenhän se on tehty. Eivät voi pistää meitä ainakaan syytteeseen”, me totesimme. Lähdimme huhtikuun loppupuolella eräänä aamuna. Meri oli vielä jäässä, joten kuljimme meren yli Matildan bruukiin ja sieltä edelleen Perniön asemalle. Kuljimme junalla Salon kauppalaan, missä kadut olivat sohjoisia. Syynissä oli paljon poikia. Sain arvonnassa numeron 10, olisin joutunut Turun pataljoonaan, mutta se oli juuri lopetettu. Meinasin huutaa tietämättömyyttäni itseni Kaartiin, mutta toiset estelivät, koska se olisi tarkoittanut kahden vuoden reissua. Palasimme Perniöön ja sieltä Matildan rantaan, mutta jää oli päivän mittaan heikentynyt niin paljon, ettemme uskaltaneet enää sitä kautta yrittää. Kiersimme tietä myöten Strömman kanavalle ja sieltä Karlingille, missä vietin yön. Sovimme, että jään Karlingille töihin. Aamulla menin käymään kotona ja selvitin isän kanssa asioita. Isä olisi taas pitänyt minut töissään, mutta en suostunut. Mononen oli minua kohtaan epäluuloinen, koska se taisi pelätä minun vievän sen torpan. Aina kun isän silmä ja korva vältti, alkoi Mononen minua moittimaan. Ja varsinkin silloin, kun isä oli jossain poissa, heittäytyi Mononen hyvinkin ilkeäksi minua kohtaan. Joten se talo sai minun puolestani jäädä, ja muutin Karlingille.

Yksi viikko meni Santerin kanssa taksvärkissä merikapteenin tilalla, jolle Karlingin torppa kuului. Tila sijaitsi Smetabölessä. Kaivoimme ojia peltoon ja saimme talosta ruuan. Kun jäät sulivat, meni Santeri laivamieheksi Ahkera -nimiselle laivalle. Se oli ollut siellä jo monena kesänä. Santerin isä oli yksikätinen mies, joka oli työskennellyt Matildan bruukilla rakennusmestarina ja menettänyt kätensä. Minä menin sen töihin, kun Santeri oli laivalla. Tarkoituksena oli pystyttää uusi riihi ja luuva (puimahuone) sileän ja tasaisen kallion päälle siten, että kallio olisi permantona. Sitä tehdessä vierähti puoli kesää. Palkka oli pieni, 50 penniä päivä ynnä kortteeri ja ruoka, joka oli hyvää. Karlingin vaimo oli ruotsinkielinen, mutta osasi sentään murteellisesti suomeakin. Se oli iloinen ihminen, hoiti mm. paria lehmää, kanoja sekä isoa puutarhaa meren rannalla.

Elokuussa Santeri sairastui laivalla ja sai lomaa. Se toimitti minut sijaisekseen. Menin laivaan Matildan laiturista, josta se oli lähdössä Poriin. Alus kuljetti tavaraa sekä matkustajia. Jokaisella laiturilla riitti lastaus- ja purkaustöitä, mutta väliajat olivat helppoja, varsinkin jos oli vielä kaunis sää. Joskus nousi myrsky ja laiva heittelehti kovastikin. Kerrankin olimme lähteneet Porista ja jäätiin Reposaareen yöksi. Aamulla kun olimme lähteneet kohti Uuttakaupunkia, puhkesi myrsky. Laivan ruumat olivat tyhjinä, joten alus heilui ja laineet löivän kannen yli. Aallot meinasivat viedä minutkin mennessään, mutta sain pidettyä reelingistä kiinni samalla, kun jalat olivat ilmassa. Päästyämme Uudenkaupungin laituriin olivat lähes kaikki merikipeitä. Kapteeni kiersi konjakkipullo kädessään ja jakeli ryyppyjä jokaiselle. Minultakin se kysyi olenko kipeä ja vastasin myöntävästi, koska olin utelias maistamaan konjakkia.

Laiva oli eräänä iltapäivänä Helsingin rannassa, lähellä Kauppahallia. Saimme työt tehdyksi ja vapaata aikaa jäi toista tuntia. Muistin, että lähes kuusi vuotta minua vanhempi Hilda-siskoni oli palveluksessa Fazerin kiikkeessä, joten päätin mennä sitä katsomaan. En ollut pessyt itseäni, vaikka olin työn jäljiltä likainen. Kun sitten tapasin Hildan, sitä hävetti ja se suuttui nähtyään törkyisen olemukseni ja sain kuulla kunniani. Puolustelin sillä, että oli kiire ja laiva lähtisi pian. Hilda oli muuttunut hienoksi, kun oli päässyt sellaiseen toimeen. Minä loukkaannuin ja sanoin hyvästi ja etten toiste enää vaivaa. Ja niin siinä myös kävi, sillä Hilda meni naimisiin viipurilaisen maalarin kanssa ja ne muuttivat Amerikkaan. Hilda kuoli Chicagossa vuonna 1939.

Lähdettiin kohti Hankoa. Timpuri oli ostanut kahden ja puolen litran pullon vinaa ja juonut itsensä humalaan. Se ei tullut Hangon satamassa töihin, joten kapteeni meni kanssiin ja antoi miestä korville. Samalla kapteeni otti mieheltä pullon ja heitti sen mereen. Pullo oli puolillaan ja korkki kiinni, joten se jäi kellumaan. Lähellä istuvat rantajätkät huomasivat pullon ja rupesivat onkimaan sitä merestä. En nähnyt miten onnistuivat, koska oli kiirettä kun piti heitellä tyhjiä säkkikasoja laiturille, jokunen niistä päätyi myös mereen. Jatkoimme matkaa ja aamulla olimme Turussa ja kymmenen maissa Naantalissa, missä timpuri sanoi: "Täällä se onkin kirkkaampi auringonpaiste kuin muualla."

Jatkoin laivalla kuukauden päivät, kunnes Santeri palasi töihin. Santerin isä toi sen veneellä Matildan laituriin, josta minä pääsin samalla veneellä Kemiöön. Teimme erilaisia töitä, ja jossain vaiheessa Karling sanoi: "Rupea poika suutariksi." – "Miten niin? Ei minulla niistä hommista ole mitään kokemusta", sanoin. "Älä huoli", Karling sanoi. "Minä osaan. Teet vain niin kuin minä näytän. Nyt on paljon kenkiä korjauksen tarpeessa. Joten ei muuta kuin tiskit kuntoon ja työkalut esiin ja hommiin." Siitä se sitten lähti ja hyvinhän työ tuntui alkavan sujua. Tehtiin anturan puolipäällisiä, uusia korkoja jms. Mutta sitten sekin työ alkoi käydä vähiin ja oli taas pohdittava muita ansiomahdollisuuksia. Leipurin paikkojakaan ei näyttänyt olevan saatavilla.

Joulukuu oli alussa. Valitin huonoja saappaitani. Karling haki minulle risan parin. Korjasin ne kuntoon, tervasin ja rasvasin. Naapurin minua vähän nuorempi poika oli lähdössä halkoja hakkaamaan Teijon bruukin metsään ja pyysi mukaansa. Hankimme sahat ja kirveet ja panimme ne kuntoon. En ollut ennen ollut hakkaamassa halkoja, mutta koitettava se on nyt sitäkin, minä tuumin. Lähdimme pari viikkoa ennen joulua. Kuljimme Teijon bruukista n. 3 kilometriä Perniön suuntaan ja saavuimme Teijon sivukartanoon. Siellä asui muonamiehiä ja tallirenki, jolle päästiin kortteeriin. Sieltä saimme ostaa leipää ja perunoita ja pihaton meijeristä maitoa. Voita ja lihaa ei saanut. Silakoita tuotettiin maitokuskilla bruukin puodista. Sapuska oli aika heikkoa, lämmin maito taisi olla pääravintoamme, sitä kun sai juoda niin paljon kuin halutti.

Metsä oli aluksi huonoa, mutta mitä pidemmälle päästiin sen paremmaksi se muuttui. Työ oli kovaa, mutta tienistit kasvoivat. Hakkasimme halkoja koko joulun ajan tammikuun puolelle asti. Sitten alkoi tukinkaato. Justeerisaha käyttöön ja puuta vain poikki. Lohkon teko venyi helmikuun loppuun, koska kaveri oli heikompi ja tahtoi väsyä. Sen jälkeen jatkui taas halonhakkuu ja mottia syntyi toinen toisensa perään. Kun huhtikuun aurinko alkoi lämmittää, heitimme pitkäksemme havukasaan. Työt eivät enää oikein maittaneet. Mitattavia halkomottejakin oli kertynyt jo hyvä joukko. Yksi aamu kun mentiin metsään, minä totesin: "Nyt on minun halot hakattu – lopullisesti." Löin kirveen kannon nokkaan ja sahan vireen. "Jääköön siihen, minä en niitä enää raahaa." Istuttiin siinä ja aurinko rupesi lämmittämään. Kaveri näytti pohtivan jäädäkö vai ei. Sitten sekin päätti lähteä pois. Haimme pomon mittaamaan työmme ja se antoi kouraamme kuitin, jolla sai nostaa rahat bruukin konttorista. Lähdettiin Teijoon. Kaveri pyysi minua nostamaan molempien puolesta ja minä menin konttoriin. Katselin kun virkailija latoi rahaa eteeni, vaikutti siltä kun siinä olisi ollut liian paljon, mutta en maininnut mitään.

Otin rahat ja poistuin ulos. Menimme kaverin kanssa nurkan taakse ja laskimme rahat ja totesimme, että olimme saaneet 500 markkaa eli puolet liikaa. Se oli iso raha siihen aikaan. Tuumittiin aikamme, että olisiko viisainta mennä ilmoittamaan asiasta ennen kuin huomaavat ja suuttuvat. Sitten päädyimme kuitenkin siihen, että "eihän me tässä mitään rikosta olla tehty". Kaveri sanoi lähtevänsä kotiin. Minä lähdin sen mukaan, koska se asui Karlingin naapurissa. Käveltiin Matildaan ja otettiin soutaja viemään meidät merenlahden yli Kemiöön. Oli jo ilta kun pääsimme perille. Jäin kaverin kotiin yöksi. Liiasta rahasta emme kumpikaan maininneet mitään muille. Mutta aamulla oli soitettu taloon, joka oli siinä vastapäätä merenlahtea ja kyselty meitä.

Paikalle ilmestyi poliisi ja alkoi kysellä rahoista. Kaveri hätääntyi ja kertoi meidän saaneen liikaa kassalta. Eihän siinä sitten auttanut muu kuin pulittaa ylimääräiset rahat poliisille. Mutta kun poliisi oli poistunut ja Karling kuullut asiasta, se oli meille vihainen koska olimme tunnustaneet. "Olisitte sanonu vaikka että saitte kassalta liian vähän ettekä mitään ylimäärästä", mies ärisi. Vähän se menetys minuakin harmitti, mutta toisaalta oli parempi niin, koska muutenhan se kassanhoitaja olisi voinut joutua vaikeuksiin. Ja jäihän meille yhteensä vielä 250 mk, mikä oli paljon sekin. Kävin isän luona ja kerroin missä olin ollut. Martta oli oppinut jo kävelemään. Isä pyysi taas minua jäämään töihin, mutta en suostunut, koska Mononen osoitti taas isän huomaamatta minulle mieltään. Lähdin Karlingille ja sovin naapurin kaverin kanssa, että mentäisiin tukinuittoon Perniöön. Se vaikutti mielenkiintoiselta työltä. Talsimme Perniön Pohjankylään erään myllyn lähelle Pohjankoskelle, jossa oli tulvaniitty ja tukit siellä levällään.

Saimme tehtäväksi mennä myllyn yläpuolelle lykkimään tukkeja. Siinä oli kahlattava vyötäröä myöten vedessä tukkien kimpussa. Virta oli heikko ja tuuli ajoi tukkeja pitkin rantoja. Pomo ei antanut meidän tehdä lauttoja, vaikka vesi oli todella jääkylmää, ja se veti mielen matalaksi. Yöpaikassa ei saanut edes vaatteita kuivaksi. Meinasin jo jättää koko homman, mutta kaveri sanoi, että kohta muuttuu paremmaksi kun päästään koskeen. Työ tosiaan kävi helpommaksi, kun laskimme tukkeja alas koskesta. Seisoimme kivien vieressä ja huolehdimme siitä, etteivät tukit kääntyneet poikittain. Sitten jouduin tukkirännin alapäähän tarkkailemaan ettei pääse syntymään ruuhkaa. Tukit putoilivat yksitellen korkealta ja pyörähtivät ilmassa ympäri, joten siinä sai olla varovainen. Kun pomo oli paikalla, putoili rännistä tukkeja ripeään tahtiin. Mutta kun pomo oli muualla, putoili tukkeja harvemmin, joten oli aikaa vaikka tupakoida. Se oli hyvä jopi, jossa ei päässyt edes kastumaan, mitä nyt tukeista joskus vähän roiskahteli. Sitten kun tukit oli laskettu alas koskesta, saimme tehdä kapukat, joiden päällä seilattiin ja puhdistettiin joen rantoja tukeista. Jokiuomassa oli aika korkeat äyräät, joten eipä siinä paljoa työtä ollut. Etenimme aina Latokartanoon saakka, jolloin miehiä vähennettiin. Minä ja kaverini saatiin tilit kouraamme.

Kaveri lähti Kemiöön. Minä lyöttäydyin viiden miehen porukkaan, joka oli menossa Kiikalaan propsin uittoon. Kuljimme Perniön läpi Kiskon puolelle, missä tulin niin kipeäksi etten tahtonut jaksaa edes kävellä. Huilasimme välillä tien syrjässä. Olin vilustunut siitä joessa kahlaamisesta. Toiset sanoivat: "Kyllä sä siitä paranet jahka päästään Kiikalaan." Ohitimme Suomusjärven meijerin, jonka ohi olin kulkenut jo ennennkin. (Se on tästä Suomusjärven vanhainkodista, jossa tätä kirjoitan, n. kahden kilometrin päässä.) Ylempänä tie kääntyi Rautsuon luona Kiikalaan päin. Sitten tulimme Yltäkylään, joka olikin jo Kiikalaa. Siellä oli Varesjoen varressa paljon kuorittuja propsipinoja, joita sitten pomon opastuksella aloimme vierittää jokeen. Joki kiemurteli laajojen pajupensaikkojen lomitse kohti Aneriojärveä.

Siinä työn touhuissa olo parani ja kuntoni koheni. Joen vesikin oli sen verran lämmintä, että hyppäsin sinne välillä uimaan. Lopulta propsit oli uitettu Aneriojärveen ja niiden ympärille laitettiin puomit. Pomo tuli erääseen Yltäkylän taloon maksamaan palkkoja. Mutta kun siltä ruvettiin vaatimaan ns. rantarahaa uitosta, meinasi pomo lähteä ja jättää tilit maksamatta. Emme kuitenkaan suostuneet päästämään miestä poistumaan ennen kuin se oli makasanut meille palkat. Propsit jäivät puomin sisälle järveen, enkä tiedä miten niille kävi, koska lähdimme kaikki pois.

Minä suuntasin kahden miehen kanssa Hokkalan sahalle, mutta siellä ei meitä tarvittu. Sitten taivalsimme Perniöön ja edelleen Kemiöön. Poikkesimme isän luona Puujärvellä. Martta juoksenteli jo ulkona, ja nähtyään minut se livahti nurkan taakse piiloon. Sitten jatkoimme matkaa Kalkkilan kylän kautta Lappdaaliin, missä olisi ollut propsin kuorimista, mutta puu oli niin huonoa laatua ettemme jääneet. Ylitimme lautalla Halikon puolelle, ja sieltä talsimme Paimioon, missä päädyimme erääseen kartanoon. Sieltä saimme urakan nostaa koko kuusiaita juurineen ylös. Sitten kävimme Vistassa, missä oli juhlat sirkusta myöten. Heitettiin palloja äijän suusta sisään ja renkaita yms. Sieltä kuljettiin Piikkiöön lauttarantaan, missä oli soitettava isoa kelloa, kun halusi lautan tulevan hakemaan. Mentiin yli ja lähdettiin kävelemään Harvaluodon saaren läpi, kunnes saavuimme Harvaluodon sahalle.

Pääsimme töihin sahalle. Kannoimme ja taaplasimme lautoja ja lankkuja ja teimme yhtä ja toista muutakin. Sahalla oli oma satama, johon saapui isojakin valtamerilaivoja. Valmista, värillisin leimoin varustettua ja justeerattua puutavaraa kuljetettiin vaunuilla kiskojen päällä. Viikot vierivät ja tuli juhannus. Aattoiltana lähdimme pitkillä veneillä Kuusiston saareen vanhoille linnanraunioille yötä viettämään. Sinne saapui veneitä muualtakin, jopa turkulaisia laivalla. Siellä vietettiin hauska ilta ja yö. Aamulla sitten lähdettiin soutamaan pitkin merenlahtea takaisin Harvaluodon sahalle.

Työt jatkuivat ja kesä eteni. Elokuun lopussa päätin ottaa lopputilin. Toiset jäivät vielä sinne, kun lähdin. Muistin Varstalan sahan ja otin suunnan sinne. Pääsin heti töihin, mutta vielä oli hankittava kortteeri. Yksi mies viisasi, että kilometrin päässä asui suutarin leski, joka saattaisi järjestää asunnon ja ruuan. Menin käymään ja emäntä suostui ottamaan minut asukkaaksi. Se oli mennyt uudestaan naimisiin lietolaisen miehen kanssa. Mies oli tuloani vastaan, mutta vaimo piti päänsä. Emännällä oli kaksi poikaa, jotka myös työskentelivät sahalla, kuten sen mieskin. Ajattelin että mitähän tästäkin tulee, kun mies oli niin jörön oloinen. Pojat olivat kyllä ystävällisiä ja juttelimme usein keskenämme kaikelaisista asioista. Se mies oli ilkeä pojille ja vaimolleen, ja minulle se ei juurikaan sanaa sanonut. Yhtenä yönä kuului kamarin puolelta ryskettä. Sitten ovi aukesi ja mies kiskoi vaimoaan tukasta. Minä ja pojat maattiin siinä keittiön puolella ja näimme, kun emäntä pääsi

irti miehen otteesta ja sieppasi puulaatikosta klapin ja rupesi tako-
maan sillä miestä. Mies sai uudelleen otteen vaimon tukasta. Sil-
loin minä syöksyin sängystä ja käskin miestä päästämään irti ja pai-
numaan maate. Mies taipui ja tilanne rauhoittui. Jälkeenpäin vaimo
kertoi, että mies oli suuttunut siitä, kun heidän pieni lapsensa oli
nukkunut keskellä sänkyä eikä vaimo ollut suostunut siirtämään
sitä sivummalle nukkumaan.

Vaikka pojat tienasivat joka päivä sahalla ja toivat rahat ko-
tiin, ei mies olisi halunnut antaa niille ruokaa. Kun yhtenä pyhänä
istuimme kaikki pöydässä syömässä, otti mies leipäkorin pois pöy-
dältä. Minulla mitta täyttyi ja käskin: "Minäkin maksan siitä, joten
laitahan se kori takaisin niin kuin olisi jo. Ja pojat maksaa kanssa."
Oli hilkulla etten käynyt mieheen käsiksi. Se laski leipäkorin äkkiä
takaisin. Kai se pelkäsi minua sen verran, että uskoi sanaani.

Myöhemmin näin kun mies meni saunaan. Se oli sanonut
vaimolleen että tappaa itsensä. "Tuskinpa se sitä tekee", minä sa-
noin ja lisäsin: "Antakaa tappaa, eihän se ainakaan teidän syy ole.
Ja onhan teillä poikia kasvamassa ja talokin on teidän." Illalla mies
sitten palasi, söi ja meni maata. Minua harmitti kun olin joutunut
sellaiseen kortteeriin, joten aloin tuumia pois lähtemistä. Sanoin
siitä emännälle, ja se purskahti itkemään ja pyysi minua jäämään,
koska "muuten se äijä muuttuu taas häijyksi". Vaimo sanoi toivo-
vansa ainakin uutta kortteerimiestä tilalleni. Puhuin asiasta sahalla
miehille ja pyysin niitä hommaamaan emännälle toisen kortteeri-
asukkaan. Miehet sanoivat: "Emännän äijä on niitä ilkeitä lietolai-
sia. Täällä työmaallakin kuin piru itte, aina valittamassa ja rä-
näämässä. Selkää pitäis saatana antaa kunnolla. Ja mitäs se leski
yleensä otti tommosen äijän, joka ei muuta tahdo kun saada talon-
kirjat ittelleen. Ottais eron hyvän sään aikana mokomasta tyy-
pistä."

Sanoin itseni irti ja työskentelin vielä viikon päivät, kunnes sain lopputilin kouraani. Oli tultu jo marraskuulle ja ilmat kylmenneet niin, että heitteli hieman luntakin. Tiesin että siihen aikaan vuodesta oli vaikea saada leipurin töitä, ja ne palkatkin olivat heikkoja. Taivalsin Kemiön kirkolle ja ajattelin poiketa katsomassa isää, mutta kun muistin Monosen vihamielisen asenteen, jätin käynnin väliin. Kuljin Strömman sillan kautta Perniöön, sieltä edelleen Kiskoon, Suomusjärvelle ja Nummelle. Mutta työpaikkaa ei leipurille löytynyt. Päätin kulkea Vihdin kautta Haimooseen ja sieltä Nurmijärven Korpeen katsomaan Kallea. Satoi vettä ja räntää kun kävelin kohti Vihtiä. Kesäpalttoo kastui, samoin kumipohjaiset puolikengät, joista oli pohjat jo niin rikki, että vesi tirskui varpaiden väleissä.

Oli jo ilta kun pääsin Vihdin kirkolle. Tapasin leipuri Nylandin, joka oli vuokrannut kauppias Karjalaiselta leipomohuoneet. Nyland sanoi: ”Tulitpa oikeaan aikaan. Minä poltin sormet pahasti uunissa enkä pysty tekemään taikinaa. Saat sinä alkaa valmistaa niitä huomisesta lähtien.” Syötyämme se laittoi minulle pedin, Sitten Nyland huomasi risat kenkäni ja sukat ja varpaat. ”Kyllä sinä työmaan näköjään tarvitsetkin", se sanoi. "Ei ole tapeeksi rahaa ostaa uusia", sanoin. Nyland sanoi siihen: "Heitä nuo hiiteen ja mene huomenna ostamaan uudet minun laskuuni." Aamulla aloitin työt ja myöhemmin kävin ostamassa kengät. Töitä riitti paljon, sillä joulu läheni ja pikkuleipääkin meni runsaasti kaupaksi. Pyhien välissä oli hiljaisempaa, mutta apteekissa minun täytyi juosta jopa useampia kertoja päivässä, sillä Nyland pani hakemaan "tippoja", joilla se juopotteli. Minun oli pukeuduttava välillä jopa eri vaatteisiin, kuten mestarin turkkiin tms., ettei apteeksissa olisi tunnistettu. Vaikka kyllähän ne välillä tunsivatkin, mutta eivät ilmeisesti niin piitanneet. Tienasinhan minä siitä juoksemisesta vähän rahaa, vaikka kiellettyä sen aineen väärinkäyttö olikin. Vuodenvaihteen aika meni ja mestarin pää selvisi ja kädet tervehtyivät, joten jouduin lopettamaan työt. Mutta asiat olivat muuten paremmin, oli hyvät kengät, kunnon pomppa ja vähän rahaakin.

Lähdin painelemaan Haimoon kautta Nurmijärvelle Korven kylään, missä Kalle yhä asusti. Jäin sinne ja valmistimme leipää ja pikkuleipiäkin. Högforssin tavaraa kuljetettiin edelleen Korven aseman kautta, mutta Kallen leivänmyynti oli silti ruvennut vähenemään. Näin kuinka se vaihteli hevosia koksimiehen kanssa ja muutenkin katseli hevosten suihin. Välillä se hyppäsi förkkeli (esiliina) edessään ulos tutkimaan ohikulkevaa hevosta. Tämän johdosta ihmiset alkoivat kaihtaa Kallea ja sen leipomoa. Mutta se taisi vähän auttaa, kun minä ilmestyin paikalle, sillä nuoriakin rupesi käymään leipomossa. Talontyttäriäkin oli tekemässä asiaa. Kallekin yritti saada niiden kanssa jutustelua aikaan, mutta ei siinä oikein näyttänyt onnistuvan. Nummelan parantolan tytöt näkivät minun tekevän ruskeita piparkakkuja ja nimesivät minut Piparisepäksi. Täytyihän niille iskeä silmää välillä, että eivät turhaan käyneet. Kallekin siitä hyötyi, koska tytöt myös ostivat toisinaan jotain.

Kalle otti yhden talon halot ajaakseen. Matkaa meiltä mestään oli kilometrin verran. Kalle pyysi minua ajamaan ja lupasi palkaksi markan päivältä sekä ruuan. Oli helmikuuta kun rupesin ajamaan niitä. Lunta tuiskusi niin että tiet olivat jatkuvasti tukossa. Mutta sitkeästi vain ajoin, kunnes urakka oli valmis. Sitten sairastuin kunnolla ja olin korkeassa kuumeessa. Makasin pakarin yläsängyssä parisen viikkoa, ja vielä sen jälkeenkin olin pitkän aikaa heikossa kunnossa. Mäensyrjästä alkoi jo lumikin lähteä. Kallen vaimo, Fiina, rupesi valittamaan Kallelle, että "tuolla veljes vaan laiskottelee. Pane se kaivamaan vaikka ojaa perunamaan ympärille". Minä sanoin olevani siihen hommaan liian huonossa kunnossa. Mutta Kalle rupesi rähisemään ja uhkasi vetää minut alas sängystä. Ponnistauduin ulos ja Kalle tuli viisaamaan mistä kaivetaan. Yritin kaivaa, mutta eihän siitä mitään tahtonut tulla. Kalle sieppasi minulta lapion ja yritti lyödä sillä, mutta ehdin väistää. Sitten Kalle syöksyi kimppuuni. Suutuin, ja vaikka en vielä normaalissa voinnissani ollutkaan, sain paiskattua Kallen hyvän matkan päähän. Se vetäytyi pyykkipunkan alle suojaan eikä enää pyrkinyt päälleni. Menimme sisään. Kalle ärhenteli minulle vielä. "Maksa palkkani mikä silloin sovittiin", minä sanoin. Mutta Kallepa ei suostunut maksamaan.

Kokosin kamppeeni ja lähdin yhteen torppaan, jonka poika oli minulle tuttu. Sain asua siellä ja parannella kuntoani. Lepäsin tuvassa päivisin ja ulkona mäensyrjässä, jossa oli lämmintä. Kaupasta sain ostettua tavaraa velaksi. Niin kului pari viikkoa, kunnes lähdin kohti Nummelan uutta keuhkotautiparantolaa. Olin kuullut, että sinne otettaisiin toinen hevosmies töihin. Kävin tiedustelemassa ja sain heti paikan. Aloitin työt ja pääsin toisen kuskin kanssa asumaan. Se oli nimeltään Eevertti Hagqvist ja myös nuori mies. Vakmestari telläsi minut ensi töikseni kaivamaan männyn kanto ylös vaunuliiterin edestä, ja se oli siinä kunnossa vielä kovan työn takana. Parantolassa oli hyvät ruuat, joten kunto koheni lopulta ihan normaaliksi. Sain palkkaa 30 mk kuukaudessa, josta maksoin velat kauppaan. Sitten muutin kirjani Nurmijärvelle. Olin ollut kirjoilla Kemiössä n. 6 vuotta. (Niihin aikoihin nimikin muuttui Karlssonista Kanervaksi.) Parantolan leivissä oli kaiken kaikkiaan mukavat oltavat. Ajoin varastolta halkoja konehuoneelle, parantolassa kun oli oma sähkölaitos. Lisäksi puhdistimme pihojen teitä ja pihakäytäviä lehdistä, joita kuljetin vaunuilla pois. Sain myös kyydittää kärryillä ihmisiä, joka oli helppoa puuhaa. Parantolassa työskenteli n. 40 naista ja meitä nuoria miehiä vain 3, joten lienee selvää että siinä kehittyi yhtä ja toista leikkiä ja säpinää nuorten välillä. Ruokalassa oli pitkä pöytä, jonka äärelle kaikki kokoontuivat päivittäin syömään ja juomaan kahvia. Siinä esiintyi monenlaista kujeilua silmäniskuista flirttailuun. Iltaisin soudeltiin siinä Sääksjärvellä yms.

Kesä taittui syksyksi ja Hagqvistin Eevertti sanoi minulle, että se aikoo mennä naimisiin. Sitten se ehdotti samaa minullekin, koska meillä molemmilla oli jo omat vakituiset kumppanit, minulla Karoliina Lång. "Mennään yhdessä kirkolle tekemään kuulutukset", Eevertti ehdotti. Tuumiskelin asiaa, joka vaikutti hankalalta. Miten minä voisin elättää vaimoa tai perhettä, kun muutenkin oli usein raha-asioissa vaikeuksia ja palkka pieni? Toistahan se oli Eevertillä, joka kuskasi ihmisiä ja sai runsaammin juomarahaakin. Mutta Eevertti jatkoi sitkeästi, että "kyllä se siitä lähtee sujumaan, rohkeesti vaan". Pohdin vielä aikani ja päädyin siihen, että onhan näitä Suomen rantoja ja maata tullut kierrellyksi, joten kaipa se olisi aika jo vähän rauhoittua. Ja koska Karoliinakin suostui ajatukseen, lähdin Eevertin kanssa kirkolle ottamaan kuulutukset. Seuraavana pyhänä järjestettiin Hagqvistin vanhempien torpassa kuulutuskalaasit. Se torppa oli Vihtijärvelle johtavan valtamaantien varressa. Kutsuvieraita tuli paikalle melkoisesti, ja siellä juotiin, syötiin ja tanssittiin tasaisella pihamaalla. Juomat saivat monet hilpeälle tuulelle.

Tieto kuulutuksista levisi parantolassa ja onnitteluja sateli henkilökunnalta sekä potilailta. Tosin tyttöjen taholta esiintyi myös ynseyttä ja joitakin juorupuheita. Kallekin oli saanut tiedon ja tuli pyhänä hevosella parantolaan. Minä en siitä olisi oikein välittänyt, mutta kun sillä oli viinapullo mukanaan niin suostuin maistamaan. Ajattelin että jos se yrittää jotain riitaa, niin saa kyllä mitä kuuluu. Olin jo voimissani enkä lainkaan sitä pelännyt. Mutta edes sananharkkaa ei syntynyt. Otimme siinä ryyppyjä ja pullo rupesi tyhjenemään. Kalle sanoi sillä olevan kotona vielä juomista, joten nousimme rattaille ja ajoimme Korven kylään. Fiina oli puolestani iloinen ja onnitteli. Juotiin pullakahvit ja päälle tehtiin Kallen kanssa ryyppyjä. Tuli ilta ja Kalle väsähti ja kävi permannolle maata. Minä istuin siinä vielä, tein ryyppyjä ja juttelin Fiinan kanssa. Lopulta lähdin kävellen kohti parantolaa. Olimme Kallen kanssa taas sovussa.

Vasta sitten kun meidät oli kuulutettu, sain tietää että Karoliinalla oli 6-vuotias poika. Karoliina oli pyytänyt Hagqvistin kertomaan siitä minulle. Sen kuultuani oli siinä ja siinä etten häipynyt koko talosta ja jättänyt kaikki taakseni. Eevertti hääräsi ahkerasti välimiehenä, mutta sopua ei tahtonut sittenkään syntyä. Karoliina uhkasi jossain vaiheessa jopa hukuttautua, johon minä taisin todeta, että "senkus menet". Mutta asiassa paljastui uusi tekijä. Karoliina ilmoitti olevansa raskaana ja minä tiesin olevani tuleva isä. Ymmärsin että jos häipyisin, minut kuitenkin jostain löydettäisiin ja ties mitä siitä seuraisi. Sitten ajattelin, että "kaipa se yksi poika menee siinä mukana". Täytyisi vain nähdä se ensiksi, joten kysyin

Karoliinalta missä poika oli. Karoliina kertoi pojan asuvan siskonsa luona. Siskon nykyinen nimi oli Jyrtti, ja ne asuivat Kylänpään talossa Korven kylän alueella. Karoliina maksoi siskolleen säännöllisesti pojan hoidosta ja elämisestä. Menimme sinne lauantai-iltana. Jyrtti oli itsekin kotona. Istuttiin ja juteltiin. Lapsia pyöri siinä ympärillä, katselin niitä aikani ja kysyin lopulta Karoliinalta: "Kukas noista on se poikas?" Karoliina viisasi yhtä pojista: "Tuo, sen nimi on Toivo." – "No onhan se komea miehenalku", minä sanoin. Sitten kysyin Karoliinalta miksi se ei aikaisemmin ollut puhunut minulle pojastaan. Mutta koska en saanut siihen keneltäkään selvää vastausta, päätin jättää asian siihen. Syötiin ja juotiin kahvit, sitten teimme lähtöä. Jyrtti kuitenkin vaati meitä jäämään yöksi, "kun olette kerran kuulutettukin jo". Sehän sopi, kun ei tarvinnut mennä seuraavana päivänä töihinkään.

Päivät seurasivat toisiaan. Hagqvistin Eevertti piti hääjuhlat parantolan ruokalassa. Sitten pariskunta sai kokonaan sen huoneen, jonka minä olin Eevertin kanssa jakanut. Minä ja hallipoika pääsimme asumaan huoneeseen, jonka alakerrassa oli leipomo sekä leipojien, silittäjien, koneenkäyttäjien ja mankelskan asunnot. Hallipoika oli nimeltään Eemeli Niemelä ja kotoisin Rajamäeltä. Minä kävin välillä mankelskan luona visiitillä alakerrassa.

Sitten tuli potilaaksi pappi. Sovimme sen kanssa, että minä ja Karoliina pidetään häät parantolassa. Saimme luvan pitää juhlat ruokasalissa ja kutsuvieraille lisätilaa Karoliinan ja silittäjän huoneeseen. Tilasin väkeviä juomiakin. Pappi sai hommata Karoliinan papintodistuksen Helsingistä, missä se oli yhä kirjoilla. Sitten koitti hääpäivä. Olin kutsunut Kallen väenkin paikalle, samoin koneenkäyttäjät ja lämmittäjän. Mutta itse vihkimisestä ei tullutkaan mitään, sillä Karoliinan papinkirja ei ollut vielä saapunut Helsingistä. Mutta hääjuhlat pidettiin siitä huolimatta. Ruokalaan oli tullut myös paljon kuokkavieraita. Siellä soitettiin ja tanssittiin ja juhlatunnelmaa riitti. Minä, Kalle, lämmittäjä, konemestari ja muutama muukin istuimme silittäjän ja Karoliinan huoneessa ja tyhjentelimme laseja. Välillä kävimme ruokasalin puolella katsomassa juhlintaa.

Maanantaina matkattiin Karoliinan kanssa Helsinkiin, jossa meidät vihittiin pappilassa. Aika vieri, joulukin meni. Sitten meidät sanottiin ylös, kun ei ollut antaa yhteistä huonetta. Muutimme pois parantolasta, kun saimme vuokrattua kamarin Ylikorven talon eteläpäästä. Minä sain ostaa talosta hevosen, reen, valjaat ja käyttää talon tallia. Rupesin ajamaan halkoja Perttulan metsästä Korven kylän nummelle. Ne olivat kauppias Luseniuksen halkoja. Mies piti sekatavarakaupan ohessa myös puutavarakauppaa.

Sitten keväämmällä tein elämäni ensimmäisen talokaupan, ostin mökin myllyn takaa. Maksoin siitä 500 mk, sillä olin saanut rahaa, kun olin myynyt hevosen rekineen. Mökissä oli tupa ja kamari. Toivo asui toistaiseksi vielä Yrtillä. Kunnostelin peltoja mitä siinä nyt oli. Vieressä asuva mylläri Pitkänen, Karoliinan veli, sanoi että ne pellot kasvattavat ainoastaan sormenpään kokoista perunaa, vaikka miten sontaa laittaisi. Minusta vaikutti siltä, että maa oli liian hapanta koska siinä ei ollut ojia. Mittasin pellon viisisyliisiin sarkoihin ja kaivoin ojat ja hommasin sinne hevosen sontaa. Sitten istutin perunaa, ja hyvinhän ne alkoivat kasvaa.

Meille oli syntynyt 5.4.1905 pienokainen, joka oli saanut nimekseen Helga Alina. Äiti ja lapsi tarvitsivat molemmat maitoa, joten menin huutokauppaan ja ostin mustan lehmän. Toin sen kotiin ja laitoin ulos portista, koska Korven kylän mäet ja kujat olivat yhteistä lehmien laidunalaa. Lehmä vain kuljeskeli ja ammui eikä syönyt, joten siitä ei saanut maitoa. Vaihdoin lehmän Mattssonin kanssa hevoseen ja parirattaisiin. Mattsson oli Ylikorven torppari.

Olin kaivanut Ylikorven pellolle ojia, ja yhtenä päivänä kaivettuani itseni hikeen päätin pitää tauon. Istahdin ojanpenkalle ja panin tupakaksi. Isäntä yllätti ja rupesi huutamaan: "Mitäs täällä laiskotellaan, ojaahan sun pitäisi kaivaa." Haukkui siinä aikansa, kunnes suutuin ja heitin lapion olalleni ja huusin: "Mitäs siinä rääyt. Kaiva saatana itte ojas. Minä en niihin enää koske." Sitten menin kotiin. Hevonen söi pellossa, mihin olin sen jättänyt liekaan. Vietin aikaani kotona, kunnes kuulin että kauppias Luseniuksella olisi hirsien ajoa. Menin seuraavana päivänä tiedustelemaan, ja Lusenius viisasi missä hirsiä oli ja mihin niitä oli ajettava. Sieltä sitten sain ostaa velaksi tarpeellista tavaraa ajoa vastaan.

Perttulasta Lepsämän suuntaan kulkevan tien varressa oli kilomterin matkalla hirsiä. Niitä täytyi pyöritellä ensin kasaan ja sitten vasta kuormata. Kuljetin niitä Korven kylän nummelle, missä kokoilin ne ristikkokasaan. Hevonen oli muuten hyvä, mutta kerran kun sivuutin sen pään ja satuin sylkäisemään maahan, se pillastui ja kohosi takajalolleen ja yritti potkia minua. Sitten se karkasi metsään niin että lepikko lakosi. Sain sen kiinni, mutta hirret olivat pudonneet rattailta. Hevonen ei ilmeisesti sietänyt sitä, että sen edessä sylkäistiin. Ehkä sitä oli aikanaan kiusattu sillä tavoin. Mutta kyllähän me hyvin muuten yhdessä pärjättiin. Sitä työtä kesti elokuun loppuun.

Kalle kävi luonani ja kertoi kuulleensa, että Ojakkalassa oli leipurin huoneet tyhjillään. Lähdin sinne junalla, tein vuokrasopimuksen ja maksoin kuukauden vuokran etukäteen. Sitten vain myymään mökkiä pois. Lisäksi myin huutokaupalla hevosen ja rattaat ja muuta tavaraa. Perunamaan jätin maksua vastaan Pitkäsen hoidettavaksi. Hain Toivon Jyrtiltä ja sovimme, että maksan pojan hoidosta perunoilla. Jyrtti sai paljon perunoita, jotka olivatkin sille tarpeen, kun oli suuri perhe. Perunoita säilytettiin Pitkäsen ladossa, josta minäkin hain myöhemmin omani ja vein Ojakkalaan vanhaan perunakuoppaan, jonka panin kuntoon. Pitkänen ihmetteli perunoiden suurta määrää ja kokoa, koska ennen maa oli tuottanut heikosti. Myöhemmin Pitkänenkin teki ojitukset omaan peltoonsa.

Myin mökin Österbergille, joka oli eläkkeellä oleva ratavartija. Sain 600 mk, josta voittoa 100 mk. Sitten muutimme Ojakkalaan, missä avasin ensimmäisen oman leipuriliikkeen. Ensimmäinen asiakas oli Tervalammen postinkuljettaja, joka näki leipomokyltin ja poikkesi sisään. Pikku hiljaa alkoi ilmestyä muitakin asiakkaita lisääntyvässä määrin.

Lähistöllä toimi kolme kauppiasta ja ne kilpailivat kuka sai myydä minulle tavaraa. Yksi niistä oli kauppias Karjalainen, jonka veli piti kauppaa Vihdissä. Valitsin Karjalaisen, joka otti myös leipääni myytäväksi. Mutta koska Karjalainen vaati jauhoista ja sokerista liian isoa hintaa, siirryin toiseen, aseman viereiseen kauppaan, joka oli edullisempi. Lisäksi siellä alettiin myydä tuotteitani. Sitten Karjalainen rupesi tuomaan leipää Nummelasta ja tälläsi niitä näkyvästi ikkunaan. Mutta ajan oloon sen leivät kuivahtivat siihen, joten minä voitin lopulta pelin. Vapun aikoihin hain sieltä kuopasta perunoita, mutta sinne oli kertynyt vettä. Sain kerättyä pari, kolme pussillista, loput olivat vettyneet pehmeiksi. Kerroin ihmisille joilla oli porsaita, että sieltä saavat hakea pois. Niin tyhjeni kuoppa nopeasti.

Talvella 1906 meitä nuoria miehiä oli kerääntynyt jäälle harjoittelemaan. Oli tullut kehotus perustaa eri paikkakunnille (punakaartin)joukkoja valmistautumaan Suomen vapautukseen keisarin vallasta. Kivääreinä meillä oli kepit. Eräs lähistöllä asuva eversti seurasi rannalla mielenkiinnolla puuhiamme. Saimme viisihaaraiset kokarditkin lakkeihimme. Kevät ja kesä eteni. Sitten elokuun alussa sai Ojakkalan komppania käskyn lähteä kohti Helsinkiä, missä oli alkanut Viaporin kapina. Mutta Jokelassa tuli mies vastaan ja ilmoitti: "Se on ohi jo, pankaa kokardit taskuihinne. Me ollaan hävitty." Päätimme silti jatkaa Helsinkiin katsomaan tilannetta. Viaporissa oli räjähtänyt ruutikellari, kun Kronstadtista tullut sotalaiva oli tulittanut. Näimme saarelta nousevan yhä savua. Kaupungissa kiväärit rätisivät ainakin Hakasalmen torin paikkeilla.

Kasakat piirittivät Pitkäsiltaa eivätkä päästäneet siitä ylitse. Kävelimme ja katselimme, kun Valkokaartilaiset perääntyivät pitkin Unioninkatua etelän suuntaan. Merisotilaat olivat ajaneet ne pois Hakasalmesta. Valkokaartilaisilla oli päässään silkkistörmärit ja käsissään valkoiset hanskat sekä kainalossaan pitkät pistoolit. Sitten palasimme junalla kotiin.

Isä tuli käymään Mononen ja Martta mukanaan. Isä katseli Toivoa ja totesi, että "eihän tuo sinun poikas ole". – "Ei niin", minä sanoin. Johon isä: "Kaipa sinä semmoisenkin vaimon olisit saanu, jolla ei ole ennestään lapsia." Se sattui minuun kipeästi, mutta en selvitellyt asiaa sen enempää, totesin vain: "Eiköhän se Toivostakin vielä kasva ihan kunnon mies." Ja siitä ei sitten sen enempää puhuttu. Isä työskenteli kanssani ja neuvoi mm. miten ranskanleipään saatiin hieno kampo, jota menetelmää käytin sitten aina. Kahden päivän kuluttua ne lähtivät jatkamaan matkaansa suuntana Lahti ja Brunoun perhe, jonne oli tarkoitus viedä Martta kasvattilapseksi. Annoin isälle mukaan puolen kilon pussin kaardemummaa. Huiskuttivat mennessään. Se olikin viimeinen kerta, kun näin isän elossa. (Isä kuoli 1912.) Lahdessa asuva eversti Brunou oli Fanni-siskoni aviomies. Heillä oli jo ennestään kasvattityttärenä toisen siskoni, Lydian, tytär, koska Lydia ja sen mies olivat kuolleet.

Alkoi Viaporin kapinaan ryhtyneiden vangitseminen. Minäkin rupesin vähän pelkäämään, koska olin ollut menossa mukaan. Sanoin vuokrasopimuksen ylös ja kävin Kallion luona Rajamäessä tiedustelemassa perheeni sijoittamisesta väliaikeisesti. Meillä oli jo toinenkin tytär, kolmeviikkoinen Lempi. Kallion väki suostui, ja sitten minä lähdin junalla pohjoisen suuntaan. Ohitin Tampereen ja kyselin aina junaan tulevilta matkustajilta, tiesivätkö ne jotain vuokrattavaa paikkaa asua ja ja perustaa leipomo. Sitten Myllymäen ja Inhan asemien välillä sain kuulla, että Ähtärin kirkolla saattaisi olla sellainen paikka, joka kuului Hankolan taloon.

Jäin junasta Inhan asemalla ja kävelin kolmisen kilometriä Hankolan taloon, se oli aika lähellä kirkkoa. Vanhaisäntä kyseli mistä päin olen ja kerroin. Tiedustelin siitä tyhjästä talosta, josko se olisi vuokrattavana leipomoksi. ”Mikäs siinä”, sanoi isäntä. ”Mutta talo on kyllä vähän huonossa kunnossa, joten sitä pitäisi korjata. Mutta eiköhän mennä katsomaan.” Talo seisoi kirkon takana valtamaantien laidassa, vastapäätä apteekkia. Siinä oli pihaa ja puutarhaa ja vanha laho näkötornikin. Pihalla oli makasiinit, tallit ja heinävaja. Liiterinä toimi vanha tuulimylly, jossa ei ollut enää siipiä. Mentiin sisään. Talo oli ollut kuulemma tyhjillään jo parisenkymmentä vuotta. Sen oli perustanut eräs merikapteeni ja siinä oli kaksitoista huonetta ja hienonlainen konttori. Leipomon permanto oli halkeillut ja toinen tukipalkki painunut viisitoista senttiä toista palkkia alemmaksi. Uunissa oli arina ja suuaukko rikki, joten ne olisi korjattava. Sanoin isännälle, että mikäli saan tarvikkeita, tiiliä sun muuta, niin korjaan muurin, joka oli päältä ehjä ja raudoitettu. "Kyllä minä järjestän tiilit, sementtiä ja santaa, mutta varoja ei tuohon permantoon ole tähän hätään", sanoi isäntä. Kysyttyäni vuokrasta se ilmoitti 30 mk kuukaudessa. Hyväksyin sen ja asia sovittiin. Lähdin yöjunalla takaisin Hyvinkäälle, ja sieltä Hangon junassa Rajamäelle. Menin perheeni luo Kallioille. Järjestimme kaikki tavaramme kuntoon ja siirsimme ne junaan, johon nousimme koko perhe.

Illalla jäimme pois Ostolan asemalla, koska siitä oli lyhin matka Ähtärin kirkolle. Aseman vieressä oli majatalo, mistä otimme hevoskyydin Hankolaan, jossa yövyimme kamarissa. Saimme syödä ja juoda kahvia eikä maksanut mitään. Aamulla kävelimme vuokratalolle ja asetuttiin taloksi.. Ensimmäiseksi hankin sahalta tuotavaksi jätelautaa, jolla voitaisiin lämmittää. Sitten alkoivat työt. Ryhdyin ensin muuraamaan pakarin uunin arinaa ja suuaukkoa. Sitten huomasin jätelautojen joukossa isompiakin lautoja, joten avasin permannon, korjasin vasat ja laitoin lattian tiiviisti kiinni. Karoliina pesi sen samoin kuin seinät ja katon. Lopputuloksena tuli ihan kelvollien pakari, mutta meni vielä toista viikkoa ennen kuin pääsin leipomaan. Puotipuoli oli siistittävä kuntoon ja ulos oli saatava leipomon kyltti.

Aluksi ihmiset olivat tietämättömiä paikasta. Täytyi jättää leipominen lauantaihin ja mennä pyhänä kirkonmäelle myymään. Siellä kokoontui väkeä ympärilleni, ostivat tuotteitani, söivät ja kyselivät mistä olin tullut. Tieto leipomosta alkoi levitä ja kauppa rupesi käymään hyvin. Kerran kun olin kirkon luona myymässä, meni pappi hevosella ohi. Se pysähtyi, tuli luokseni ja kysyi: ”Kenenkäs luvalla te olette tullut tähän myymään?” Pappi vaikutti jotenkin ilkeämieliseltä tyypiltä. ”Omalla luvallani”, minä sanoin. ”Minulla kun on käsityöläläisen oikeus myydä kätteni töitä missä vain.” – ”Ai näinkin lähellä herran temppeliä?” pappi kysyi. ”Onhan tästä temppeliin vielä matkaa”, minä sanoin. Pappi puheli siinä vielä jotakin, kun ihmisiä alkoi kerääntyä paikalle ja tekivät ostoksia. Jotkut menivät jopa papin eteen pureksimaan pullaa. Ihmisten mentyä kirkkoon minä kävin hakemassa lisää myytävää. Väki tuli kirkosta ja taas kauppa kävi. Myös pappi ilmestyi jälleen paikalle ja sanoi: ”Jos vielä ensi pyhänä olette täällä myymässä, minä toimitan poliisin paikalle.” Minä vastasin: ”En minä enää tätä kirkonmäkeä tule tarvitsemaan. Kyllä te saatte sen pitää.” Ja sen koommin en sinne enää mennyt, sillä myymälä alkoi vetää asiakkaita siinä määrin, että välillä loppuivat tuotteet jopa kesken.

Talvella kuljetin tuotteita kelkalla Inhan bruukkiin, jonne oli n. 10 kilometriä matkaa. Sieltä ne kuljettivat niitä edelleen Ähtärinjärven rannalle. Ähtärissä toimi kauppias Tötterman, jolta ostin tarvikkeet. Se rupesi hankkimaan minulta leipää sivukauppaansa Peränteen paperitehtaalle asti. Työtä riitti, minulla oli Innanen -niminen mieskin töissä, ja sen kanssa aloimme valmistaa vesirinkeleitäkin suuremmassa määrin.

Keväällä ostin hevosen. Se oli muuten terve, mutta voimiltaan heikonlainen. Se johtui siitä, että kevät oli muuttunut takatalveksi eikä eläimille tahtonut riittää ruokaa. Niille oli syötetty jopa latojen olkikattoja, kun muuta ei ollut, ja sitä minunkin hevoseni oli saanut. Tein hevosella yhden reissun Inhan bruukille ja se kulki vaivalloisesti. Ostin ruisjauhosäkin ja tein tallissa sille syrppyä. Lisäksi minulla oli heiniä, joita olin saanut ostaa Hankolasta. Tarkoitus oli lähteä viemään leipää Inhan bruukille. Laitoin kuorman valmiiksi rattaille ja menin hakemaan hevosen tallista. Huomasin että se horjahteli, takapuoli heilui kahtapuolin. Valjastin sen kuitenkin kärryjen eteen ja lähdin ajamaan. Mutta samassa se kaatui ja kärryjen aisat poikkesivat. Se nousi ylös. Riisuin sen valjaista ja vein talliin. Samalla huomasin, että säkistä oli syöty paljon kauraa. Vein säkin pois ja jätin hevosen irti talliin. Lainasin Hankolasta hevosen ja vein leipäkuorman Inhaan. Palattuani takaisin en nähnyt omaa hevostani missään. Leipuriapulainen tuli ulos ja kertoi, että hevonen oli mennyt takapuoli huojuen pitkin maantietä kohti Ähtärin rantaa. Hevonen oli sieltä päin kotoisin. Se oli jotenkin päässyt ulos tallista ja mennyt apteekin puutarhaan ja luimistellut sieltä. Eivät uskaltaneet ottaa sitä kiinni, mutta Karoliina, apteekkari ja leipuriapulainen saivat hätisteltyä sen pois puutarhasta. Hevonen oli häipynyt silat vielä selässään. "Olkoon missä on", minä sanoin enkä lähtenyt hakemaan hevosta. Olin maksanut siitä 50 mk. Myöhemmin kuulin, että siitä oli tullut vielä hyvä hevonen.

Ostin eräästä talosta uuden hevosen hintaan 150 mk. Se oli kaunis, kuusivuotias ruskea tamma, jolla oli ns. jauhokuono. Kun ajoin pienen matkaa, se alkoi ontua. Mutta kun se oli tallissa tai pihalla, sitä sai liikutella eikä se ontunut yhtään. Myllymäen suunnasta ilmestyi kolme kuormaa mustalaisia. Nähtyään hevoseni pihalla ne tulivat kysymään vaihtaisinko hevosta heidän kanssaan. Mustalaiset olivat juuri ostaneet Myllymäen majatalosta hevosen, joka oli ihan nätin näköinen. Sanoivat että ainoastaan hevosen lavat olivat hieman arat. Tarkastin hevosen lavat, mutta en huomannut niissä mitään vikaa. Sitten tarkastin kaviot ja totesin että hevosella oli kaviokuume. Hevonenhan käyttäytyi suunnilleen samoin, oli sitten kaviokuume tai vikaa lavoissa. Mutta en maininut tästä mitään. Kysyin mitä ne maksaisivat väliin, mutta eivät suostuneet.

Yksi niistä näki porstuassa puolikkaan ruisjauhopussin ja sanoi: "Anna tuo ruisjauho väliin." Suostuin ja tehtiin vaihtokaupat. Mustalaiset lähtivät kiiruusti. Mutta myös minulle tuli kiire. Paikalla oli apurini Eemeli, seppä Luoman poika Ähtärin rannalta. Sanoin sille että riisuu kenkänsä ja vie hevosen metsään, missä on vetinen haka, jonka olin vuokrannut kunnalta. Kahden päivän kuluttua mustalaiset palasivat ja vaativat kaupan purkamista. Sanoivat minun pettäneen niitä pahasti (sillä ontuvalla hevosella). Sanoin myyneeni jo heiltä saamani hevosen. Ne tarkastivat tallin, joka oli tyhjä. Sitten ne häipyivät. Pidin hevosta siellä haassa vielä viikon verran. Haettuamme sen pois löimme sille uudet kengät, minkä jälkeen jaloissa ei ollut enää vikaa. Apupoikani Eemeli lähti viemään hevosella leipää. Sanoin sille, että pitää varansa. "Jos mustalaiset tulee Myllymäen suunnasta vastaan, niin anna tulla lujaa kyytiä kotia." Se hevonen oli hyvä kulkemaan.

Sitten erään kerran, kun Eemeli oli kuljettamassa leipää, tuli Myllymäen tienristeyksessä mustalaisia sitä vastaan. Nähtyään tutun hevosen mustalaiset vaativat Eemeliä pysähtymään. Mutta Eemeli pani hevosen juoksuun ja ne tulivat hurjaa vauhtia kotipihalle. Poika hyppäsi kertomaan minulle, että mustalaiset tulevat perässä. Minä syöksyin ulos ja vein hevosen talliin ja asetin oven eteen kaksi lukkoa. Olin nimittäin osannut tähän jo varautuakin. Mustalaiset ajoivat portille. Laskin niitä olevan kuusi kuormaa, ja myös se minulta vaihdettu hevonen oli mukana. Miehet näyttivät olevan pahalla päällä. Yksi niistä sivusi jo puukkoaankin. Ne vaativat taas hevoskaupan purkua. Sanoin ettei tule onnistumaan ja livahdin pakariin, sieppasin ison korppuveitsen käteeni ja palasin ulos. Kuljin niitä kohti ja sanoin: "Uskokaa nyt, kauppaa ei peruta ja parasta lähteä siitä!" Silloin mustalaiset lähtivät menemään. Ja sen jälkeen sainkin olla niiltä rauhassa eikä kauppaa enää vaadittu peruttavaksi.

Hankolan isäntä ilmaisi tyytyväisyyttään kun kuuli, että olin huiputtanut mustalaisia. Hankolalla kun oli ollut niistä paljon harmia, koska maantie kulki isännän kolmen talon pihojen läpi. Siinä oli kuulemma pidettävä koko ajan varansa ettei tavaraa päässyt katoamaan. Mustalaisia kulki siellä edestakaisin niin Virroilta, Ruovedeltä kuin Lehtimäeltäkin päin. Hevonen pysyi minulla, vaikka mustalaiset poikkesivat kyllä muuten välillä tekemässä hevosten vaihtokauppoja. Niillä oli sekä hyviä että huonoja hevosia. Kerrankin oli komea ori, jonka olisivat halunneet vaihtaa. Minä näin orin silmistä, että se oli kovin vihainen. Mutta mustalaiset olivat ilmeisesti antaneet sille jotain tippoja, koska se käyttäytyi rauhallisesti. Kieltäydyin kaupoista. Menin kuitenkin aina katsomaan hevosia niiden mieliksi, sillä mustalaiset olivat myös asiakkaitani. Ostivat pullaa ja keittelivät kahvia puutarhassa. Toisinaan annoin lapsille vehnästä kun kerjäsivät.

Ähtärissä oli myös rikkaita talollisia. Ja kun ne tulivat sille päälle, että nyt mennään huviajelulle, ne pukeutuivat hienoihin vaatteisiin. Ja tietysti edessä piti olla parhaat hevoset ja valjaat ja alla komeat kiesit. Siellä oli myös kunnan omistama tupa, jonne pääsi aina sisään. Se oli yleensä tyhjä ja tupaa kiersivät penkit. Sinne varattomat ja talottomat pääsivät halutessaan oleskelemaan väliaikaisesti. Jos oli mukana pieni lapsi, sen saattoi laittaa pärekorissa valmiiseen koukkuun riippumaan. Tupaa käytti myös eräs vanha mummo, joka kierteli kerjäämässä eri taloissa. Se oli minun pakarissani monta kertaa lämmittelemässä talvella. Mummo istui tuolilla, poltteli piipunnysäänsä ja jutteli kaiken maailman asioista. Sitten se kuoli. Muistin että sillä oli ollut reessä kulkiessaan hyvä hirven turkki. Minä kysyin hautajaisten jälkeen kunnantalolta, jonne vein paljon pullaa, että voisinko ostaa ko. turkiksen. Virkailija kertoi, että mummon ruumis oli kääritty siihen ja kaikki sen vaatteet ja pienet tavaratkin oli laskettu mukaan hautaan. Siellä kun oli sellainen tapa. Kävin katsomassa mummon hautaa kirkkomaalla, jossa varattomille oli oma alueensa. Siellä oli useita pieniä kumpuja, joissa ei ollut edes puuristejä.

Heinähuutokaupassa tein kaupan heinämaasta, josta sain hyvää heinää. Sielläpäin ei käytetty seipäitä vaan haasioita, joissa heinä kuivatettiin. Sain kotona olevan ladon täyteen heinää. Sitten ostin nuoren, valkoruskean lehmän, joka oli poikinut jo kahdesti. Maitoa tuli lapsillekin tarpeeksi.

Saapui syksy. Siinä talon toisessa päässä oli asunut Turusta kotoisin oleva nuori mies, joka piti sekatavarakauppaa. Mies oli lähtenyt jo keväällä Vilppulan Metsämäkeen osuuskaupan hoitajaksi. Sieltä se kirjoitti minulle ja ehdotti, että ostaisi minun pakarini, joka sitten siirrettäisiin sinne osuusliikkeen yhteyteen. Minä tulisin sinne ja saisin työstäni hyvää palkkaa ja vapaan asunnon. Rupesin miettimään ehdotusta. Rakennuksen toisen pään lopetettuun kauppaan tuli uusi kauppias, Hankolan tytär.

Eräänä päivänä menin taas ostamaan Töttermanilta tarvikkeita kuten ennenkin. Se vuorostaan oli tilannut minulta leivät sinne Peränteen paperitehtaalle. Tötterman kertoi että Peränteellä oli valitettu kaupanpitäjälle, että minun leivässäni oli ollut pätkä narua. Ihmettelin asiaa. Tötterman totesi että se oli pikkujuttu, mutta olisi ollut vakavampi, mikäli narussa olisi ollut kiinni se tinaplammi, joka voisi tarttua kiinni kurkkuun. Asia jäi siihen. Kuullessaan minun olevan lähdössä pois, sanoi Tötterman: ”Älä nyt helkkarissa lähde, kun luottokin on hyvä ja saisit minulta tavaraa vaikka kuinka paljon.” Muistin silloin tapauksen alkuajoilta, kun olin käynyt Töttermanin kaupassa ensimmäistä kertaa. Olin silloin vähissä varoissa ja olin pyytänyt Töttermanilta sokeria velaksi, jonka olisin maksanut seuraavana maanantaina. Kauppias ei kuitenkaan ollut suostunut, ei vaikka olisin antanut kelloni pantiksi. Siinä oli sattunut olemaan vieressä kirkon suntio, joka oli sanonut Töttermanille: ”Antakaa hänelle se sokeri, minä maksan,” Olin kiittänyt kovasti miestä, joka sai sitten pian rahansa takaisin.

Seppä Matti Luoma Ähtärin rannalta tuli käymään. Se oli apupoikani isä. Luoma kertoi olevansa velkaa talon isännälle, jonka maalla sen talo ja paja olivat. Isäntä oli jo uhannut myydä sepän pajan välineineen. Olin kuullut jo sepän pojalta Eemeliltä, että sepän veli oli jo toista kertaa Kanadassa. Sanoin Matti Luomalle: "Kirjoita veljelles, että se lähettää sulle piletin Kanadaan." – "Ei se enää kerkii", sanoi Luoma. "Täytyy lainata joltain rahat, että pääsen pian lähtemään. Mutta miten minä pääsen ettei viranomaiset nappaa kiinni? Soittavat puhelimella satamaan ja ilmoittavat." Minä pohdin miehen tilannetta ja sanoin: "Hankoon ei passaa mennä. Mene Turkuun ja osta piletti Bore-laivaan ja matkusta Ruotsiin. Sitten hommaa sieltä piletti valtamerilaivaan. Ruotsiin ne eivät osaa soitella perään." Luoma sanoi tekevänsä niin, mutta ensin sen olisi käytävä Vaasassa silmälääkärillä saamassa todistuksen terveistä silmistään. Sellainenkin kuulemma vaadittiin passin lisäksi ehtona päästä Kanadaan.

Viikon päästä Luoma tuli hevosella käymään. Se oli lähdössä matkaan ja sillä oli pullo korpirojua (pontikkaa) mukanaan. Teimme kahvin kanssa ryyppyjä, juteltiin ja nautiskeltiin hyvästä aineesta. Sitten Eemeli tuli kuskiksi ja menimme saattamaan Luomaa asemalle, missä se nousi yöjunaan suuntanaan Turku. Eemeli ajoi minut takaisin kotiin.

Valmistellessani muuttoa tuli Hankolan isäntä paikalle ja seurasi puuhiani. "Mitäs nyt pois lähdet. Olisit ostanut koko tontin ja rakennukset ja jäänyt tänne. Myisin kaikki 3000:lla markalla." – "Mistä minä semmoiset rahat ottaisin?" kysyin. Isäntä selitti: "Maksoithan sinä 30 markkaa joka kuukausi vuokraakin. Sillä samalla summallahan se tulisi vähitellen maksettua." Harkitsin kyllä sitäkin asiaa, mutta sinne Vilppulan osuuskauppaan muutto houkutti enemmän. (Tosin jälkeenpäin on kyllä kaduttanut etten jäänyt, kun asiat olivat alkaneet muutenkin sujua. Siinä leipomopuodin takana oli iso sali, josta olisi helposti saanut hienon kahvilan. Ja vieläkin olisi jäänyt tyhjiä huoneita käyttöön. Olisin voinut pitää sen toisen pään kauppahuoneenkin vuokralla. Tontti oli niin

suuri, että siinä olisi hyvä viljellä perunoita ja muitakin puutarhakasveja.) Mutta muutto toteutui, sillä olinhan jo ehtinyt myydä hevosen, valjaat ja kärryt sekä lehmän ja kaikki heinät. Syyskuussa
minä olin mennyt hakemaan Hankolan tytärtä, joka toimi kätilönä.
Kerroin että Karoliinalla on synnytys lähellä. Kätilö työnsi käteeni
korin ja käski menemään edellä, se tulisi pian itse perästä. Sitten
Sylvi syntyi 12. syyskuuta 1907.

Muutimme Vilppulan Metsämäkeen. Osuusliike oli hankkinut
meille ahtaat huoneet erään vanhapoikasuutarin rakennuksesta.
Leipomo oli n. 100 metrin päässä pääliikkeestä, ja siinä oli myös
kamari, josta tuli leipävarasto. Siinä kauppahuoneen ja leipomon
välissä oli kaksikerroksinen torppa, jossa asui kaupanhoitajan morsian, joka myös työskenteli liikkeessä. Leipomon ikkunasta oli
hyvä näkymä sen torpan suuntaan. Olin työskennellyt siinä jo jonkin kuukauden, kun huomasin ikkunasta miten veivät kelkalla täysinäistä säkkiä torppaan. Sen jälkeen näin toistamiseen samanlaista
säkkien siirtelyä.

Siinä lähellä asui sen osuuskunnan puheenjohtaja, joka oli
käynyt alussa luonani ja pyytänyt minua pitämään kirjaa tuloista ja
menoistani. Tein niin ja totesin, että aina näytti voittoa. Sitten kevätpuolella alkoi kuulua puheita, että leipomo tuottaisi tappiota. Ja
yllättäen kesällä minut sanottiin ylös ja syyksi ilmoitettiin leipomon kannattamattomuus. Se johtokunnan puheenjohtaja oli ollut
pitkällä matkalla ja palasi juuri kun olin tekemässä muuttoa Kolhon
asemalle, mistä olin vuokrannut leipomon. Puheenjohtaja ihmetteli
kovasti sitä, että leipomo oli lopetettu. ”En tiedä”, minä sanoin. ”Ei
leipomo ainakaan tappiota ole tuottanut.” Näytin miehelle laskelmiani enkä selitellyt sen enempää. Selvitelköön itse asiansa, tuumasin. Myöhemmin Kolhossa sain kuulla, että se minut osuusliikkeeseen houkutellut myymälänhoitaja oli häipynyt Metsämäestä.

Oli selvinnyt, että sama heppu oli aiheuttanut osuuskaupalle aina-
kin 10 000 markan tappiot. Sitten kaveri oli kuulemma perustanut
oman kaupan jonnekin Jyväskylän ja Suolahden välille.

Muutimme n. 13 kilometrin päähän Kolhon kylään. Olin menettänyt sillä reissullani jokseenkin kaikki rahani, jäljellä oli muistaakseni enää 8 mk. Sapetti aikansa, mutta sitten oli taas yritettävä ja aloin leipoa. Olisihan siinä pärjännyt, mikäli olisin ollut ainoa leipuri sillä paikkakunnalla. Mutta kun siellä oli Bonnen suuri sahalaitos, jonka vieressä oli leipomo. Sen oli vuokrannut rautatieaseman kirjuri, jonka vaimo piti leipomoa, missä oli kisälli työssä. Kuulin että rouva oli sanonut minusta: "Ei se tule olemaan kuin korkeintaan kuukauden, kunnes joutuu lähtemään." Oli alettava kilpailemaan sen kanssa. Minulla kun oli sentään jo liuta lapsia ja vaimo elätettävinä. Päätin etten lähde mikäli voimia riittää.

Mutta se 8 mk loppui kun täytyi tehdä isoa, hyvää leipää. Sitten pidin huutokaupan, kun oli vielä jotain myytävää tavaraa. Taskussani oli kultakello, jonka olin ostanut Ähtärissä Turja -nimiseltä mieheltä. Se oli tuonut sen Amerikasta ja oli lähdössä sinne uudestaan, joten se keräsi matkarahaa. Maksoin siitä 50 mk, vaikka sen oikea arvo taisi olla silloin n. 150 mk. Pitäessäni huutokauppaa sinne tuli myös Bonnen sahan valttari, ruotsinmaalainen mies, joka nähtyään kelloni lupasi siitä 25 mk. Ja kun enempää ei tarjottu, jäi kello sille. Pääasia oli että sain rahaa päästäkseni kunnolla alkuun.

Sitten perästä päin paikalle tuli isäntä, joka oli kuullut millä hinnalla kello oli mennyt. Se sanoi minulle, että "jos olisit huutanut kellon sisään, minä olisin maksanut siitä sata markkaa". Mutta kertyihän huutokaupasta sentään toista sataa markkaa, joten ei ollut mitään hätää. Olin kilpaillut sen toisen leipomon kanssa puolisen vuotta, kun se rouva telläsi sen kisällin leipomaan pehmeitä rinkeleitä varastoon. Heillä kun oli aikomus mennä myymään niitä Jyväskylän markkinoille. Mutta rinkelit oli varastoitu niin huonosti, että kun niiden piti lähteä niitä myymään, oli ne kaikki homehtuneet. Ne eivät kelvanneet enää muille kuin sioille. Siihen niiden leipomoyrittäminen päättyi ja minä jäin paikkakunnalle ainoaksi leipuriliikkeen harjoittajaksi. Mutta eipä siitäkään pitkään saanut hyötyä, sillä Bonnen saha lakkasi tukkien puutteen johdosta toimimasta. Se seisoi ainakin yhden talven ja kesän, joten ei ollut myöskään työväkeä ostamassa tuotteitani. Ukonselän takana oli pari pikkumyymälää, jotka olivat asiakkaitani, samoin eräs kauppias sekä osuusliike myivät jonkin verran tuotteitani.

Talvella kävin usein pilkkiongella ja sain Ukonselästä hyvin kalaa. Se oli iso järvi siinä vieressä, 7 km pitkä ja 5 km leveä. Kesällä rupesin käymään Keuruun kirkolla toripäivillä, jotka pidettiin joka keskiviikko. Tuotteeni menivät siellä hyvin kaupaksi. Olin ollut Kolhossa jo toista vuotta, kun syksyllä 1908 rupesi saha taas toimimaan, olivat saaneet pienen määrän tukkeja. Maatessani eräänä iltana sängyssä huomasin ikkunan takana loimotusta ja huone muuttui valoisaksi. Syöksyin ikkunaan ja näin sahan palavan. Liekit löivät korkealle ilmaan. Riensin paikalle katsomaan. Paloöljy haisi. Miehet olivat löytäneet tyhjiä pulloja, joissa oli ollut paloöljyä ja heittivät ne tuleen. Bonne itse ei ollut kotonaan eikä sahan alueella asunut muita kuin se ruotsalainen sahan valttari, joka minulta kellonkin osti. Kukaan ei tiennyt mihin mies oli häipynyt, mutta oletettiin että Ruotsiin.

Tämän jälkeen minullekin alkoi hieman kehnompi aika. Talvella en käynyt Keuruullakaan, koska siellä oli hiljaisempaa. Olin teettänyt Ukonselän toisella puolella itselleni luistimet erään miehen luona. Sitä sanottiin jelijuuttariksi, sen aikainen ammattimies, joka valoi mm. kelloja hevosille, lehmille yms. Mies valmisti minulle luistimet, jotka olivat messingin ja lasin sekoitusta. Ne luistivat yhtä hyvin pakkasella kuin suojallakin, ja niillä minä kävin pilkillä ja luistelin myös Ukonselän taakse hakemaan voita, jota tarvitsin niin leipomiseen kuin kotiinkin.

Lähdin katselemaan toista paikkaa leipomolle. Matkustin junalla Haapamäelle, sieltä Jyväskylään ja edelleen radan päähän Suolahteen asti. Sieltä kävelin Konginkankaan kirkolle, jossa olin erään leipurin pakarissa yötä. Siellä oli paljon torakoita, tuntui kuin ne olisivat tahtoneet syödä minut tai ajaa ainakin ulos. Aamulla kun kisälli rupesi valmistamaan vesirikeleitten taikinaa, vilisi torakoita siinä ympärillä. "Eikö noita torakoita mene taikinaan?" kysyin. Siihen kisälli: "Meneehän niitä joskus, mutta ei niitä huomaa kun ne hajoo taikinan sekaan." Kisälli vaivasi taikinaa pitkällä raudalla, jonka toinen pää oli saranoilla kiinni seinässä.

Lähdin eteenpäin majatalon kyydillä. Kuljin kolmen majatalon kautta ennen kuin pääsin Viitasaarelle. Hevoset olivat yhtä lukuunottamatta aika huonoja kaakkeja ja niitä ajoivat nuoret pojat. Reessä oli yleensä hirvennahka peittona. Metsätaipaleet olivat pitkiä ja oli jo iltapuoli, kun saavuin Viitasaaren kirkolle, joka sijaitsi suuren Keitele-järven ympäröimänä. Pitkät sillat johtivat kahta puolta kirkonkylän saareen. Alue oli komeaa seutua.

Siellä oli leipurina nuori pariskunta. Menin sinne kylään ja olin myös yötä. Mies tarjosi minulle paikkaa, joka oli vuokralla. Se jutteli suoraan, että tuotteet eivät tahdo mennä kaupaksi, koska useat talolliset pitävät iltaisin tanssiaisia ja leipovat niihin itse leivät yms. Oikein kuulemma kilpailivat keskenään siitä, kuka vetää eniten yleisöä. Kävin sitten itse tutustumassa taloissa. Joka talossa oli iso tupa ja pitkä pöytä. Tuvan perällä oli lasikaapissa hyllyt täynnä pullaa ja leipää. Ihmisiä oli kertynyt tupaan iso määrä. Erään talon isäntä istui penkillä pitkä piippu hampaissaan enkä meinannut päästä siitä eroon, kun kerroin olevani etelämmästä kotoisin. Se kyseli kaikkea mahdollista. Sieltä siirryin seuraavaan taloon, missä oli tanssit juuri käynnissä. Katselin ovenpielessä jonkin aikaa sitä menoa, jonka jälkeen palasin leipomoon. Aamulla sanoin leipurille, että pitää tuumia asiaa. Sitten palasin taas majatalojen kyydillä Suolahteen, ja sieltä junalla Kolhoon. Niin tuli sekin hukkareissu tehtyä.

Ajat paranivat, kun meidän naapuriin perustettiin sirkkelisaha. Siellä sahattiin valtion rautateille halkoja pitkistä rangoista, joita uitettiin lautoissa Ukonselän takaa rantaan, mistä ne vedettiin siltaa myöten sirkkelille. Siellä halot sitten lastattiin kapearaiteiseen vaunuun, jolla ne siirrettiin aseman plaanille pinoon, mistä veturit sai niitä käyttöönsä. Mukana tuli paljon miehiä työhön. Meilläkin niitä oli yöt kortteerissa permanto täynnä. Kauppa kävi hyvin, miehet ostivat leipää ja joivat kahvia ja kortteerirahaakin tuli jonkin verran. Ääntä ja mölinää oli jos jonkinlaista. Sitä kesti vähän toista kuukautta, kunnes sahaus loppui.

Syksyllä syntyi tyttö, joka sai nimekseen Aili. Mutta Aili kuoli seuraavana keväänä. Veimme Ailin Toivon kanssa Vilppulan hautausmaalle, jossa rippitytöt tulivat laulamaan haudalle. Toivo oli aloittanut koulun ensimmäisellä luokalla jo Ähtärissä, ja nyt se jatkoi Kolhon koulua, joka oli aivan vieressä. Se pääsi hyvin käymään päivisin kotona syömässä. Tytöille laitoin leikkimökin, että leikkisivät pihalla ja pysyisivät poissa järvenrannasta.

Sain kuulla, että Mäntän tehtaan omistaja Serlachius oli ostanut useiden kylien taloja Keuruun puolelta. Kummastelin että miten voi tehdä sellaista, että ostaa talot maineen kaikkineen, myy sitten talot pois siirrettäväksi ja kylvää pellot metsiksi. Lähdin polkupyörällä katsomaan oliko asiassa perää. Ja tottahan se oli. Kuljin kylien raitteja ja katselin kauniita, hyvin rakennettuja ja punaisiksi maalttuja taloja, jotka olivat tyhjillään. Kylän laidalla seisoi mökki, jossa oli asukkaita. Poikkesin sinne ja kyselin tilanteesta. Kuulin että siinä lähellä oli myyty erään talon kaikki muut rakennukset paitsi vilja-aitta. Yllyttivät minua ostamaan sen. Lähdin mökin miehen kanssa katsomaan aittaa, joka oli isoista hirsistä rakennettu kaksikerroksinen aitta. Menimme sisälle ja silmäni pyöristyivät hämmästyksestä, kun näin viljalaarit. Ne oli tehty punahongasta, jotka oli halkaistu 16 senttiä paksuiksi ja 80 senttiä leveiksi lankuiksi. Lattia oli tehty 40 sentin paksuisista hongan puolikkaista ja välikatto samoin. Kysyin tiesikö mies aitan hintaa ja se sanoi kuulleensa, että 100 mk. Totesimme molemmat, ettei se ollut liikaa pyydetty. Tiedustelin missä kaupan voisi tehdä, ja mies neuvoi menemään metsänvartijan asunnolle, koska sillä oli kuulemma valtuudet myydä. Menin ja kauppa syntyi. Se mökinmies suostui korvausta vastaan purkamaan aitan osiin ja siistiin kasaan.

Näin tuli ostettua talon tarpeet. Talvi läheni ja jostain oli ostettava tontti. Sain sen Saxbergin Villeltä. Sitten hommasin talkoilla hirret ja lankut tontille. Ihmiset ihmettelivät niitä kuten minäkin aikaisemmin. Keväällä sain sain hankittua Ukonselän takaa kaksi miestä töihin. Ne toivat mukanaan lankkusahan, tekivät pukit ja ryhtyivät sahaamaan niitä laarilankkuja halki. Vaikka puu oli melko pehmeää, oli se silti raskasta työtä. Mutta jälki oli hyvää, sillä tuloksena oli komeita punahonkalautoja, joista tuli hieno tuvan lattia, katto ja porstuan seinät. Sitten muurattiin leivinuuni ja hella. Seiniin asennettiin kolme isoa ikkunaa sekä ovet, ja kaikki samasta honkalaudasta. Työpäivien kanssa rakennus tuli maksamaan minulle 450 mk. Vietimme siellä perheen kanssa kokeeksi yön. Leipomoksi se oli kuitenkin liian pieni rakennus, sitä varten siinä olisi täytynyt olla ainakin puolet enemmän tilaa ja uunin suurempi. Mutta parin viikon päästä ilmaantui ostaja. Pyysin talosta 700 mk. Mies tinki ja sovimme 600 mk, joten jäihän siitä vähän vaivanpalkkaakin.

Minulla oli seilipaatti, jolla purjehdittiin joutoaikoina järvellä. Kerran olin Toivon kanssa purjehtimassa, kun oli kaunis ilma ja sopiva tuuli. Olimme edenneet keskelle Ukonselkää kun puhkesi äkkiä myrsky, joka meinasi kaataa veneen. Laskin purjeen irti ja hyppäsin laidan ylle roikkumaan. Käskin Toivon siirtyä samalle puolelle venetteä. Sitten kun tuli sivutuuli, kiristin purjetta ja lähdimme menemään aika hurjaa vauhtia. Se oli heinäntekoaikaa, joten ihmisiä oli paljon heinätöissä rannoilla, jossa ne seurasivat miten veneen ja meidän käy. Mutta hyvinhän me selvittiin kotirantaan asti. Toivoa oli kyllä selvästi pelottanut, ja rannalla se huokaili helpottuneena ja taivasteli villiä menoamme.

Olin kuullut, että Seinäjoelta aletaan rakentaa rautatietä Kaskisiin. Sain ajatuksen, että sieltä suunnalta voisi löytyä nykyistä parempi paikka leipomolle. Matkustin Seinäjoelle ja lähdin kävelemään tietä, joka kulki tulevan rautatielinjan lähellä Ilmajoelle päin. Sieltä sitten paikkaan, johon oli tarkoitus perustaa Koskenkorvan asema. Missään ei näkynyt tehtävän vielä ratatöitä, vaikka paalutukset olivat jo valmiina. Koskenkorva oli jo isohko paikka. Oli taloja ja mökkejä ja joen molemmin puolin myllyt. Erään talon isäntä oli innokas vuokraamaan ison rakennuksen huoneet. Mutta sinne olisi pitänyt muurata itse uunit ja kunnostaa leipomoksi. Talo seisoi aivan tulevan aseman vieressä, joten itse paikka oli kyllä hyvä. Minulla oli siksi vähän rahaa, etten uskaltanut tehdä heti sopimusta. Sanoin tulevani ehkä myöhemmin käymään uudestaan.

Kävelin takaisin Seinäjoen asemalle, odottelin junaa ja astelin hiljakseen edestakaisin pitkää laituria. Vastaani tuli Matti Luoma, tuttu mies Ähtäristä, joka oli palannut Kanadasta. Se oli maksanut ne velkansa isännälle ja myynyt pajansa kaikkine työkaluineen. Asunnon se oli jättänyt vaimolleen ja kahdelle pojalleen. Luoma kertoi olevansa taas lähdössä Kanadaan. Se pyysi minut kylään kotiinsa. Sinne päästyämme minä yllätyin nähtyäni sen toisen vaimon, nuoren naisen, jolla oli pieni poika. Lisäksi paikalla oli Luoman nuorin poika Eemeli, joka oli ollut apulaisenani Ähtärissä. Luoma nauroi hämmästykselleni. Sitten se kertoi, että vanhempi poika piti jättää Ähtäriin, kun se oli yksisilmäinen. Kanadaanhan eivät päässeet kuin ne joilla oli terveet silmät. Matti Luoma kertoi, mitä oli Ähtärin kylällä kuullut ja miksi oli jättänyt vaimonsa: "Eukko oli kylällä puhellut kuinka lapsen paskaa oli kerran pudonnut vahingossa puuropataan. Oli kai häärinyt siinä lapsi käsivarrellaan padan lähellä. Mutta eukko oli vaan sekottanut sen puuron hyvin ja syöttänyt sitten minulle ne paskat." Siitä Luoman mitta oli täyttynyt, ja se oli jättänyt entisen vaimonsa ja toisen poikansa Ähtäriin ja itse häipynyt muualle.

Siinä juttelun lomassa kypsyi ajatus, että minäkin voisin lähteä Kanadaan. Sovimme että Matti lähettää minulle Kanadasta matkapiletin. Sitä ennen minun tulisi käydä Vaasassa silmälääkärillä ja pyytää todistus, jonka lähettäisin kirjeessä Matille. Näin siksi ettei se piletti menisi ainakaan silmien takia hukkaan. Sovittiin lisäksi, että Matti perheineen poikkeaisi meillä Kolhossa, kun ovat lähteneet Seinäjoelta etelään. Ja niin ne eräänä päivänä ilmestyivät luoksemme Kolhoon. Ne olivat matkalla Hankoon ja jäivät odottamaan yöjunaa. Minä olin saanut pitkäsiimalla isoja lahnoja ja suolannut niitä. Ne nähtyään Matti sanoi: "Annas meille niitä kaloja etteivät noi toiset tule merikipeiksi. Kala ehkäsee sitä tautia hyvin. Minä itte en tule merikipeeksi, jos vaan saan kolpakollisia." Annoin niille viisi isoa lahnaa evääksi. Menimme lapset mukanamme saattamaan niitä asemalle, jonne oli n. 150 metriä matkaa. Yöjuna saapui ja me hyvästelimme ja toivotimme matkalle onnea ja menestystä. Juna lähti ja katselimme haikeina sen perään.

Jatkoimme elämistä siinä talossa, jota saattoi sanoa murjuksikin. Laudoitettu kamari oli eristetty leipomosta asunnoksi. Leipomossa välikatto oli notkolla mutta uuni oli kyllä hyvä, mikä oli tietysti tärkeä seikka. Uunin toisella puolella oli hella, joka oli vaimon ja lasten käytettävissä. Porstua oli iso, pimeä konttuuri, josta myytiin leivät ja joka toimi erilaisen tavaran varastohuoneena. Paikalla oli lisäksi kolkko menneisyys. Olimme nimittäin jo alkuaikoina kuulleet, että siinä oli tapettu ja ryöstetty leipuri, kuivuneita verijälkiä näkyi vieläkin seinissä ja permannon raoissa. Ensimmäisenä vuotena oli ollut paljon torakoita ja lutikoita. Sitten kun oli tullut kesä, meillä oli ruvennut käymään eräs vanhanpuoleinen mies Ukonselän takaa Ruovedeltä. Se kulki veneellä ja kauppasi voita, munia, juustoa ja lampaan sekä vasikan lihaa. Ostimme ukolta yleensä jotain ja tulimme tutuiksi ja pyysin sen aina kahville. Ensimmäisellä käyntikerrallaan se oli todennut, että "teillähän on torakoita". – "Ei niitä saa pois edes myrkyllä", sanoin. "Paitsi talvella, jos antaa pakarin tarpeeksi kylmettyä pakkasella. Mutta sittenhän ei leipomisesta tule mitään." Ukko sanoi: "Kyllä ne kuolee myrkyllä, mutta täytyy valita oikea aika. Jokaisena kuukautena on kuiva tunti ja määrätty kellonaika milloin yöllä milloin päivällä. Ja sitten kun on oikea aika, tekee sellaista tuoretta pöperöä, johon sekoitetaan myrkkyä ja jota sitte roiskitaan muurin taakse ja kaikkiin rakoihin, missä niitä torakoita vaan on. Kaikki ruuat ja ja juomat on tietysti vietävä pois huoneesta ettei torakoille jää mitään juomista. Kyllä häipyy torakat. Ja jos ei tehoa sillä kertaa, tekee toisena kuukautena saman homman." Pyysin ukkoa kertomaan sen kuivan tunnin ajankohdan, jonka se ilmoitti. Sitten tein kuten ukko oli neuvonut. Ja niin vain kävi, että myrkytyksen jälkeen ei näkynyt enää kuin torakan raatoja. Pestiin seinät ja muutkin paikat. Luteita kyllä näkyi yhä, mutta nekin olivat vähentyneet. Olihan se sitten mukavempi olla ja asua, kun torakat olivat tiessään.

Siivouksen yhteydessä huomasin uunin päällä seinän puolella syvennyksen. Sieltä löytyi se puukko, jota oli käytetty siinä leipurin ryöstömurhassa n. 9 vuotta aikaisemmin. Se oli aika pitkä puukko, jonka terä oli vääntynyt, sillä olihan leipuria isketty useita kertoja rintaan. Terässä näkyi olevan vielä jäännöksiä kuivuneesta verestä. Aikanaan puukkoa ei oltu löydetty, mutta todettu sen olleen juuri sellainen, jonka olin löytänyt. Ajattelin ensin toimittaa puukon poliisille, vaikka juttu olikin jo aikanaan käsitelty ja leipuri Liljeström oli tuomittu murhasta ja istui vankilassa. Tuumiskelin asiaa. Siinä lähellä asui kauppias Otto Saxberg, jota oli epäilty jonkinlaisesta osallisuudesta rikokseen, mutta jota ei voitu todisteiden puuttuessa tuomita. Kauppias Saxbergin vaimo oli opettaja siinä koululla. Otto Saxberg, lihava mies, käveli päivittäin siitä meidän ohi pistäytyessään postissa. Kauppias oli ollut rikoksen tapahtumaaikoihin konkurssin partaalla ja Liljeströmin hyvä ystävä. Lisäksi olin vuokralla Saxbergin veljellä, joten mikäli olisin ilmoittanut puukosta poliisille, olisi se saattanut tietää minulle lähtöä tai jotain vielä pahempaakin. Siellä kun asui useitakin Saxbergin veljeksiä omissa taloissaan. Päätin pysytellä koko asiasta erillään ja olla mainitsematta puukosta kenellekään. Kauppias Saxberg teki sitten minun vielä siellä ollessani konkurssin, hyötyäkseen vai köyhtyäkseen, sitä en tiedä. Mutta tyhjäksi jäi ainakin niiden talo, ja kauppias muutti vaimonsa kanssa koululle asumaan.

Olimme asuneet Kolhossa kaikkiaan kolme ja puoli vuotta, kun Matti Luomalta tuli kirje Kanadasta. Luoma kehotti minua lähettämään sen silmälääkärin todistuksen ja kertoi ajan, milloin piletti saapuu minulle. Rupesin suunnittelemaan minne toimittaisin perheen asumaan. Päädyin siihen, että muutamme Nurmijärven Röykkään. Lähetin Luomalle silmälääkärin todistuksen ja osoitteen Röykkään.

Kun kaikki oli lopulta valmista, lähdimme junalla kohti Haapamäkeä. Olin ostanut Vaasassa käydessäni vaimolle hatun, jonka se otti nyt käyttöönsä. Junan sitten lähtiessä asemalta ja saapuessa kanavan sillalle, meni vaimo vaunusillalle vilkuttamaan tutuille. Silloin tuuli sieppasi hatun ja heitti sen alas kanavan rannalle. Tulimme Haapamäelle. Meillä oli mukanamme mustavalkoinen koira. Kun juna taas lähti, karkasi koira ratapihalle. Se saatiin kuitenkin kiinni ja palautettiin. Mutta sitten seuraavalla asemalla koira karkasi taas, ja sinne se sillä kertaa myös jäi, joten saavuimme Jyväskylään ilman koiraa.

Olimme valinneet Jyväskylään menon sen takia, että pääsisimme matkustamaan laivalla Lahteen. Jyväskylä oli minulle jo tuttu paikka, mutta muille se oli mielenkiintoinen kokemus. Pitkä laivamatka pitkin Päijännettä oli meille kaikille mahtava elämys. Sitten vielä Vääksyn kanava ja Vesijärven ylitys, kunnes saavuttiin

Lahteen. Olin lähettänyt kortin vanhimmalle siskolleni Almalle, että tulee tiettynä aikana satamaan vastaan. Ja niin ne tekivätkin. Alma oli Lundin kanssa naimisissa, ja heidän luonaan asuimme kaksi vuorokautta. Lund oli tukevahko ja hieman minua pitempi mies. Kävin Lundin kanssa toisen sisareni, Fannin, luona Jalkarannassa, jossa oli sen miehen, Brunoun, huvila. Olin nähnyt Fannin viimeksi Lopella, kun huutolaisaikani oli juuri päättynyt. Brunou oli pitkä, hiukan kumarainen mies, jolla oli tuikea katse. Muuten se kyllä vaikutti hyvin leppoisalta ja puheliaalta henkilöltä.

Sitten Alma rupesi tahtomaan, että meidän keskimmäinen tyttö, Lempi, jäisi niiden luokse asumaan. Näin miten se viekoitteli tyttöä, ja vaimoni antoi omasta puolestaan jopa luvan jättää Lempi niille. Mutta minä suutuin ja kieltäydyin myöntymään ehdotukseen. Minä en Lempiä olisi sinne halunnut jättää, mutta tilanne oli mikä oli ja ne eivät antaneet periksi. Lempi jäi Lahteen ja asia harmitti minua kovasti. Lähdimme junalla ja saavuimme illalla Röykkään. Olimme vaimon veljellä, Pitkäsellä, yön. Aamulla teimme vuokrasopimuksen Österbergin kanssa, kun sillä oli kamari tyhjänä. Kului viikko, kun posti toi Kanadasta lähetetyn kirjeen, joka sisälsi piletin ja tarkemmat matkaan liityvät tiedot. Matkaan oli lähdettävä välittömästi. Meillä oli vähänlaisesti rahaa. Mutta olin myynyt tavaraa ja jätin lähes kaikki rahat kotiin, sillä Suomen rahaa ei voisi käyttää kuin alkumatkalla.

Lähdin matkaan. Ensin päiväjunalla Hankoon, siellä meidät vietiin parakkiin, joka oli siihen aikaan varattu siirtolaisille. Siellä oli paljon lähtijöitä, oli ennen käyneitä ja meitä ensikertalaisia. Odottelimme iltaa. Yksi miehistä oli humalassa ja se ryyppäili pullostaan. Vakmestari, joksi äijää nimitettiin, otti pullon pois ja vei miehen ulos. Sitten se kaatoi ämpärillisen kylmää vettä miehen housuihin eikä päästänyt tätä sisälle, vaikka oli jo kylmää syksyä. Sitten lähdettiin marssimaan laivalle, kaksi rinnan kuin vankijonossa. Mies komensi siinä vierellä. Saavuttiin laiturille, jossa Arcturus -niminen laiva odotti. "Ai se on toi paska purkki", totesi joku aikaisemminkin matkustanut. Nousimme laivan kannelle, ja siellä meidät komennettiin avonaisesta luukusta rappuja alas ruumaan, joka oli iso ja matala. Kerrossänkyjä oli vierekkäin ja jokaisen sängyn syrjään oli kiinnitetty purkki. Kysyessäni purkin tarkoitusta, sanoi joku kokeneempi: "Kylläs sitte näät kun laiva rupee keinumaan."

Laiva lähti kymmeneltä. Nousin kannelle ja huomasin keittiön tapaisen tilan. Siellä oli miehiä ja ne pyysivät ostaa olutta. Minä tein samoin ja kysyin missä olisi voinut istua. Miehet ehdottivat, että "mennään tuonne savupiipun juurelle istumaan. Piippu lämmittää samalla". Se oli muuten hyvä paikka, mutta merestä al-

koi roiskua vettä päällemme. Palasimme ruumaan, se oli kuin siko-
lätti, haisi niin että oli mentävä takaisin kannelle ja piipun juurelle
istumaan.

Matka taittui. Toisen yön jälkeen menimme kaiteen äärelle
katsomaan, kun tultiin Tanskan rannikolle ja lopulta Kööpenhami-
nan satamaan. Laiva ei seissyt kuin puoli tuntia, ja alas maihin pää-
sivät käymään ainoastaan ne, jotka olivat matkustaneet siitä ennen-
kin. Sitten matka jatkui ja saavuttiin Kattegatin läpi Pohjanmerelle.
Sattui olemaan niin hyvä sää, ettei laiva juurikaan keinunut koko
päivänä. Illalla saavuttiin Hulliin, ja satamasta meidät vietiin välit-
tömästi rautatieasemalle. Siellä meille oli katettu pitkät pöydät ruo-
kaa, ja se olikin matkan ensimmäinen ateria. Syötyämme ja jonkin
aikaa siinä istuttuamme siirryimme junaan, jolla huristeltiin maa-
seudun ja monien kaupunkien ja tehdasalueiden halki, kunnes saa-
vuttiin aamulla Liverpooliin. Siellä meidät ohjattiin hotelliin, jossa
asuimme kaksi vuorokautta. Saatuamme luvan tutustua kaupunkiin
kävimme mm. muinaismuseossa. Sen viereisellä torilla oli hieno
klosettilaitos maan alla, se oli kyllä toista kuin Helsingin suojako-
pit.

Kaksi päivää vierähti ja meidät vietiin toiseen satamaan kuin
mihin olimme junalla saapuneet. Näkymä oli mahtava. Laiturissa
oli valtavia laivoja, joista yksi oli varsinainen jättiläinen. Me me-
nimme laiturin tasolta leveästä ovesta laivaan, jonka nimi oli Em-
press of Ireland, ja joka oli myös iso alus. Se kuului Canadian Pa-
cificille, joka oli osa Canadian Pacific Railwayta, jonka junilla tu-
limme myöhemmin kulkemaan. Henkilökuntaa laivassa oli n. 450
henkeä ja matkustajia n. 1200 henkeä. Nousimme leveitä portaita
ylös kannelle, josta oli laajat näköalat satamaan ja kaupunkiin.

Koitti lähtö. Kolme hinaajaa ryhtyi vetämään laivaa. Sitten
potkuri alkoi pyöriä, vesi rupesi ryöppyämään kuin isossa kos-

kessa. Koneet jyskyivät ja koko laiva tärisi. Mutta kun se pääsi liikkeelle ja redille, koneet hiljenivät ja keula halkoi tasaisesti vettä. Kulku muuttui niin tasaiseksi, että tuntui kuin olisi oltu paikallaan. Sitten annettiin torvella äänimerkki saapua aamiaiselle ruokasaliin. Suuri sali oli täynnä pitkiä pöytiä, joihin mahtui satoja ihmisiä. Aamiaispöydät oli katettu niin runsaasti, että ne muistuttivat juhlapöytää, jollaista en ennen ollut nähnyt edes häissä tai Kemiön kinkerikesteissä. Valkotakkiset miehet, joilla oli liina käsivarrellaan, kattoivat pöytiä. Tarjolla oli vaikka mitä lajia, eihän niitä kaikkia osannut edes syödä. Välillä sai joko teetä tai kahvia ja niiden kera hienoja leivoksia, jollaisia olin nähnyt helsinkiläisten konditoorioiden hyllyillä. Oli se meikäläiselle elämys.

Matka eteni pääosin hyvin. Ainoastaan yhden vuorokauden aikana jouduimme myrskyyn. Välikannen penkeillä joutui toisinaan liukumaan, kun laiva keinui. Ja jos tuuli sivulta, kulki laiva hieman kallellaan. Merikipeäksi en kuitenkaan tullut. Valtaosa matkustajista näytti pysyttelevän koko matkan ajan hyteissään. Kuljimme aavaa merta 9 vuorokautta ennen kuin maata alkoi näkyä. Sitten saavuimme Kanadan rannikolle ja Halifaxin kaupunkiin, missä oli suuren hevosenkengän muotoinen satama. Sinne mentiin kapeaa väylää, jonka sivuilla kohosi korkeita kukkuloita sekä linnoitus tykkeineen. Keskellä väylää seisoi suuri sotalaiva vartiossa. Halifax oli kaunis kaupunki, joka levittäytyi lahden ympärille. Pienet alukset kulkivat pitkin ja poikin lahtea ja kuljettivat ihmisiä paikasta toiseen. Sinne emme kuitenkaan jääneet, vaan palasimme merelle ja laiva suuntasi etelämmäksi Saint Johnin kaupunkiin. Siellä meidät laskettiin maihin ja minä jouduin vähäksi aikaa karanteeniin, koska minulla ei ollut nk. maihinnousurahaa. (Se oli ns. vekseli, joka piti lunastaa jo Suomessa pankissa. Sitten kuittia vastaan rahasumman sai takaisin tulosatamassa. Näin Kanadan viranomaiset varautuivat siihen, että tulija pystyi tulemaan omillaan toimeen.) Kerroin lähteneeni Matti Luoman ostamalla piletillä. Ne saivat sähköttämällä Luoman asuinpaikkakuntaan yhteyden, ja Luoma oli vastannut ja kertonut ottavansa minut kotiinsa ja huolehtivansa muutenkin. Pääsin karanteenista toisten joukkoon. Matkatoverit olivat jo ehtineet pelotella minua, että ne vievät minut Ellis Islandille, joka oli kuuluisa siirtolaishelvetti New Yorkissa.

Sitten osa meistä jatkoi junalla, joka ohitti mm. Quebecin, Montrealin ja Sundburyn. Juna kulki vuoristojen välissä ja toisinaan oli huimaavaa katsoa ikkunasta, kun alapuolella näkyi hirmuisia äkkijyrkkiä rotkoja. Välillä kuljettiin tasankoja, joissa kasvoi hiiteriä, puita jotka olivat pitkiä kuin meidän hongat mutta muistuttivat lähinnä katajia. Miehet kertoivat niiden olevan lehtipuita ja että niiden rungoista tehdään puhelinpylväitä ja ratapölkkyjä ja että niistä saa hyviä saunavihtoja.

Saavuimme Nipigon kaupunkiin, josta alkoi suuren Lake Superiorin rannikko. Etelmpänä tultiin Port Arthurin kaupunkiin, ja siitä n. 3 mailin päässä oli kaupunki nimeltään Fort William, johon matkamme päättyi. Tulin tietämään, että Port Arthur oli tärkeä viljan tuonnin ja viennin lastaussatama. Siellä oli viljaelevaattori, viljasiiloihin mahtui 7 miljoonaa bushelia (252 000 000 litraa) viljaa. Puolet siiloista oli veden alla, jotta vilja pysyi viileänä. Varsinkin vehnää tuotiin isoilla laivoilla siiloihin, joista niitä kuljetettiin rautateitse muuaalle.

Fort Williamin asemalla olivat Matti Luoma ja poikansa Eemeli minua vastassa. Kävelimme kaupungin läpi n. puolitoista kilometriä niiden kotiin. Sinne minä jäin aluksi asustamaan ja tutustuttiin kaupunkiin. Fort William oli n. 3 kilometrin levyinen nuori kaupunki. Matti Luoma työskenteli pajassa kaupungin likavesityömaalla. Yhtenä aamuna se sanoi hommaavansa minut töihin. Siellä oli kyllä vähennetty miehiä, mutta se sanoi: "Mulla on keino. Minä annan sulle rahaa ja käyt ostamassa pari pulloa konjakkia ja tuot ne minun pajalle. Siellä työmaalla on suomalaisia pomoja ja ne tykkää konjakista." Ja niin siinä kävi, että konjakki tehosi ja minä pääsin töihin. Palkka oli 2 dollaria 50 senttiä päivältä. Työtä kesti kaksi ja puoli kuukautta, kunnes tuli talvi ja maa jäätyi, joten työt oli siirrettävä kevääseen. Joulu vietettiin kotona kaupungissa. Sitten saatiin sippaus eli työkeikka ratapölkkykämpälle.

Ensin matkustettiin junalla West Fortiin, joka näkyi tasangon yli. Siellä vaihdettiin toiseen, Grand Trunk Railwayn junaan, jolla mentiin pitkät matkat vuoristoseutua, jossa kulki kolmekin rautatietä rinnakkain: Canadian Pacific railwayn, Grand Trunk Raiwayn ja West Fort Companyn raiteet. Vaunuissa oli topatut penkit. Kysyin että mistä niitä ratapölkkyjä veistetään, kun ei näy metsääkään. Mutta Matti lupasi metsääkin vielä tulevan. Ja niin myös kävi. Illan pimetessä juna pysähtyi keskellä korpea, missä ei näkynyt laituria eikä mitään elonmerkkiä. Kyseltiin oliko rata rikki. Sitten vaunun ovi aukesi ja sisään astui pitkä mies perässään pitkä nainen. Ne olivat Kanadan intiaaneja. Samassa juna lähti liikkeelle. Intiaaninaisella oli selässään koppa, josta näkyi pikkulapsen pää ja kiiluvat silmät. Kaksi pientä kättä hapuili kopan reunaa. Ajattelin että eikö lapsi palellu, kun oli sentään tammikuun pakkasia. Intiaaneilla oli kuulemma oikeus pysäyttää juna minkälaisessa korvessa tahansa. Aamulla poistuimme junasta samoin kuin intiaaniperhekin, joka meni menojaan.

Siinä oli lyhyt sivuraide ja pari umpivaunua. Katselimme ympärillemme, pelkkää metsää. Noin sadan metrin päässä kohosi rakennus, ehkä metsäkämppä, josta tuli mies meitä vastaan. Se kysyi englanniksi mihin olimme matkalla. Matti vastasi että ratapölkkykämpälle. Mies sanoi että sieltä tulee hevosmies meitä hakemaan. Ilostuimme tiedosta. Petyimme kuitenkin pahasti, sillä kun hevosparin vetämä reki tuli, suostui ajaja ottamaan ainoastaan reppumme rekeen, vaikka tilaa olisi ollut useallekin miehelle. Itse saimme painella juoksujalkaa reen perässä pitkän matkan, kunnes lopulta saavuimme kämpälle. Moinen kohtelu harmitti molempia niin paljon, että koko työmaakin tuntui aluksi kaikin puolin huonolta paikalta.

Kämpällä päästiin ensin syömään. Sitten alettiin reirata työkaluja. Tahkot ja sahat olivat talon puolesta, mutta buhka eli piilu piti olla itsellä, se oli sellainen kaarevateräinen kirves. Sillä veistetään seisomalla puunrungon päällä ja heilauttamalla kirves olan yli rungon vasemmalle puolen lastuja irrottaen. Näin peräännytään askele askelelta runkoa veistäen. Siinä on oltava tarkkana ettei lyö jalkaansa. Kerran sujautin vilttitossustani aika kaistaleen irti, mutta onneksi isku ei osunut jalkaan.

Viikon verran siinä meni oppiessa, kunnes työ alkoi sujua. Sitten muutimme toiseen paikkaan, jossa oli kulon polttamaa metsää ja puut sitkeämpää laatua. Mutta siitäkin selvittiin kunnialla. Siinä paikassa oli myös jenkkejä, vanhoja tekijöitä, joilta työ sujui mallikkaasti. Niiden mielestä meidän tekemät pöllit olivat ihan kelvollisia. Olimme veistäneet kuukauden aikana 400 pölliä, joista oli sovittu 10 senttiä kappale. Pyysimme maksua. Pomo sanoi, että pöllit olivat niin huonoja etteivät kelpaa rautatielle, joten saisimme lähteä. Vanhat tekijät sanoivat pomolle, että meidän pöllit olivat ihan riittävän kelvollisia, mutta pomo ei antanut periksi. Se oli sen urakoitsijan valtakuntaa, ja mitä se sanoi, oli siellä laki. Miehet kertoivat, että sellaista tehtiin usein vanhasta maasta tulleille kielitaidottomille. Urakoitsija tienasi siinä hyvin. Meiltä vähennettiin ruokaraha, 5 dollaria viikolta, ja käteen saatiin ainoastaan 2 dollarin nuutat. Siinä palkka 400 pöllin teosta. Se veti vihaiseksi ja jäi kaivelemaan. Eihän sillä rahalla päässyt edes kaupunkiin asti. Vaikka mitäpä sielläkään olisi tehnyt kun ei ollut töitäkään. Mikä neuvoksi, kun kielitaitokin oli heikko? Matti kuitenkin onnistui solkkaamaan jenkkien kanssa, jotka tiesivät kertoa, että kahdella dollarilla mies pääsee junalla länteen päin Superior Junctioniin saakka. Sieltä alkaisi uuden rautatien työmaat, joten kehottivat meitä menemään sinne.

Niin läksivät taas kaksi vanhan maan poikaa matkaan. Meillä oli selässä reput, joissa oli alusvaatteita ja pientä tavaraa kuten kovasimet, fiilat ja lisäksi viisitoistakiloinen buhka eli piilu. Ja matkaa oli 9 mailia radanvarteen. Sekin meitä mietitytti, että miten sen junan saisi pysäytetyksi. Matkalla tuli vastaan järvi, johon oli tehty avanto. Riisuimme reput selästä ja istuttiin rannalle tupakoimaan. Ajattelin että mitä minä sitä buhkaa enää mukanani raahaan.

Eihän sitä rautatietöissä tarvita. Olin maksanut siitä 5 dollaria, mutta nyt sanoin sille hyvästi ja heitin sen avantoon. Helpotti kun reppu keveni tuntuvasti.

Lopulta saavuttiin rautatielle. Siinä lähellä asuva mies ymmärsi, kun viittoillen kysyimme junan menosta länteen Superior Junctioniin. "All right", sanoi äijä ja kehotti meitä odottamaan vanhassa junanvaunussa sivuraiteella. Kai se vaunu oli siltä ajalta, kun oli tuotu hevosia, koska sisällä oli paljon jäätynyttä hevosenlantaa, jota potkiskelimme lämpimiksemme seinille. Oli jo myöhä ja pimeää kun äijä tuli huutamaan: "Train is gaming!" Menimme miehen perässä kiskojen vierelle. Ja pian junan valot ilmestyivät näkyviin ja mies viittoili sitä pysähtymään.

Juna vaikutti pitkältä. Kiipesimme sisään ja juna lähti välittömästi. Konnari tuli kysymään tikettejä. Näytimme sille yhteensä neljän dollarin pankkinuutat. Konnari haki ravintolavaunun kokin, joka otti nuutat ja antoi niistä 3 dollaria. Annoimme rahat konnarille ja se meille tiketit. Matka jatkui rahattomana, nälkäisenä ja kielitaidottomana kohti tuntematonta. Tuli väkisinkin kaukainen kotimaa ja perhe mieleen.

Kun juna viimein taas pysähtyi, oli säkkipimeää ja olimme jossakin sydänmaalla. Laskeuduimme junasta, siinä oli pitkä laituri, mutta ainoa rakennus näkyi hieman etäämmällä. Junan etupäästäkin jäi matkustajia. Sanoin Luomalle, että "kuunnellaas onko siellä suomalaisia". Kohta kuulimmekin suomalaisia kirosanoja, kun miesryhmä läheni. Juna lähti jatkamaan matkaansa. Kuuden miehen ryhmän päästyä luoksemme kysyi yksi niistä, että mekö junan olimme pysäyttäneet siellä metsässä. Myönsimme, ja minä kysyin mihin tästä mennään. Joku sanoi: "On tuossa hotelli, mutta se maksaa. Tuolla etäämpänä on kämppä, johon mekin mennään eikä maksa mitään." Lähdimme miesten matkaan. Selvisi että miehet olivat jo vanhoja tekijöitä.

Kämppä oli tyhjä ja kylmä. Siinä oli touvi eli kamina keskellä maalattiaa. Puita oli vieressä ja joku sytytti tulen. "On täällä petejä teillekin", sanottiin. "Niissä voi olla kyllä täitä, mutta täällä niihin on jo totuttu." Miehet asettuivat punkkiinsa makoilemaan ja monenlainen juttu alkoi lentää, kun miehet kertoilivat elämästään vanhassa maassa, joksi Suomea siellä kutsuttiin. Minä en punkkaan mennyt, vaan istuin ja torkuin kaminan ääressä ja panin välillä puita pesään. Aamulla osa miehistä meni hotelliin syömään ja juomaan. Sitten rautatieveturi ja pari henkilövaunua oli lähdössä viemään miehiä työmaille. Minulla ja Luomalla ei ollut rahaa eikä työmaasta tietoa. Rohkaisin itseäni ja sanoin miehille: "Me ei olla kaverin kanssa syöty mitään sitten eilisen aamun. Rahaa ei ole eikä työpaikkaa. Joten löytyisikö ketään, joka voisi meitä jelpata?" Kaikki olivat vaiti ja vilkuilivat toisiaan. Sitten eräs lyhyt mies, joka oli kotoisin Kajaanista, otti taskustaan dollarin ja sanoi: "Menkää hotellin ruokalaan. Siellä on 50 senttiä per ateria, joten saatte molemmat syödäksenne." Sitten sama mies sanoi yhdelle miehistä: "Mene sinä ja sano sille Italian äijälle, että se saa tästä kaksi miestä töihinsä." Mies meni, se oli kotoisin Vilppulasta.

Menimme hotelliin syömään. Se Italian äijä ilmestyi sinne, odotti kunnes olimme syöneet ja vei meidät sitten rautatievaunuun, jonne muutkin miehet kohta tulivat. Minä kiitin niitä avuliaisuudesta ja lupasimme maksaa sen dollarin heti kun tulisi tilaisuus. Kajaanin mies vain totesi monelle jo lainanneensa eikä koskaan ollut saanut takaisin. Juna kulki puolisen tuntia ja pysähtyi sahalaitoksen kohdalle. Miehet jäivät siinä pois, mutta me jatkoimme matkaa. Ylitimme pitkän puusta tehdyn sillan, joka oli seipäillä pönkitetty. Silta oli hieman kallistunut ja juna kulki hitaasti yli. Me siirryimme vaunun sivulle siltä varalta, että päästäisiin hyppäämään etäälle mikäli juna kaatuisi. Tilanne oli jännittävä, mutta yli päästiin.

Sitten tultiin kohtaan, jossa oli sivuraiteella pitkä jono vaunuja. Jäimme pois. Osa niistä vaunuista toimi asuntoina. Yhdessä oli ruokala ja keittiö. Yksi vaunuista oli varattu päällysmiehille ja insinöörille. Vaunuissa asui satakunta miestä, jotka olivat meitä kahta ja englantilaista insinööriä lukuunottamatta kaikki italialaisia. Jouduimme insinöörin viereen syömään. Se oli kohtelias mies, ojensi aina mitä tarvitsimme. Italialaiset sitä vastoin olivat äänekkäitä ja jopa riidanhaluisia. Sitten veimme reput makuuvaunuun. Keskellä vaunua kulki kapea käytävä, jonka molemmin puolin oli kaksikerroksisia makuupunkkia. Vaunun keskellä oli kivihiilitouvi. Sieltä jatkoimme umpinaiseen tavaravaunuun, joka oli tynnä miehiä. Edessä seisoi veturi, joka lähti kuljettamaan porukkaa työmaalle n. 10 mailin päähän. Siellä rautatie päättyi, mutta penkkaa eteenpäin oli kuulemma valmiina jo n. 200 mailia. Juna toi ratakiskoilla lastattuja vaunuja, joita me purkasimme ja asettelimme ristikkotaapeliin, mistä rataroikka saisi niitä käyttöönsä. Meitä oli kuusi miestä aina vaunua kohden. Homma oli minulle tuttua jo sieltä Turku – Helsinki ratatyömaalta, joten se sujui tottuneesti. Selvisi aika nopeasti, että italialaiset olivat paljon heikompaa porukkaa kuin me suomalaiset. Päivällä juna vei meidät majapaikkaan syömään ja taas takaisin työmaalle. Illalla palasimme syömään ja yöksi. Makuuvaunut olivat ihan kelvollisa paikkoja asustaa. Lämmintä riitti, ellei sitten sattunut niin että kamina pääsi sammumaan. Silloin saattoi käydä kuten eräänä tammikuun lopun yönä, kun seinät valuivat kosteutta ja tuli sammui. Seurauksena seinät jäätyivät, ja kun minulla oli pitkä tukka, oli osa hiuksista jäätynyt kiinni seinään. En päässyt irti, joten pyysin Luomaa auttamaan. "Mikä hätänä?" Luoma kysyi. "Ota puukko ja leikkaa tukkaa että mä pääsen irti", sanoin. Luomaa nauratti kun leikkasi minut irti seinästä. Hiukset pääsivät kämpillä yleensä kasvamaan pitkiksi samoin kuin partakin. Paitsi jos jollakulla sattui olemaan sakset, joilla saatiin niitä välillä leikeltyä.

Aamuisin kun mentiin työmaalle, oli toisinaan satanut lunta. Silloin oli luotava lumi pois ennen kuin päästiin taaplaamaan. Kerran kun italialaiset telläsivät kahden aluspuun päälle kiskon, alkoivat ne samalla kilpailemaan siitä, kuka nostaa kiskoa sen päästä korkeimmalle. Muistin että olin aikanaan Suomessa nostanut koko kiskon ylös maasta. Pyysin saada koettaa. Arvioitiin kaverin kanssa keskikohdan paikka, johon tartuin kiinni ja ponnistin. Kisko kohosi molemmista päistään kymmenkunta senttiä. Ja siitäkös italialaiset innostuivat kokeilemaan samaa kukin vuorollaan. Mutta yhdeltäkään ei kohonnut kisko kokonaan ilmaan. Siinä niillä piisasi keskenään juttua, jota emme kuitenkaan ymmärtäneet. Luomakin yritti, mutta kokonaan itri maasta ei sekään kiskoa saanut.

Viikot kuluivat, kunnes olimme olleet siellä jo kuukauden päivät. Palkka maksettiin asiallisesti, saimme 2 dollaria 25 senttiä päivältä. Sitten sieltä vähennettiin miehiä, ja mekin jouduimme Luoman kanssa lähtemään. Mutta nyt oli parempi tilanne, sillä kun oli otettu päältä ruoka- ja kortteeriraha pois, jäi kummallekin vielä 20 dollaria käteen. Tuumittiin mihin päin lähteä, takaisin kaupungin suuntaan vai eteenpäin kohti tuntematonta, jossa ei ollut juuri muita asukkaita kuin metsästäviä intiaaneja. Minä ehdotin että mentäisiin rautatien päähän, kun juna tulee, se kulki vuorokaudessa kerran molempiin suuntiin. Junan saavuttua ja pysähdyttyä, ilmestyi sen rappusille nuori mies, ja kuultuaan puheestamme että olimme suomalaisia, se sanoi: "Hei, pojat, tulkaa linjalle hommiin." Muistaakseni Luoma päätti silloin lähteä takaisin kotiinsa, joten se jäi laiturille, kun minä nousin junaan. Nuori mies taisi olla ainoa matkustaja, ja se oli mielissään kun sai matkaseuraa.

Matkustimme rautatien päähän, siitä lähdimme kävelemään tasaista ratapenkkaa pitkin. Molemmin puolin kasvoi sankkaa aarniometsää, mutta välillä eteen levittäytyi kauniita maisemia. Oli järviä, jokia ja puroja sekä koivumetsää, näkymät toivat mieleen jopa keskisuomalaisen maiseman. Aamupäivällä ajoi ohitsemme koiravaljakko, joka kuljetti postia. Siinä edessä juoksi isoja koiria, jotka haukkuivat hampaat irvessä sujahtaessaan ohitsemme. Reki näytti siltä kuin sen alle olisi pantu kuusi suksea rinnakkain. Kuski oli polvillaan postisäkin vieressä kädessään pitkä piiska. Ohjaimia sillä ei näyttänyt olevan.

Talsimme yhtä soittoa koko päivän. Ensimmäistäkään asumusta ei näkynyt. Ilta teki tuloaan ja alkoi hämärtää. Matkakaverini tiesi että vastaan tulee kämppä, josta saa yösijan sekä ruokaa. Lopulta näimme metsänsyrjässä kämpän, jonka ikkunoista pilkotti valoa. Menimme sisään. Kämpässä asui perhe, jonka mies toimi tulevan radan vartijana ja samalla ohikulkevien työläisten majoittajana. Tilasimme ruokaa ja yösijan. Olimme lopen väsyneitä, takanamme oli n. 40 mailin yhtämittainen taivallus, joten kylläpä uni maittoi.

Aamulla syötiin ja juotiin kahvit. Maksoimme ja lähdimme taas ratapenkalle, jossa huomasimme ison eläimen tuoreet jäljet. Päättelimme niiden olevan karhun jälkiä. "Mitäs tehdään jos se tulee vastaan?" minä kysyin. "Minulla ei ole kun puukko aseena." – "Mulla on sentään jotain mistä vois olla hyötyä", kaveri sanoi ja kaivoi repustaan ison Mauser-pistoolin. Sen näkeminen tuntui turvalliseslta, kun lähdimme jatkamaan matkaa. Helmikuu oli puolessa ja sää kaunis.

Iltapäivällä saavuimme siihen kämppään, mistä uusi kumppani oli maininnut. Siinä oli koiravaljakko pihalla ja sieltä sai ostaa yhtä ja sun toista kuten tupakkaa, vaatteita yms. Kämpässä asui insinööri. Uusi kumppani osasi sen verran englantia, että kyseli työmaista. Niitä alkoi olla jo siinä lähettyvillä, mutta ne olivat enempikin "kielisten" työmaita. "Mennään vaan eteenpäin, kyllä sieltä löytyy suomalaistenkin työmaita", kaveri sanoi. Ja niin taas jatkettiin pitkin ratalinjaa n. 2 mailia, kunnes saavuimme kallioleikkaukselle, missä lähes kaikki miehet olivat suomalaisia. Ainoastaan pomo, kokki ja yksi työmies olivat englantilaisia. Menimme mäen päällä kohoavalle kämpälle ja ilmoittauduimme työhön.

Siinä oli kaksi järveä, yläpuolella pienempi ja alapuolella isompi. Niiden väliseen n. 100 metriä leveään salmeen oltiin rakentamassa rautatietä ja sitä täytettiin kivillä. Meillä oli rullavaunut ja apuna hevonen, joka veti tyhjät vaunut ylös kallioleikkaukselle täytettäväksi. Sitten vain kiviä vaunuun ja viemään sitä alas, jossa loppumatkan annoimme sen kulkea vapaasti, kunnes se tössähti esteeksi asetettuun tukkiin. Kivet lensivät vaunusta, joten sitä ei tarvinnut alkaa purkamaan. Isommat kivet oli kyllä nostettava veivattavalla torikalla. Työ oli suht mukavaa, koska siinä pysyi kuivanakin.

Kokkiin ei oltu tyytyväisiä, koska se valmisti liian raakoja ruokia. Lisäksi pomo puolusti sitä. Kerrankin kaikki sairastuivat johonkin vatsatautiin ja olimme jäämässä pois töistä. Mutta pomo pysyi lujana ja vaati meitä työmaalle. Annoimme periksi, kaikki paitsi se uusi kaverini, joka jäi punkkaan makaamaan. Pomo huomasi sen ja lähti noutamaan kaveria kämpältä. Pomo oli ensin käskenyt kaveria töihin, mutta kun tämä ei ollut suostunut, oli pomo hakenut omasta kämpästään Browning-pistoolin. Pomo oli ampunut seinään ja uhkaillut kaveria, joka oli myös suuttunut ja siepannut repustaan Mauserinsa ja ampunut pomon ohi. Pomo oli juossut toimistokämpälle ja soittanut insinöörille. Uusi kaveri oli sillä välin kerännyt kamppeensa ja häipynyt kämpästä. Tämän kaveri kertoi meille työmaalla, josta se sitten lähti välittömästi talsimaan eteenpäin pitkin linjaa. Tovin kuluttua kaksi insinööriä tuli koiravaljakolla järven poikki luoksemme ja kysyivät mihin kaveri oli mennyt. Joku näytti suuntaa ja neljän koiraparin valjakko ampaisi perään. Emme saaneet tietää miten siinä oli käynyt. Mutta kaipa ne olivat yrittäneet ottaa kaverilta ainakin aseen pois, koska niiden pitäminen oli työläisiltä kielletty.

Yhtenä päivänä pomo käski kahden miehen porata kallioon seitsenmetrinen reikä, jotta kalliota voitaisiin ampua ja saataisiin irtokiviä penkkaan salmen välille eli "tumppaan". Miehet porasivat aikansa ja työnsivät reikään dynamiittia ja perään sähkönallin. Tarkoitus kun oli ensin suurentaa reiän pohjaa. Sitten reikä täytettiin vedellä ja johto vedettiin jonkin matkan päähän pätriin, jossa oli laukaisukahva. Mies painoi kahvasta ja kuului pamaus ja vesi suihkusi reiästä. Nyt porauksen perä oli suurentunut ja sinne mahtui enemmän dynamiittia. Torikka siirrettiin kauemmaksi. Miehet tunkivat reikään suuren määrän dynamiittia ja nallit ja hiekkaa päälle. Me juoksimme etäälle suojaan. Sitten kuului voimakas räjähdys ja ilmaan kohosi savua ja isompia ja pienempiä kivenlohkareita lensi kaikkialle ympäristöön. Oli pakko katsella valppaana ylöspäin, että osasi väistellä lentäviä kiviä. Jopa kahden mailin päässä sijainneen toimistokämpän katosta oli kuulemma pudonnut kivi läpi ja ikkunoita oli hajonnut. Palasimme räjäytyspaikalle varmoina siitä, ettei räjäytyksen suorittaja voinut säilyä hengissä. Mutta ihme kyllä miehessä ei ollut naarmuakaan, vaikka lennel-

lyttä kiveä oli joka puolella ympärillä ja paikka näytti kuin maan-
järistyksen jäljiltä. Kivitorikka oli kaatunut ja rikkoutunut. Rata-
kiskoja oli sinkoillut ympäriinsä 50 metrin säteellä ja osa niistä oli
vääntynyt. Keskelle työmaan plaania oli lennähtänyt n. 40 metrin
matkan iso kalliolohkare, jolla oli kuutisen metriä pituutta ja kolme
ja puoli leveyttä.

Insinöörit tulivat koiravaljakoillaan paikalle ja luulivat en-
sin, että dynamiittivarasto oli räjähtänyt. Kyseinen varasto oli ni-
mittäin aika lähellä sen kallion takana, ja sen räjähtämistä mekin
olimme ensin pelänneet ja juosseet järven jäätä pitkin etäämmäksi.
Insinöörit tiedustelivat oliko kukaan loukkaantunut ja missä on
pomo. "Kai se on kämpällään", joku sanoi. Insinöörit menivät po-
mon luokse, jota pitivät hulluna kun se oli käskenyt suorittaa moi-
sen räjäytyksen. Pomo sai lähteä työmaalta ja meitä pyydettiin va-
litsemaan keskuudestamme uusi työnjohtaja. Valitsimme pomoksi
Frankin, vanhemman miehen.

Seuraavaksi oli siirreltävä kivet pois rautatielinjalta. Mutta
se iso lohkare sai jäädä paikalleen, koska ei ollut radan kohdalla.
Kiskot oikaistiin kuumentamalla ja lekoilla hakkaamalla. Kivet
vietiin vaunuilla alas tumppaan. Frank sanoi kokille, että sen olisi
parasta kypsentää ruokaa riittävästi tai muuten alkaisimme valmis-
taa itse syötävämme. Lisäsi vielä, että löytyy meiltä leipurikin
omasta takaa. Se auttoi, ruoka alkoi heti muuttua paremmaksi.

Sitten suunniteltiin, että tehdään entisen pomon kämpästä sauna – mikä se oli kuulemma alunperin ollutkin, mutta entisen pomon tultua virkaansa se oli poistanut sieltä kiukaan ja tehnyt hirsisaunasta itselleen asunnon. Saunan oli alun perin suomalaiset rakentaneet samoin kuin muutkin alueen rakennukset. Se oli mieluisa ajatus, sillä emme olleet käyneet saunassa koko talvena. Frank toppuutteli, koska työmaalla ei oltaisi enää pitkään. Se ehdotti, että menisimme sen sijaan lauantaina kahden mailin päässä olevaan suomalaisten kämppään, missä oli kuulemma hyvä sauna.

Lauantaina töiden jälkeen lähdettiin matkaan. Vastaan tuli pitkä kallioleikkaus. Mies, joka oli ollut siellä alusta saakka, kertoi että kallioleikkaus oli italialaisten urakoima ja että siinä oli sattunut iso räjähdysonnettomuus. Kaksi miestä oli kuollut ja neljätoista loukkaantunut. Yksi menetti sekä kätensä että jalkansa ja pää oli pahasti ruhjoutunut. Loukkaantuneet olivat läheisessä työläisten hospitaalissa. Italialaiset olivat alkaneet tehdä kallion sisään uunia, jollaisen olivat nähneet norjalaisten valmistavan. Olivat tunkeneet syvennykseen reilusti dynamiittia ja sitten maata tukkeeksi. Panos oli ollut kuitenkin liian suuri ja seuraukset sen mukaiset. Jatkoimme eteenpäin. Seuraavan kallioleikkauksen olivat urakoineet norjalaiset, jotka olivat ensimmäisinä räjäyttäneet itselleen uunin, ja niilläkin oli ollut panoksessa niin paljon dynamiittia, että kiveä oli lennellyt kaikkialle ja metsäkin lähellä pirstoutunut ja puita katkeillut. Sitten oli tullut kielto, ettei koko linjalla saa enää tehdä uuneja kallioihin.

Lopulta pääsimme saunalle, joka kohosi ratapenkan vieressä. Sisällä oli yksi suomalainen kylpemässä, kaikki muut olivat jo saunoneet. Kysyimme lupaa saunoa ja mies sanoi: "Kyllä vaan, mutta löylyt taitaa olla jo vähissä. Vettä kyllä riittää teille kaikille." Ei muuta kuin vaatteet pois ja parvelle. Siellä oli iso kiuas nurkassa. Tuntui juhlalliselta istua pitkästä aikaa saunan lauteella. Heitimme vettä kiukaan jokaiseen nurkkaan, jotta saimme kivistä kaiken mahdollisen löylyn irti. Apuna käytimme niitä hiiteripuusta tehtyjä vihtoja, jotka lisäsivät löylyn tehoa. Kylpemisen jälkeen pesin vielä alusvaatteeni ja panin ne valumaan. Toiset tekivät samoin. Sitten kiirehdimme takaisin omalle kämpälle ennen kuin pimeys ehti laskeutua. Siellä kun saattoi liikkua karhuja sun muita isompia eläimiä. Tosin jotkut epäilivät, että eläimet olivat kaikonneet lähistöltä, kun rautatietä oli ruvettu rakentamaan. Kämpällä pantiin pestyt vaatteet kuivumaan orsille lämmitysporterin päälle. Minulla oli kahdet alusvaatteet, joten sain heti toiset ylleni.

Pyhä meni ja maanantaina taas töihin. Olin kuin toinen mies, saunonut ja levännyt, joten kyllä kiveä taas nousi vaunuun. Mutta tiistaina olin vähällä menettää vasemman jalkani. Kivivaunujen kiskoja oli jatkettu lähemmäksi kivenottopaikkaa. Kiskojen päihin ei oltu laitettu mitään topparia. Olimme nostamassa kiviä avolavaiseen vaunuun, ja minä olin vaunun päässä ja nostin juuri kiveä vaunuun, kun kaksi miestä rupesi lykkäämään vaunua. Minä huusin, että "älkää työntäkö, se putoo alas kiskoilta". Mutta se oli jo myöhäistä. Minun jalkani jäi putoavan vaunun ja maan väliin teräväreunaisen parrun alle. Paino puristi jalkapöytää ja vaunusta luisui päälleni kiviä, joita oli täysi työ työnnellä sivuun. Se parru olisi lyönyt jalkani poikki, jos siinä ei olisi ollut kahta pienempää kiveä, jotka pysäyttivät vaunun. Mutta sen verran jalkani ehti vahingoittua, että työstä ei kahteen viikkoon tullut mitään. Frank kehotti minua menemään hospitaaliin, joka oli n. 200 metrin päässä metsässä. Liikkumiseni oli vaivalloista, mutta selvisin sentään perille. Rakennus näytti samalta kuin muutkin kämpät. Astuin sisään, potilaita makasi kolmessa rivissä perälle asti. Huone oli hämärä koska ikkunoita oli vähän. Se kädetön ja jalaton italialaismies makasi lähellä ovea. Mies oli pelkkä lyhyt mytty ja sen pääkin oli siteissä. Mustat silmät vain kiiluivat, kun se yritti puhua minulle jotain, mutta enhän minä siitä mitään ymmärtänyt.

Sitten siihen tuli mies, joka kysyi: ”What´s wrong with you?” Viisasin jalkaani ja mies tarkisti sen, laittoi tomaattitaikinaa päälle ja sitoi jalan. Sitten sain kehotuksen palata takaisin. Kämpällä jalkaa rupesi särkemään. Illalla miehet palasivat töistä. Se yksi englantilainen oli aikaisemmin loukannut jalkansa, joka oli jo parantunut, mutta ontuminen oli jäänyt. Mies katsoi jalkaani ja selitti, että jalkaani oli laitettu tehotonta ainetta. Poistin aineen ja se antoi minulle pullon kirkasta nestettä ja kehotti sivelemään sitä jalkaani. Särky alkoi hellittää ja parin, kolmen päivän kuluttua kipu tuntui laantuneen kokonaan. Aine oli kuulemma puhdistettua ammoniakkia.

Palattuani töihin alkoi kallioleikkaus olla valmis, ja insinöörit tulivat tarkastamaan tulosta. Ne totesivat ettei enää tarvita kuin pari miestä pomon kanssa kiskoja kasaamaan. Sanoivat, että kyllä siellä edessäpäin töitä löytyy. Menimme toimistokämpälle tilille. Saimme taas kouraamme nuutat eli pankkivekselit, jotka olivat hyvin yksinkertaisia paperilappuja. Summa jäi pieneksi, kun päiväpalkasta (2 dollaria 25 senttiä) oli vähennetty ruokamaksut (4 dollaria 50 senttiä viikko).

Se oli jo maaliskuuta, kun lähdettiin marssimaan eteenpäin selässä reppu, jossa oli kaikki omaisuus: alusvaatteet, nahkakengät, tupakkapakkaus, parsimisvehkeet, saippuat, pyyheliina jms. Kävellä huiskittiin se päivä, kunnes eteen tuli iso työmaa. Pääsimme töihin. Siellä oli kolme isoa kämppää työntekijöille, toimistokämppä insinööreille ja lisäksi ruokala- ja keittiörakennus. Kussakin mieskämpässä asusti n. 100 henkeä. Suomalaisilla oli oma kämppä, samoin venäläisillä ja kolmannessa asui yhdessä Italian, Englannin ja Ruotsin porukkaa. Suomalaisten joukossa oli joitakin norjalaisia, ruotsalaisia sekä yksi ranskalainen, joka oli ahkera matkimaan lintujen ääniä. Sain paikan ovenpielestä yläpetiltä. Norjalainen nuorimies tuli kanssani samaan punkkaan, koska vapaista paikoista oli puutetta. Filtit olivat sen verran isoja, että ne ylettyivät alle sekä päälle. Siinä sitten nukuttiin karvalakit päässä. Seinässä oli isoja rakoja. Yhtenä yönä oli lumimyrsky, jonka seurauksena päämme viereen oli kasaantunut lunta. Pyysin hevosmieheltä heiniä ja tukin sillä seinien raot. Ei päässyt enää lumi eikä tuuli sisään.

Jouduin aluksi siltatyömaalle kantamaan parruja. Siinä kulki leveä joki, minkä yli siltaa rakennettiin. Joesta oli jäät jo lähteneet. Alapuolella alkoi suuri järvi, joka oli vielä jäässä. Eräänä päivänä tuli jokea myöten intiaaneja kanooteillaan. Miehet meloivat ja naiset istuivat perässä. Ratatyömiehet vilkuttivat intiaaneille, nämä kohottivat kätensä ristiin silmiensä eteen ja katselivat meitä sormiensa lomitse. Ne rantautuivat järven puolelle ja pystyttivät sinne telttansa. Kanootit olivat täynnä eläinten nahkoja, joita ne olivat käyneet pohjoisemmassa hunttaamassa eli metsästämässä.

Kämpässä oli usein lähes markkinatunnelma. Toiset pelasivat pokkaa jopa koko yön. Kyseessä saattoi olla satojenkin dollarien panoksia. Venäläisten kämpästä tuli välillä yksi mies, joka oli taitava pelaaja ja voitti usein. Suomalaisia meni toisinaan venäläistenkin kämppään pelaamaan, mutta yleensä se venäläiskaveri vei sielläkin voiton. "Mikä perhana siinä on, että sille ei vaan tahdo pärjätä?" miehet harmittelivat.

Pyhisin meillä oli tapana pestä pyykkiä. Rinteessä oli usampikin vedenlämmityspaikka. Seipäät oli pystytetty päät yhteen ja siitä roikkui rautalanka, jossa riippui vedellä täytetty laardipönttö tuli allaan. Lainasimme kaverin kanssa sellaista ja lämmitimme vettä. Lisäksi lainasimme pesupaljun, joka oli tynnyrin puolikas ja jossa oli leveästä halosta veistetty pyykkilauta urineen. Järven avannossa sitten viruteltiin pyykit ja ripustettiin narulle kuivumaan. Saunaa ei niillä kämpillä ollut. Kaipa se järvi riitti kesäaikana miesten peseytymiseen.

Yhtenä aamuna kun oltiin kävelemässä työmaalle, näimme ison puhvelihärän kulkevan järven jäällä. Joku sanoi: "Tuosta sitä sais paljon lihaa." Odotimme milloin härkä putoaisi jään läpi. Ja niin kävikin, mutta härkä pääsi nopeasti jäälle ja lähti menemään kovaa vauhtia yli järven. Lopulta se katosi vastarannan metsään. Toinen eläimeen liittyvä tapaus oli karhu, joka oli käynyt kokin kämpän seinän luona repimässä lehmän ruhoja. Se onnistui siksi, kun koirat olivat pakkasen johdosta sisällä. Kokki oli sen jälkeen virittänyt siihen jonkinlaisen pommin dynamiitista. Kun karhu oli jälleen palannut yöllä paikalle, oli panos räjähtänyt ja karhu kuollut. Kaikki olivat heränneet pamaukseen. Insinöörit olivat moittineet kokkia ja sanoneet moisen olevan ehdottomasti kiellettyä. Kiväärit olivat kuulemma sitä varten olemassa. Sen jälkeen laitettiin lehmänruho houkuttimeksi vähän kauemmaksi ja joku jäi vahtiin kiväärin kanssa. Sillä lailla ne saivat kuulemma pyydetyksi toisenkin karhun.

Minä jouduin toiseen työkohteeseen, maaleikkaukseen siihen lähelle, koska sieltä oli lähtenyt miehiä pois. Siellä oli pari maarekeä, joiden päälle lapioitiin maata ja siirrettiin hevosen avulla alemmaksi notkoon. Pakkasella kasteltiin vedellä maata ja silloin reki luisti paremmin. Autoimme hevosta työntämällä rekeä seipäillä. Loppumatka olikin jo sen verran kaltevaa, että hevonen irrotettiin ja kuorma kulki itsestään. Alhaalla pari miestä tyhjensi lavan ja hevonen toi sen taas ylös täytettäväksi.

Siinä hommassa oli vierähtänyt viikon verran, kun minua rupesi ärsyttämään yksi savonpuolesta kotoisin oleva nuori kaveri. Se kun tuppasi komentelemaan muita eikä itse viitsinyt tehdä juuri mitään. Sanoin sille: "Painahan sinäkin sapuli lapio lentämään. Ei tässä mitään ylimääräsiä piällysmiehiä tarvita." Kaveri otti nokkiinsa ja alkoi kiroilla ja ärhennellä ja kai se olisi tullut päällekin, jos olisi uskaltanut. Seuraavana päivänä eräs nuori suomalaiskaveri alkoi jutella kamssani. Se oli mukava ja hyvin huoliteltu puheissaan ja työskennellut jo monissa paikoissa. "Taitaa olla jo aika lähteä täältä muualle", kaveri sanoi. "Menen vaikka sinne tukkikämpälle takaisin. Mitä jos lähtisit mukaan. Sieltä saa vähintään saman palkan kuin täällä ja ruokakin on maittavampaa. Muutenkin kaikin puolin parempi paikka kuin tämä." – "Missäs päin se tukkikämppä on?" kysyin. Kaveri kertoi ja selvisi, että kämppä oli lähellä sitä sahalaitosta, jonne se meille ruokarahaa antanut mies oli kavereineen jäänyt. "Se on sen sahamyllyn kämppä", kaveri sanoi. Ajatus houkutteli siksi paljon, että suostuin ehdotukseen. Ja niin lyötiin lapiot pystyyn sen savolaiskaverin nokan eteen ja sanoin: "Korjaahan nämä pois, me lähdetään."

Sitten menimme toimistokämppään ja sanoimme lähtevämme kaupunkiin. Saimme pankkinuutat ja vähän käteistäkin rahaa. Sen jälkeen tavarat reppuun ja taipaleelle. Talsimme sitä uutta raidelinjaa pitkin kaksi ja puoli päivää, kunnes saavuimme liikennöidyn rautatien varteen. Odottelimme aikamme junaa, jolla sitten matkustettiin sinne sahalle asti. Siitä jatkoimme kävellen kohti tukkikämppää, jonne kaveri tunsi tien. Välillä päästimme ilmoille jonkin laulunlurituksen niin että metsä kaikui. Oli jo ilta, kun astuttiin sisään kämppään ja laskettiin reput ovenpieleen. Perällä ikkunan alla oli pöytä, jonka ääressä istui miehiä pelaamassa pokkaa. Siellä istui sekin Kajaanin mies, joka oli antanut dollarin ruokaan siellä Superior Junctionin kämpässä. Kaivoin taskustani dollarin. ”Terve taas, tässä dollari jonka silloin lainasin sinulta”, sanoin ja pistin rahan miehen käteen. Mies katsoi yllättyneen näköisenä ja totesi: ”Ensimmäinen mies joka on maksanu takaisin kuten on luvannu.” Siinä istui sekin mies, joka oli neuvonut meille työmaan sinne italialaisten porukkaan ja kiitin miestä siitä. Kysyivät olemmeko saaneet syödä, ja kun vastasimme kieltävästi, miehet kehottivat meitä menemään ruokalakämppään. ”Me oltiin äsken syömässä, joten kyllä siellä vielä teillekin riittää.” Kävimme syömässä hyvät annokset, ja sitten palasimme kämppään. Saimme omat punkat ja siitä se taas lähti sujumaan uudessa paikassa.

Aamulla sovittiin työtehtävistä ja mentiin aamiaiselle. Siinä selvisi miten iso ero voi ruokapöydän antimilla olla. Tarjolla oli jos jonkinlaista syötävää, sellaisiakin lajeja joita en edes tuntenut. Muilla kämpillä oli ollut paljon yksinkertaisempia ruokia, sinänsä maistuvia nekin, mutta tämä kyllä vei voiton monista vanhan maan paremmistakin pöydistä, joita olin kohdannut. Joten ei ihme, että sen kuukauden aikana jonka siinä paikassa vietin, ehdin lihoa n. 6 kiloa. Sain työmaalle mukaani amerikkalaisen kaksiteräisen kirveen. Toiset kehottivat minua ottamaan mukaani myös tukkikangen, koska joutuisin tievamppariksi. Seipään alapäässä oli litteä rauta ja siinä koukku, jolla oli kätevä pyöritellä ja käännellä tukkia. (Niitä työkaluja myytiin myös apteekissa, jonka nurkassa oli lapioita, sahoja, kirvesvarsia jms.)

Menimme metsään ja sitten järven jäälle. Kuljimme kuin jokin sotajoukko. Hevosmiehet ratsastivat hevosillaan, koska reet oli jätetty edellisenä päivänä työmaalle. Puhetta, huutoa ja lauluakin kohosi ilmoille. Järven takana oli tukkikasa ja siihen pysähdyimme. Pomo jakeli määräyksiään. Tukinkaaturit ottivat minut mukaansa. Aloin raivata metsään kulkutietä hevosille, jotka vetivät kettingeillä tukkeja kasaan. Työ oli helppoa, siinä jäi hyvin aikaa istua kannonnokalla huilailemassa. Ruoka tuotiin metsään. Kaksi miestä oli parireen edessä vetämässä. Reessä oli pitkä, kannellinen laatikko ja kokkihälppärit istumassa päällä. Vetivät sen lähelle isoa nuotiota, jonka laittoi aina siihen määrätty mies. Laatikko sisälsi lautaset, kaffelit, veitset, soppapoilarit, pihviä, paistettua pekonia, kahvia, teetä, pikkuleipiä (kuin vanhan maan leipuripuodissa) ja valkoista leipää.

Näin se sujui päivästä toiseen. Kerran satoi räntää ja pomo tuli aamulla kämpän ovelle ja ilmoitti, ettei tänään mennä töihin. Minä olin löytänyt seinänraosta uistimen siimoineen, mistä jotkut innostuivat ja ehdottivat lähtöä järvelle. Rannalla oli laakea kalliopohja ja kaloja näytti olevan runsaasti. Heitimme sitä uistinta vuoron perään ja saimme saaliiksi melkoisia hauenvonkaleita. Lisäksi vedessä näkyi runsaasti myös siian ja säynävän näköisiä isoja kaloja, jotka eivät lainkaan näyttäneet säikkyvän ihmisiä. Veimme hauet kokille ja pyysimme sen keittämään ne. Me suomalaiset söimme kalaa, mutta "kieliset" eivät kalasta piitanneet. Edes kaupunkien ruokaloissa ei kalaruokia juurikaan tarjoiltu.

Sain ajatuksen kirjoittaa kirje Matti Luoman vaimolle Fort Williamiin, jotta saavat tietää missä olen. Siitä kulki posti sahan rautatieaseman pysäkin kautta. Kirjoitin myös Suomeen ja laitoin 25 dollaria mukaan, kun tiesin perheellä olevan rahan tarvetta. Viimeksi olin kyennyt lähettämään sinne kaupungista kaksikymppisen. Aikaisemmissa työpaikoissa oli koiravaljakot kuljettaneet postia. Mutta niissä oli ollut kirjekuorien ja postimerkkien puutetta.

Postinkuljetuksessa oli sattunut traaginen tapahtuma Nipigon-järvellä. Nipigonin kaupungista kulki postikoiravaljakko halki järven jään. Se oli runsasluminen kylmä talvi, meidänkin kämpällä jopa 51 astetta pakkasta. Saimme kuulla, että arviolta satakunta sutta oli hyökännyt sen postinkuljettajan kimppuun keskellä järveä. Postimiehellä oli ollut kivääri, mutta vain 60 panosta. Kun postia ei ollut kuulunut, olivat ihmiset lähteneet tarkistamaan reittiä. Paikalle päästyään ne olivat nähneet postin hujan hajan jäällä, koska postisäkit oli tevitty. Mies ja koirat oli syöty, jäljellä olivat enää jalat saappaiden sisällä. Kerättyjen luotien hylsyjen määrästä voitiin päätellä, että mies oli ehtinyt ampua jokaisen panoksen eli ison määrän susia ennen loppuaan. Tämän tapauksen takia postinkuljetus oli keskeytynyt linjatyömaalle, kunnes sitä alettiin kuljettaa junalla rautatien päähän ja vasta siitä koiravaljakolla edelleen linjaa myöten perille.

Jonkin ajan kuluttua tuli Luoman vaimolta vastaus, jossa se kertoi, että Matti ja Eemeli olivat kotona. Se kehotti minuakin palaamaan kaupunkiin, jossa pääsisin leipomoon töihin. Siitä syntyi nopea päätös. Yksi mies oli myös lähdössä, joten menimme yhdessä ilmoittamaan asiasta ja saatiin palkkanuutat kouraan. Pakkasimme tavarat reppuun, hyvästelimme muut miehet ja käveltiin sahan luokse asemalle. Ensin menimme junalla Superior Juncksin asemalle, jossa odottelimme aikamme, kunnes lännestä saapui pitkä juna. Nousimme vaunuun, jossa oli topatut penkit. Meillä oli hauskaa, kaksi pitkätukkaista ja -partaista miestä hienossa vaunussa. Mutta kukaan ei sanonut mitään, ja ostimme piletit Fort Williamiin. Oltiin jo huhtikuun puolivälissä. Lumet olivat sulaneet rautatien varrelta. Päivä ehti kääntyä jo iltaan ennen kuin saavuttiin perille kaupunkiin. Menimme ensimmäiseksi parturiin. Sitten kapakkaan ottamaan pari kolpakollista, jonka jälkeen erosimme omiin suuntiimme.

Luomalla olivat kaikki kotona. Emäntä tahtoi heti aluksi tietää oliko minussa paljonkin täitä. ”Ei yhtään”, minä sanoin. Mutta emäntä ei uskonut vaan vaati vaihtamaan alusvaatteet. Sitten se tarkasti ne, mutta ei löytänyt yhtäkään täitä. Huilailin pari, kolme vuorokautta. Sitten läksin naapurikaupunki Port Arthuriin ja siellä Kivelän leipuriliikkeeseen. Kivelä oli itse ammatiltaan kivimies ja Keuruulta kotoisin. Se oli perustanut liikkeen Raumalta lähteneen leipuri Heikki Roineen kanssa. Talo oli tosin Kivelän omistuksessa. Ne ottivat minut töihin, ensin paakimieheksi sotkemaan taikinoita ja ylöslyömään. Lespin Kalle oli uunin edessä paistajana, se oli kotoisin Virtain kirkonkylästä, missä sen isällä oli leipomo. Kalle oli perheellinen ja asui siinä samassa talossa. Lisäksi leipomossa työskenteli Konsta Kostamo, kotoisin Kivennavalta. Naisia oli kaksi sekä yksi oppipoika, yhdysvaltalainen John. Puotityttö oli kanadalainen. Sitten oli kaksi hevosmiestä, jotka ajoivat leipää molempiin kaupunkeihin.

Niin olivat seikkailut metsätyömailla minun osaltani päättyneet ja vuorossa oman ammatin harjoittaminen. Sain liikkeen yläkerrasta kortteerin. Palkkani oli 2 dollaria 75 senttiä päivä eli parempi kuin metsätöissä. Siinä lähellä oli 200 hengen ruokala, joka kuului isoon työväen haaliin ja jossa sai aterian 25 sentillä. Ne toiset leipurit eivät vaikuttaneet kovinkaan päteviltä, koska niitä täytyi välillä neuvoa joissakin työmenetelmissä. Sitten jouduin päällysmieheksi, kun perustivat kaksivuorotyön. Yhdysvaltojen puolelta tuli kaksi miestä lisää yövuoroon ja minä kolmanneksi. Minä laitoin taikinaan aineet ja miehet sotkivat, mikä oli raskain työvaihe. Valvoin uunin edessä, mikä taas oli tarkin työvaihe. Teimme yöllä kaikki ruoka- ja sokerileivät, ja vaikka se ottikin voimille, alkoi siihen kuitenkin tottua. Olin siinä työssä elokuun alkuun saakka. Palkka oli noussut 3 dollariin 25 senttiin. Toiset miehet työskentelivät päivällä naisten kanssa, kuivasivat mm. korppuja.

Sitten Matti Luoma alkoi rakentaa taloa Fort Williamiin ja pyysi minua mukaan töihin. "Tehdään alakertaan leipomo ja saat vuokrata sen ja perustaa oman liikkeen", se sanoi. "Fort Williamissahan ei ole suomalaista leipomoa, vaikka täällä on enemmän suomalaisia asukkaita kuin Port Arthurissa." Se ehdotus houkutteli siksi paljon, että jätin yötyön ja menin Luoman kanssa rakennustöihin. Työt edistyivät hyvin. Pari muuraria valmisti kaksi uunia. Leipomoon tuli isot tilat, johon kuului myös puoti. Toiseen kerrokseen tuli parihuoneet kahdelle perheelle. Ylimmäiseen kerrokseen valmistui yhden ja kahden hengen huoneita vuokrattavaksi.

Sanoin Matille etten kykene perustamaan leipomoliikettä yksin, täytyisi saada ainakin yksi leipuri kumppaniksi ja hevonen ja kuski ajamaan leipää ympäri kaupunkia. Siellä kun oli sellainen systeemi, että leipä vietiin asiakkaan kotiin ja leipäkuski otti tilaukset taas seuraavaksi päiväksi. "Minä kyllä vuokraan tämän, mutta täytyy alkaa hommata heti kumppania", sanoin. Juttelin asiasta Kalle Lespin kanssa, joka oli leipurina siinä Kivelän leipomossa. Kalle sanoi suostuvansa, jos Kivelän liikkeen hevosmies Pusa tulee kolmanneksi. Pusa lupasi tulla, ja niin perustettiin yhtiö, jolle ostettiin hevonen. Leipomon työkalusteetkin oli jo tilattu. Meillä oli vielä sen verran rahaa, että saatiin hankittua jauhoja, sokeria, halkoja ym. tarpeita alkuun. Oli marraskuu ja vuokrasopimus oli tehty kahdeksi vuodeksi eteenpäin. Vuokrakirja oli lailla vahvistettava ja Pusa otti sen tehtäväkseen samalla, kun hoiti muutkin raha-asiat pankin kanssa. Pankki toimi myös meidän kirjanpitäjänä. Pusa vei joka päivä rahat pankkiin ja pankki antoi shekin, jolla maksoimme tarvikkeet. Agentti tuli perimään maksut ja annoimme sille shekit.

Liiketoimintamme sujui jopa niin hyvin, että täytyi ottaa yksi mies lisää pöydän ääreen ylöslyömään eli muotoilemaan taikinaa. Saimme Yhdysvaltojen puolelta töihin vanhemman suomalaismiehen. Minä toimin pääasiassa uunin ääressä paistajana. Kaikki siis luonnistui ihan tyydyttävästi, mutta rahaa sain mielestäni liian vähän, kun Suomeenkin sitä oli lähetettävä. Puhelin asiasta Pusalle ja se sanoi, että rahaa oli kertynyt vähänlaisesti. Minä tahdoin saada selvyyden asiasta pankin kirjanpidosta, joten menin Luoman Matin kanssa pankkiin. Selvisi että liikeasiat olivat kunnossa, mutta myös se, ettei vuokrakirjassa ollutkaan minun nimeäni. Matti sanoi, että oli vuokrannut liiketilat nimenomaan Otto Kanervalle eikä niille toisille. Virkailija sanoi, että vuokraus on lailla vahvistettu Pusalle ja Lespille ja että "teidän nimeänne ei kirjassa ole".

Tavattuani Pusan ja Lespin annoin niiden kuulla mitä miehistä ajattelin: "Minä olen sentään ollut rakentamassakin tätä taloa, että saatais liikehuone vuokrattua ja te perkele kehtaatte mennä väärentämään minun nimeni pois kirjasta." Ja muuta sellaista. Lisäsin vielä etten viitsinyt vetää juttua oikeuteen, mutta vaadin heti tilini selväksi työpalkkioiden osalta. Mutta siitäkään ei tahtonut syntyä selvyyttä, miehet vain vaativat minua tulemaan jatkamaan töitäni. En suostunut, huilasin viikon ja vaadin lopputiliä. Sekään ei onnistunut, mutta antoivat sentään 30 dollaria.

Jätin leipomon ja olin työttömänä kuukauden päivät. Tuli huhtikuu ja pääsin rautatietöihin kaupunkiin. Siellä tehtiin raidetta uudelle kivihiilivarastolle, jonka perustuksia kaivettiin. Paikassa oli kaksi työmaata rinnakkain, toisessa suomalaiset ja toisessa venäläiset. Lounasaikana teimme nuotion, jossa lämmiteltiin kannuja ja syötiin. Venäläisten työmaalla otettiin tarkasi kaikki irti miehistä. Niiden pomo seisoi paikassa, jonka ympärillä miehet uurastivat. Ja mikäli vähänkin yritti huilata välillä, oli pomo heti huutamassa vauhtia työhön. Niiden vessakin oli pystytetty keskelle työmaata tolppien päälle ja siinä oli niin matalat seinät, että reiällä istuvan pää ja yläruumis näkyivät. Ja jos istui pomon mielestä liian kauan, se huuteli pitämään kiirettä. Mutta venäläiset osasivat koko ajan petkuttaa pomoaan. Kun joku vaikka painoi jalallaan lapiota pomon edessä, pysähtyi liike heti kun pomo alkoi kääntyä paikallaan, ja jatkui taas pomon käännyttyä ympäri. Lisäksi lapioimisen liikkeet sujuivat muutenkin kuin hidastettuna. Minäkin kävin joskus siellä vessassa ja viivyttelin ihan piruuttain, mutta ei se pomo minulle huutanut koska kuuluin toiseen porukkaan.

Se oli muuten ihan kohtalaisen mukava työmaa. Siinä oli vieressä ruokalakin, jonka oven pielessä asusti papukaija häkissään. Sanoin sille kerran leikilläni, että ”oletpa sä hurjan näköinen otus”. Se rupesi hihkumaan vihaisena ja löi siipiään aivan kuin olisi loukkaantunut sanoistani. Työ kuitenkin loppui kun sivuraiteet saatiin valmiiksi. Menimme yhtenä aamuna sen toisen työmaan toimistolle, vaikka siellä olikin huonompi palkka. Paikalla oli jo satakunta miestä odottamassa. Ja sitten kun toimistosta tuli lopulta mies ulos, se piiritettiin välittömästi. Mies heitti ilmaan kolme lappua, ja ainoastaan niiden sieppaajat pääsivät töihin. Meitä oli neljä suomalaista, jotka seurasimme näytelmää sivusta. Päätimme olla menemättä enää siihen paikkaan. Sitten yksi miehistä sanoi: ”Eiköhän lähdetä santakuopalle täyttään vaunuja. Sinne on junalla parin pysäkin matka. Palkka ei ole hääppönen, kaksi taalaa kakskytviis senttiä päivä, mutta on sekin jotain."

Seuraavana aamuna lähdettiin junalla. Asemalta kävelimme santapittiin eli kuopalle, kysyimme pomolta töitä ja se vastasi myöntävästi. Siellä oli pitkä rivi isoja vaunuja. Miehet oli jaettu aina kaksi miestä vaunua kohden. Joillakin oli hyvä rinne vieressä, minulle ja kaverille sattui syvennys kohdalle. Minulla oli riski kaveri parina, joten vaunumme täyttyi siinä missä toisillakin. Välillä kilpailtiin keiden vaunu täyttyi nopeiten, ja hyvinhän se sujui, vaikka olinkin vielä ensikertalainen niissä hommissa. Siellä oli parakkikämpät ja hyvä ruoka omassa ruokalassa. Mies joka otti ylös työtunteja, oli kuulemma perso viinalle. "Olis pitäny ottaa viskiä mukaan ja lahjoa äijää", sanoi joku. Viikon siellä työskenneltyäni lähdin käymään Fort Williamissa. Sain kuulla Luoman Matilta, että Kivelän leipomossa oli kaipailtu minua ja ihmetelty mihin olin kadonnut. Niillä kun olisi ollut minulle töitä Port Arthurissa. Ajoin sinne streetcar:lla eli raitiovaunulla. Sovimme Kivelän kanssa, että aloittaisin ylihuomenna. Palkkaa saisin 3 dollaria 35 senttiä päivältä. Sitten suunnistin kauppaan ja ostin kaksi pulloa konjakkia ja matkustin santakuopan kämpälle. Toiset olivat töissä. Tuntimies tuli kysymään missä olin ollut. Kerroin asiani ja sanoin tulleeni hakemaan "tuntejani". Sitten otin esille pullon ja tarjosin miehellekin. Sille tuntui kovasti maistuvan. Annoin sen pitää pullon. Puheltiin työtuntieni määrästä ja annoin miehelle toisenkin pullon. Tyytyväisenä se kirjoitti minulle reilusti lisätunteja ja sain nuutan, jonka menin myöhemmin vaihtamaan pankissa rahaksi. Summaa en muista, mutta sain ainakin hyvän vastineen niistä pulloista. Kävin ennen lähtöäni sanomassa kavereille hyvästit ja kerroin palaavani taas leipomoon töihin.

Päästyäni pysäkille selvisi, että junan tuloon olisi vielä tunti. Kävelin siinä aikani kuluksi rataa pitkin läheiselle kallioleikkaukselle. Sitten kun olin astelemassa takaisin päin, kuulin voimakkaan ulvahduksen ja vilkaisin taakseni. Suuri veturi läheni kovaa vauhtia. Heittäydyin radan sivuun makuulleni ja pidin pääni matalana. Samassa pyyhälsi ohitseni veturi, jolla oli perässään pitkä jono tavaravaunuja. Ryminä vihloi korviani junan kulkiessa aivan vierestäni. Kun se oli mennyt, nousin ylös ja kiitin luojaani, että olin selvinnyt elävänä. Juna oli päässyt yllättämään, koska kallioleikkaus oli kaareva, mikä oli estänyt näkemästä ja kuulemasta junaa ajoissa. Matkustajajuna saapui samalta suunnalta, ja tunnin kuluttua olin Fort Williamin asemalla. Kävelin kaupungin halki kortteeriini, joka oli Luoman talon yläkerrassa. Siellä vietin seuraavaan aamuun, jolloin lähdin raitiovaunulla 3 mailin päähän Port Arthuriin Kiveleän leipomoon.

Aloitin taas yötyöt uunin edessä. Aamuun päästyäni olin aina väsynyt. Kävelin yleensä hotellin baarin kautta, jossa otin 15 senttiä maksavan ryypyn. Sitten painuin kortteeriin nukkumaan. Olin muuttanut Luomalta Suomalaisten taloon kalustettuun huoneeseen. Kahden maissa iltapäivällä nousin ylös ja menin läheiseen ruokalaan syömään. Siinä Port Arthurin rannalla oli asumaton paikka, missä me leipurit usein oleskeltiin iltapäivisin ja katseltiin Superior Laken laajaa näkymää. Järvellä kulki monenlaisia aluksia tankkilaivoista isoihin matkustajalaivoihin. Yhtenä pyhänä olin mukana suomalaisryhmässä, joka teki laivamatkan Superior Lakelle. Kävimme mm. 3 tunnin matkan päässä eräässä entisessä hopeakaivoskaupungissa järven rannalla. Siellä oli yksi-, kaksi- ja kolmikerroksisia taloja puutarhat ympärillään, mutta ne olivat kaikki tyhjillään. Ainoastaan yhdessä talossa asui Kalliainen -niminen perhe, joka piti kettufarmia. Kaivos oli lakkautettu ja asukkaiden oli täytynyt siirtyä etsimään muualta elantoaan.

Fort Williamin läpi laski kaksi jokea Superior Lakeen. Kapeampi pohjoisesta päin ja suurempi lännen suunnalta. Intiaanit käyttivät usein kulkureittinään suurempaa jokea. Sen lähellä kohosi 270 metriä järven yläpuolelle kohoava vuori. Kiipesin toisten mukana pari kertaa sen tasaiselle huipulle. Nousu oli paikoin niin jyrkkää, että täytyi käsin kiskoa pensaista ja puista itseä ylöspäin. Ylhäällä tasanteella oli kivistä rakennettu kioski, josta sai ostaa muita juomia paitsi alkoholia. Ylätasangolla oli myös lähde, mistä johdettiin vesi molempiin kaupunkeihin. Vesi kulki alas pitkin puusta tehtyä putkea, jonka läpimitta oli puolitoista metriä ja joka oli rautarenkailla vahvistettu.

Vuoren takana järven lahdessa oli intiaanikylä, jossa kävin eräänä pyhänä yhden kaverin kanssa. Sinne pääsi ainoastaan kävellen tai hevosella ratsastaen. Kesken matkan juoksi vastaamme nuori intiaanimies, joka pyyhälsi ohitsemme kuin ei olisi meitä nähnytkään. Jatkoimme eteenpäin ja tuumittiin, että tuskin ne meitä ainakaan syövät. Saavuimme kylään, missä oli sikin sokin pieniä, harmaita mökkejä sekä nahoista tehtyjä tiipiitä. Minulle oli syntynyt jano, joten viittoilin intiaaneille saadakseni vettä. Sitä annettiin ja sitten ne viittasivat tulemaan sisälle ja tarjosivat syötäväksi lihaa ja kalaa, joka oli hieman raakaa ja suolaista. Söimme sen kuin voimme, sillä olimme kuulleet että intiaanit olivat vieraanvaraisia, mutta loukkaantuivat herkästi, jos kieltäytyi syömästä tarjottua ruokaa. Kiitimme lopuksi ja huomasin intiaanien kaikista eleistä, että ne olivat mielissään. Hyvästelimme ja lähdimme palailemaan kaupungin suuntaan. Olimme helpottuneita kun kaikki oli sujunut hyvin. Totesimme että samanlaisia ihmisiä intiaanit olivat kuin muutkin, kieli ja tavat vain vaihtelivat. Osasin kyllä siihen aikaan tervehtiä intiaanien kielellä, mutta sanat ovat jo unohtuneet.

Kesä eteni. Toisinaan lainasin lauantai-iltaisin hevosta ja tehtiin porukalla huvireissuja suomalaisille farmeille, joita oli ympäriinsä n. 30 kilometrin säteellä kaupungista. Ne olivat kauniita kyliä kouluineen ja laajoine peltoineen, jotka muistuttivat suomalaisia näkymiä. Kaupungissa eräs suomalainen rupesi rakentamaan taloa, se ehdotti minulle, että olisi rakennettu siihen leipomotilat ja perustettu yhtiö.Tuumiskelin asiaa ja kirjoitin Suomeen Karoliinalle, että mikäli se tahtoisi lähteä lapsien kanssa Kanadaan, niin lähetän heille piletit. Se mies olisi kyllä avustanut rahoittamisessa, sillä minulla ei siinä vaiheessa olisi rahat riittäneet. Mutta myöhemmin tuli vaimolta vastaus, että ei se sellaisen lapsilauman kanssa suostu lähtemään, ja että kyllä ne Suomessakin pärjäisivät, oli suuri sikakin kasvamassa talveksi. Olin unohtanut mainita kirjeessäni, että Virroilta tulisi Onni Vanajan vaimo poikansa kanssa Röykän kautta, kun ovat menossa siihen Suomesta lähtevään laivaan. Niiden mukana olisivat Karoliina ja lapsetkin päässeet matkustamaan. Oli siis kirjoitettava välittömästi toinen kirje.

Mutta asiat mutkistuivat entisestään, kun Kivelä lopetti työnsä leipomoliikkeessään ja siirtyi farmilleen. Se vuokrasi leipomon koko rakennuksen kahdelle yhtiökumppanilleen, Heikki Roineelle ja Konsta Kostamolle. Minä sain jäädä paikalleni samalla palkalla. Mutta entiset miehet, Laitinen ja Onni Vanaja saivat lähtöpassit. Niiden tilalle otettiin Yhdysvaltojen puolelta kaksi uutta miestä, joille tarvitsi maksaa heikompaa palkkaa. Minua harmitti enkä kyennyt sulattamaan sitä, että tutut kaverit joutuivat pois ja tottumattomat tulivat tilalle. Siksi minäkin päätin lopettaa työni siinä leipomossa. Lisäksi olin jo niin turhautunut ja kyllästynyt kaikkeen, että sanoin lähteväni takaisin Suomeen. Onni Vanaja, riski mies, ehdotti minua niiden mukaan rautatielinjan hakkuisiin talveksi, puita kaadettaisiin urakalla, josta tienasi kuulemma aika hyvin. Mutta minulle riitti yhden talven metsäkämpillä viettämäni aika, joten kieltäydyin ehdotuksesta.

Se oli lokakuuta vuonna 1912, kun päätin ostaa piletin Suomeen. Se maksoi 62 dollaria ja sillä pääsisi Suomessa Röykkään asti. Aloin valmistautua ja ostin kirstun, joka maksoi 8 dollaria. Lapsille ostin villatakit ja vaimollekin jotain. Lisäksi ostin vielä ainakin Remington-kiväärin. Sitten koitti lähtöpäivä ja joitain tuttuja tuli asemalle saattamaan. Joku kysyi eikö minua yhtään pelota matkustaa laivalla yli Atlantin, kun se Titanic oli keväällä törmännyt jäävuoreen ja uponnut. Mutta ei se minua pelottanut. Yksi leipuri tuli mukaani junaan, se oli menossa Yhdysvaltojen puolelle. Matkakirstuni olin lähettänyt erikseen.

Junamatka, n. 1600 kilometriä, alkoi. Leipuri jäi pois n. 700 kilometrin matkan jälkeen. Minä jatkoin Montrealin kaupunkiin asti, jonne saavuin toisen päivän iltapäivällä. Se oli suuri asema, laajan lasikaton alle ajoi n. joka viides minuutti matkustajajunia. Aseman kaupungin puoleisella ovella seisoi kaksi isoa mustaa neekeriä vahdissa. Hymyilivät ihmisille niin että valkoiset hampaat loistivat. Ne vaikuttivat poliiseilta tai vastaavilta. Siellä oli vastassa siirtolaisagentti, joka tunnisti minut rinnassani olevasta merkistä. Mies vei minut hotelliin, jossa oli varattu huone siihen asti, kun Yhdysvaltojen puolelta saapuisi lisää siirtolaisia matkalla Eurooppaan. Hotellihuone oli sievä kamari, jossa saisin asua kaksi vuorokautta. Mutta aika kävi pitkäksi ja lähdin katselemaan kaupunkia.

Välillä poikkesin kapakkaan ja nautin kolpakollisen olutta tai ryypyn viskiä. Katselin ja kuuntelin porukkaa, mutta en kuullut puhuttavan suomea. Kävelin katuja ylös ja alas. Varakkaiden kaupunginosassa kohosi upeita marmorista ja mistä lie rakennettuja ylellisiä huviloita, jollaisia Suomessa ei nähnyt edes Helsingin Kaivopuistossa. Kyllä on kertynyt toisille rahaa ja omaisuutta, ajattelin ja jatkoin matkaani. Tulin vuoren juurelle. Siinä oli puiset rappuset ja lähdin nousemaan rinnettä. Ylempänä vilkaisin taakseni ja hieman huimasi. Jatkoin silti ylöspäin ja saavuin huipulle, jossa kasvoi tammimetsää. Sitten näin siellä hotellin ja muutaman auton. Ihmettelin sitä, kunnes huomasin toisella puolella asvalttitien, joka kiemurteli rinnettä myöten ylös. Ylhäällä oli aidattu tasanne, josta sai katsella laajoja näkymiä Montrealiin ja kauas sen yli. Kulutin samaan tapaan seuraavankin päivän kaupunkia kierrellen.

Kolmannen päivän aamupäivänä agentti ryntäsi huoneeseeni ja vaikutti huolestuneelta. "Teidän täytyy kiirehtiä heti paikalla asemalle. Sinne on saapunut iso joukko Yhdysvaltojen puolelta tulleita siirtolaisia ja teidän on liityttävä heidän seuraansa. Löydätte heidät aseman alakerran salista. Junanne Quebeciin lähtee aivan kohtapuoliin." Tartuin kapsäkkiini ja lähdin kiireen vilkkaa asemalle. Etsin portaat, joista pääsi alakertaan, josta löysin siirtolaisporukan. Tervehdin ja lyöttäydyin joukkoon. Joku mies uteli, että kuuluinko minäkin "niihin rosvoihin, joita asemalla oli liikkunut". Selitin mistä olin tullut ja näytin merkkiä rinnassani ja etten ole tavannut kaupungissa yhtäkään suomalaista. Uskoivathan ne lopulta, ja minulle kerrottiin, että miehet olivat vietelleet jonkun suomalaismiehen mukaansa ja nyt miestä ei tunnu löytyvän mistään. Oli kuulemma Turusta kotoisin. Sillä oli ollut paljon rahaa ja kaksi hyvää kelloa. Poliisille oli kyllä ilmoitettu heti, mutta mitään ei siltäkään suunnalta ollut kuulunut.

Sitten nousimme junaan, joka kuljetti meidät Quebeciin. Siellä kävelimme kaupungin läpi satamaan. Kaupungissa oli komeita rakennuksia, joukossa myös pilvenpiirtäjiä, joista yksi kohosi lähellä laivalaituria. Me miehet kuljimme vähän edellä ja jäätiin odottamaan toisia. Silloin putosi siihen neljän metrin päähän kaasupanos, jonka oli kai tarkoitus tainnuttaa meidät. Mutta tuuli ohjasi kaasun hieman sivummaksi. Siinä oli vieressä rappukäytävän ovi, ja huomasimme jonkun miehen vilkuilevan siitä ja katoavan saman tien. Katsoimme samassa ylös ja näimme n. 20. kerroksen ikkunassa miehen pään. Yksi suomalainen suuttui niin, että meinasi ampua pistoolilla sinne ylös. Se selitti kiihtyneenä: "On noita temppuja nähty ennenkin. Yrittävät saada perkele tajun pois ja kaapata meidän rahat ja arvoesineet." Jatkoimme kuitenkin matkaa. Olihan se varsinainen loppunäytös sen mantereen kamaralla.

Laiturissa odotti tuttu valtamerilaiva RMS Empress of Ireland, johon nousimme. Sitten laiva lähti leveää Saint Lavrence-jokea pitkin kohti Atlantin rannikkoa. Merellä laiva sivuutti seitsemän suurta, liikkuvaa jäävuorta. Eräskin niistä laajeni kuulemma veden alla jopa kolmen mailin levyiseksi. Valokuvaajalla piti kiirettä, kun se yritti ottaa niistä kuvia. Rannikolla oli juuri silloin ajanut norjalainen kauppalaiva karille ja se pyysi apua. Meidän laiva kaarsi sinne päin, missä se laiva näkyi hyvin, ja olimme jo menossa sitä kohti, kun tuli sähkösanoma ettei tarvinnutkaan tulla. Oli kuulemma jo tulossa hinaaja New Yorkista. Käännyimme takaisin ja valokuvaaja rupesi taas toimeen. Mutta sen harmiksi vuoret olivat jo häipyneet etäälle reitiltämme. Yksi kuva on minullakin, se on otettu n. 7 mailin päästä kohteesta, mutta kyllä siitäkin voi nähdä jäävuoren suuruutta. Ei mikään ihme, että sellainen kykeni rikkomaan Titanicin kyljen. Ilmakin muuttui jäävuoren lähettyvillä niin kylmäksi, että piti hakea skanssista ulsteri päälle jos mieli pysytellä kannella.

Auringonlaskun aikoihin kävimme syömässä. Sitten menimme skanssiin ja aloimme valmistautua yöpuulle. Skanssi oli iso tila aivan vesirajan tuntumassa, joten vesi loiski pyöreiden ikkunoiden takana. Meitä oli siinä lisäkseni viisi jokseenkin saman ikäistä miestä, ne olivat kaikki tulossa Yhdysvaltojen puolelta. Juteltiin siinä maatessamme yhtä ja toista ja sitten pojat virittivät laulun, jota aloin kuunnella. Siinä kerrottiin taistelussa kaatumisesta, vapaudesta, ihmisarvosta, rakkaudesta, vankilassa kärsimisestä jne. Kyselin laulun syntymisestä tarkemmin. Miehet kertoivat, että se oli hymni niille, jotka kaatuivat Viaporin kapinan yhteydessä vuonna 1906. Miehet olivat olleet mukana kapinassa vallankumouksellisten eli punakaartin puolella ja päässeet karkuun ja matkustaneet Amerikkaan. Nyt ne olivat palaamassa takaisin Suomeen. Kertoivat että todennäköisesti heidät olisi silloin tapettu, tai viety ainakin Pietarin vankiloihin kuten niin moni muukin. Kerroin kuuluneeni itsekin silloisen punakaartin Ojakkalan komppaniaan ja että olimme tulleet Helsinkiin liian myöhään, koska kapina oli jo kukistettu.

Matka eteni. Toisen päivän iltapäivällä laivan koneet pysäytettiin ja kovaäänisistä kuulutettiin, että olemme juuri saapumassa sille kohdalle, missä Titanic upposi saman vuoden keväänä. Matkustajat tulivat kannelle ja orkesteri soitti suruhymniä. Minäkin katselin laivan reunalta veteen ja ajattelin, että tuolla jossakin syvyyksissä lepää se suuri ruumisarkku.

Matka oli kestänyt 9 vuorokautta, kun kiinnityimme Liverpoolin satamaan. Sieltä jatkoimme välittömästi junalla maan poikki Hullin kaupungin satamaan. Nousimme suomalaiseen S/S Polarikseen, joka lähti yötä vasten kulkemaan. Saimme syödä illallisen ja mennä levolle. Aamun valjettua olimme keskellä Pohjanmerta. Katselimme isoissa parvissa uivia meren eläimiä, jotka olivat pyöriäisiä tai delfiinejä. Ne seurasivat laivaa ja välillä osuivat laivan kylkeen niin että tömähti. Laivamiehet olivat sitä mieltä, että tuollaiset parvet tiesivät myrskyä. Illalla todellakin nousi myrsky, ukkosti ja salamoi. Laiva keinui ja kallisteli niin etten meinannut pysyä sängyssäni. Menin ruokasaliin ja asetuin pitkän pöydän päälle makaamaan, mutta eihän siitä mitään tullut. Nousin rappuja ylös, avasin kannelle johtavan oven ja katselin siitä myrskyä. Välillä löi laine yli kannen. Olin keulan puolella ja siitä näki komentosillalle, missä kapteeni kiikaroi merelle. Sytytin tupakan, ja kohta kapteeni soitti kelloa. Sitten luokseni syöksyi komentosillalta mies, joka ilmoitti ettei siinä saanut olla eikä varsinkaan polttaa tupakkaa. Mies kehotti minua menemään alas skanssiin. Nukkumisesta ei kuitenkaan tullut mitään ennen kuin vasta aamuyöstä, kun myrsky laantui.

Aamulla lähestyttiin jo Kööpenhaminaa. Ruotsin puolella näkyi Helsingborgin kaupunki. Saavuttuamme satamaan meille ilmoitettiin, etää saisimme halutessamme viettää tunnin kaupungilla. Kuljimme katuja ja totesin, että kaupunki näytti kauniilta ja puhtaalta. Oluttakin sai ostaa vaikka keskellä katua olutkuskilta, joka pysäytti siihen hevoskärrynsä. Kävelimme minkä siinä ajassa ehdimme, sitten oli palattava laivaan. Taas jatkettiin ja katseltiin upeaa rannikkoa, kunnes saavuttiin Itämeren alueelle. Matka taittui ja vierähti päivä ja yö. Sitten aamulla oltiinkin jo tutun saariston väylällä. Käveltiin kannella ja ihasteltiin Turun saaristoa ja sen kauniita näkymiä. Lopulta laiva lähestyi Aurajoen suulla laituria. Silloin matkustajat alkoivat laulaa "Kotimaani ompi Suomi...".

Saimme vielä syödä ja juoda kahvit. Sitten aloimme poistua laivasta. Tullitarkastus oli kannella ja meidän oli kuljettava poliisiketjun läpi ja näytettävä niille kuvernöörin passia. Koetin näyttää huolettomalta kulkiessani poliisien välistä. Minulla oli ulsteri ylläni ja knalli päässäni. Remington-kivääri oli kahdessa osassa kummassakin kainalossani. Samoin teki myös vieressäni kulkeva Pohjanmaan mies. Ja hyvinhän se onnistui. Jos olisimme jääneet kiinni, olisi siitä seurannut aseiden menetys ja jopa 500 markkaa sakkoja.

Se kun oli vielä sitä tsaarinvallan aikaa, jolloin aseiden tuonti oli kiellettyä. Kirstut ja kapsäkit tullattiin ja vietiin maihin. Rannalla otimme kapsäkit ja menimme läheiseen vessaan, joka toimi 10 pennin kolikolla. Siellä otettiin kiväärin osat kainaloista ja pantiin ne kapsäkkeihin. Sitten käveltiin raitiovaunuun, joka vei meidät rautatieasemalle. Matka Helsinkiin sisältyi piletin hintaan. Rata Salon ja Karjaan välillä oli tuttua, kun olin ollut sitä itse tekemässä. Karjaalla päätin etten menekään Helsinkiin vaan suoraan Hangon rataa pitkin Röykkään. Vaihdoin junaa ja maksoin sen matkan omistani. Kirstu kiertäisi Helsingin kautta Röykän asemalle. Oli jo iltapimeää kun saavuin Röykkään. Vaimo ja Österbergin Hanna olivat jo tietoisia tulostani, joten ne osasivat olla asemalla vastassa. Niin oli pitkä reissu tehty ja suurista rahoistakin haaveiltu. Mutta niin vain oli 10 penniä rahaa taskussani, kun kotiin palasin. Lisäksi jotain vaatetta ja muuta pientä sekä kivääri ja kirstu, joka saapuisi seuraavana päivänä. Lapsetkin olivat minusta jo vieraantuneet. Sylvikin kysyi jossain vaiheessa äidiltään, että ”koskas toi setä meiltä oikeen meinaa lähteä?” Selvisi että perheen asiat olivat päässeet vähän heikkoon malliin. Vaimoni veli Kustaa, joka oli mylläri ja asui siinä lähellä, sanoi minulle: ”Älä nyt Otto pelästy, mutta Karoliinalla oli keskenmeno, poika olis ollu.” En puhunut asiasta kenellekään. Mutta sain tietää, että eräs Röykässä asuva hulttiomies Reunanen oli ollut vaimoni kanssa suhteessa. Mies oli käyttänyt minun venettäkin kuin omaansa, ja kaiken kukkuraksi oli vielä ampunut sen haulikolla seulaksi. Se oli sama seilivene, jonka olin kuljettanut junalla Kolhosta Röykkään. Lisäksi minua harmitti se, että Lempi-tyttäreni oli yhä Lahdessa, jonne sen oli tarkoitus jäädä vain väliaikaisesti. Tämän päälle vaimo oli saanut sen pahan taudinalun jalkoihinsa. Itse se väitti, että oli saanut taudin Valkjärvestä tai myllyn saunasta. ”Sinä sait sen Reunasen jaloista”, minä sanoin, kun tiesin Reunasella olevan samaa tautia.

Kuljeskelin pitkin metsiä kivääri kourassa ja pohdiskelin, että millähän tästä nyt alkuun pääsisi. Oli marraskuu ja huonointa aikaa leipurillekin. Sitten sain kuulla, että kauppias Toivosella Röykän Lepolassa on leipomo ja yksi asuinhuone vuokrattavana. Lähdin katsomaan, ja vuokrasopimus syntyi. Rahaa minulla tosin ei ollut, mutta kauppias Toivonen suostui antamaan tavaraa velaksi. Siitähän se taas alkoi. Leipomo rupesi pikku hiljaa kannattamaan. Toimintaa tosin hankaloitti se, kun ei ollut millä kuljettaa leipää pitemmälle. Jouluna Kalle-veli tuli vaimonsa Fiinan kanssa käymään. Sillä oli mukanaan musta, takkuinen hevonen. "Saat sen neljälläkympillä", Kalle sanoi. Huomasin että hevonen oli patalaiska, mutta ostin sen kuitenkin, kun oli kertynyt jo rahaakin. Vaimo oli tehnyt hyvää sahtia 25 litran tammitynnyrin täyteen. Istuimme Kallen kanssa pakarin nurkassa tynnyri jalkojemme välissä ja nautiskelimme sahtia, kun vaimot olivat saunassa. Olimme jo vähän känässä, kun vaimot palasivat. Kallen vaimo kauhisteli: "Herrajestas sentään, nehän ryyppää tynnyrin tyhjäksi." Sitten ne tekivät lähtöä ja kuljetin ne hevosella kotiinsa.

Kuulin että eräs mies etsi hevosta, kun sen oli tarkoitus alkaa ajamaan halkoja. Lähetin sille tiedon, että minä olen valmis myymään. Mies tuli käymään ja sain siltä hevosesta 100 markkaa. Sitten tuli vuorostaan Nygrenin isäntä tarjoamaan minulle hevosta ostettavaksi. Se oli vähäläntä, jauhokuono pruuni tamma. Maksoin siitä 150 markkaa. Se oli hyvä hevonen, sillä pääsi vaivatta mihin vain. Kävin jopa Kytäjän torilla ja missä tahansa leipä kauppansa teki. Minulla oli jonkin aikaa töissäkin eräs porvoolainen mies.

Sitten tuli silloisen metsänvartijan kanssa puhetta, että tahtoisin ostaa Metsähallitukselta tontin vastapäätä asemaa ja rakentaa siihen talon. Lopulta suunnitelma onnistui ja sain talven aikana lunastettua tontin haltuuni. Palkkasin miehen veistämään hirsiä, piiroja ja junttapaaluja. Vaihdoin hevosenkin isompaan ja vahvempaan, jotta sillä sai kuljetettua hirsiä ja santaa betonitöitä varten. Sitten kun maa suli, palkkasin miehiä kaivamaan kuoppia ja junttaamaan paaluja, koska siinä oli runsas kaksi metriä suokerrosta ennen kovaa pohjaa. Siihen täytyi juntata niin paljon puuta, että niistä olisi riittänyt yhdeksään metri kertaa metrin halkopinoon. Kun betonityöt oli tehty, annoin Almgrenille tehtäväksi pystyttää urakalla rakennushirsistä neljä huonetta sekä vesikatto päälle. Siihen rakentaminen sitten jäikin sen vuoden osalta, koska rahat loppuivat kesken. Ei auttanut muu kuin tienata lisää. Silloin oli menossa vuosi 1913.

Seuraavana vuonna laitatin Salinin Kallella ikkunat ja ovet. Elokuussa menin Riihimäen sahalle ja ostin vaunulastillisen lautaa vuoraukseen, permantoon ja kattoon. Samoihin aikoihin alkoi ensimmäinen maailmansota, jonka vaikutus ulottui myös Röykän asemalle. Sain nimittäin määräyksen, että vaunu pitää saada välittömästi tyhjäksi, koska seuraavana päivänä kukaan ulkopuolinen ei saisi tulla asemalle. Rata kun tulisi sotilasjunien käyttöön. Jouduin käyttämään omani lisäksi myös vieraiden hevosia saadakseni vaunun ajoissa tyhjäksi. Seuraavana päivänä tuli Hangon suunnasta sotilasjunia, joissa näkyi niin jalkaväkeä, tykistöä kuin ratsuväkeäkin. Santarmi oli ilmestynyt asemalle, missä se käyskenteli valvomassa aluetta. Elettiin kesää 1914.

Laittelimme taloa kuntoon, ja sainkin sen siihen malliin, että pääsimme muuttamaan sinne talveksi. Samoihin aikoihin alkoivat ne suuret maalinnoitustyöt Helsingin ympäristössä. Röykänkin läpi kulki paljon miehiä ja hevosia Helsingin työmaille. Sitten loppuivat jo jauhotkin, joten leipominen oli jätettävä ja turvauduttava muihin töihin. Toisinaan sitä onnistui saamaan huonoja mustan pörssin jauhoja. Sain kynnettyä maatakin, että pääsin istuttamaan perunaa. Mutta sekin oli epävarmaa, sillä paikka oli hallanarkaa aluetta. (Myöhemmin, vuonna 1917 vei halla kaikki rukiit Ali-Korvenkin pellosta, missä olin sitä sitten niittämässä. Isäntä ehdotti, että pantaisiin pelto palamaan, mutta minä huomautin aseman ja metsän olevan liiana lähellä.) Maailmansota päättyi ja Helsingin vallitustyötkin lopetettiin. Mutta jauhoista oli edelleenkin pulaa. Sitten pääsin hätäaputöihin maantientekoon Korven aseman lähelle. Teimme tietä Kislän ohitse Mäkelään n. 15 metriä päivässä.

Tuli vuosi 1917. Venäjällä tapahtui Lokakuun vallankumous. Elintarpeista oli huutava pula, vallankin lihasta. Ahjon kauppa oli silloin jo Korvessa, ja Hyvinkäältä tuotettiin vanhoja isoja luita. Mikäli niitä ehti saamaan, oli mahdoillisuus valmistaa luusoppaa. Minäkin onnistuin saamaan niitä kerran. Ruisjauhoakin oli vaikea saada, sillä talolliset olivat alkaneet piilottaa viljaansa jopa mestän santakuoppiin, kuten eräs talollinen Röykästä teki. Siksi Röykkäänkin lähetettiin neuvojia, jotka opettivat mm. miten poronjäkälästä valmistettiin ihmisille ruokaa. Sinne piti mennä meidän tytötkin, mutta minä kielsin: "Ette mene. Meillä ei ruveta semmosella ihmisiä tappamaan." Ja siihen se jäkäläkurssi jäi ainakin meidän osaltamme.

Sitten alkoi vuosi 1918. Suomi oli jo itsenäinen maa. Töitä ei ollut, mutta elääkin olisi pitänyt. Punakaarti oli perustettu jo edellisenä vuotena Perttulaan ja muuallekin pitäjään. Röykässä sitä ei vielä ollut. Sitten kun lupasivat palkaksi 15 markkaa päivässä, perustettiin Röykässäkin komppania, johon liittyi suurin osa miehistä. Ja kun tarvittiin ruokala, se perustettiin meille puotiruokalaksi ja meidän keittiö keittolaksi. Leipomo siirrettiin yläkertaan, jonne perheemme asettui myös asumaan. Olihan siellä alakerrassakin kamari, mutta kun keittiössä keitettiin paljon, tunkeutui kamariin runsaasti savua. Perheen väki sai ruokaa keittiöstä, minä itse söin rintamilla. Rahapalkkaa en saanut kuin yhden kerran, taisi olla 25 markkaa. Esikunnassa sanottiin, että rahasta oli puutetta. Silti tiesin sitä olevan, koska Helsingistä haettiin suuria summia. Mutta ne rahat joutuivat yksityisten käsiin, ja me rintamamiehet saimme jäädä ilman.

Sisällissotaa kesti koko talven. Huhtikuun 18. päivänä jouduin saksalaisetn vangiksi Nurmijärven Klaukkalassa. Sieltä meidät sitten marssitettiin vähitellen Helsinkiin ja edelleen Suomenlinnan vankileirille, missä viruin 8 kuukautta 2 päivää. Henki sentään säilyi, vaikka olinkin nälän näännyttämä, kun palasin kotiin. (Monihan kuoli vasta kotonaan, kun oli syönyt kerralla liian paljon ruokaa.) Huoneet kotona olivat menneet vuoden aikana kurjaan kuntoon. Leipomossa oli seinät kostuneet ja homeessa. Uuni oli pilattu märkien puitten kuivatuksella. Perhekin oli kipeästi riittävän ravinnon tarpeessa. Mitään töitä ei näyttänyt olevan saatavilla.

Sitten sattui niin, että eräs kivimies Kaven tuli luokseni ja kertoi olevansa Kytäjän kartanossa urakoimassa kivitöitä ja tarvitsevansa minua mukaansa. Sanoin ettei minulla ole lainkaan kokemusta kivitöiden teosta. "Kyllä sä opit siihen pian", Kaven sanoi ja jatkoi: "Kartanolla työskentelevät saa ostaa muonamiehiltä jauhoja, voita, leipää ja maitoa. Lauantaina voit sitten tuoda repussas jauhoja kotiin." Työskentelin Kytäjällä viikon ja lauantaina päästiin Högforssin junalla Hyvinkäälle, ja siitä edelleen Hangon junalla Röykkään. Toin mukanani 10 kiloa jauhoja, voita sekä pari, kolme pehmeää leipää, jotta perhe sai syödäkseen.

Kivityöt alkoivat luonnistua. Löin taltan päähän, kun meislattiin. Pian opin myös piikkaamaan kiviä tasaiseksi siten, että ne sopivat päittäin ja päällekkäin yhteen. Aluksi käsivarret kipeytyivät ja muutenkin otti voimille oltuani vankileirillä "kuivatuskuurilla" niinkin pitkään. Lisäksi minua vaivasi sydänalassa jatkuva nälkä, söin sitten miten paljon tahansa. (Ja sitä tunnetta tuli jatkumaan vielä puolisen vuotta, kunnes olo alkoi palata ennalleen.) Talven mittaan saimme paljon aikaiseksi. Pystytimme pihattoon ja talliin kolmen rivin kivijalat. Muita kivijalkoja teimme vielä pajaan, sikalaan ja sikalanhoitajan taloon. Tammi- ja helmikuun aikana oli kovia pakkasia, joten teimme paikalle tulet. Sitten minäkin opin syöttämään meisseliä, joka olikin jo helpompaa työtä.

Se oli vuotta 1919 ja toukokuuta, kun jätin sen työmaan. Aloin kotona kunnostaa perunamaata jms. Sitten alkoi kruunun metsässä työt, jossa valmistettiin ratapölkkyjä, parruja, hirsiä, piiroja sekä aidan pylväitä ja riukuja. Kaikki rautateiden tarpeiksi. Meille jaettiin lohkoja, joista minäkin sain omani. Siinä työssä vierähti elokuuhun, jolloin aloin miettimään oman leipomoalan töitä. Ihmiset kun saivat taas ostaa vehnäjauhojakin siinä määrin, että eivät tahtoneet lunastaa kaikkea sitä määrää, johon olivat oikeutettuja. Aloin kehottaa ihmisiä ostamaan kaiken jauhon, mitä saisivat, ja minä lupasin puolestani ostaa sen niiltä. Näin oli toimittava, koska leipurit eivät saaneet riittävästi jauhoja. Kansakoulun opettaja, joka Korvessa niitä jauhoja myönsi, sanoi: "Kyllähän leipuri elää jo pelkällä leivän tuoksullakin, mikä uunista syntyy." Ostin jauhoja keneltä vain sain ja tein torttuleivoksia. Pakkasin niitä koriin ja nousin matkustajajunaan. Matkalla Nummelaan ja takaisin olin myynyt kaikki tortut. Sitten valmistin taas uusia torttuja. Kunnes uuni ei enää kestänyt. Edelliset käyttäjät olivat pilanneet sen sillä puun kuivattamisellaan. Yhtenä aamuna pistäessäni puita uuniin, putosi valvi (holvi) puiden päälle. Poistin puut ja totesin, että uuni olisi purettava arinaa myöten. Pyysin töihin muurari Niemen, joka oli perso väkeville. Niemi tuli poikansa kanssa ja sanoi: "Olutta ei sitten saa puuttua paikalta." Menihän siihen taas rahaa, mutta sainpahan leipomoon uuden veroisen, hyvän uunin.

Sitten ruvettiin jo minullekin antamaan säkeittäin jauhoja sekä sokeria. Aloin käydä toripäivillä Hyvinkäällä, Riihimäellä, Lohjalla ja Rajamäellä. Kauppa kävi kaikkialla hyvin, joten työtä riitti jatkuvasti siinä määrin, että täytyi ottaa toinen mies töihin. Mutta jos kasvoivat tulot, kasvoivat myös menot, sillä perhekin alkoi kuluttaa entistä enemmän.

Entisenä punakaartilaisena sain kokea myös vainoa lähinnä Yli-Korven miesten taholta. Se oli sellainen jatkuva painostava tekijä siinä arjessa. Jopa ampumisella uhkailivat, vaikka en koskaan ollut tehnyt niille minkäänlaista pahaa. Eräänä iltana kun olin juuri leiponut ruisleipää ja limppuja, tuli Ekholm sisään ja istuutui ja puhui hyvin hitaasti: "Kyllä sun täytyy nyt olla ihan erityisen varovainen noitten Yli-Korven veljesten kanssa. Ovat meinaan luvanneet ampua sinut, jos vain kohdalle sattuvat." Ekholm kertoi että oli kuullut sonnanajossa Akseli Yli-Korven sanoneen, että sillä on kuusikutinen ase aina taskussaan "sitä Kanervaa varten". Yli-Korven veli taas oli sanonut, että hänellä on puolestaan viisikutinen. Kääräisin pakettiin limpun, jonka ojensin Ekholmille. Kiitin sitä tiedosta ja sanoin kyllä pitäväni varani. Koittivathan ne Yli-Korven miehet pari kertaa minut ampuakin, mutta yritykseksi se kuitenkin jäi.

175

Tultiin 20-luvulle. Vuodet vierivät. Lapsetkin alkoivat aikuistua. Sitten perustin sekatavarakaupan ja ajattelin siinä riittävän töitä toisillekin. Mutta se toiminta loppui kuitenkin lyhyeen, kun kauppias Koskinen tarjoutui ostamaan taloni. Esitin hintavaatimukseni ja Koskinen suostui maksamaan talostani 95 000 markkaa ja lisäksi 15 000 markkaa osasta leipomokalustoa sekä lehmästä ja kanoista. Muutimme Hyvinkäälle, mistä ostin Kirjavaltatolpalta talon Östermanilta, joka oli pitänyt siinä sekatavarakauppaa. Lisäksi siihen kuului piharakennus, jossa oli kaksi asuinhuonetta ja hyväkuntoinen leipomo uusine uuneineen. Kauppahinta oli 110 000 markkaa. Aloin kunnostaa paikkaa. Tallista tein saunan. Asetin bensiinipumpun mittareineen. Sitten avasin yhdistetyn maito-, leipä- ja sekatavarakaupan. Sylvi alkoi käydä töissä tehtaalla.

Siihen aikaan Hyvinkäällä liikuskeli aika paljon varkaita. Minunkin makasiiniin murtauduttiin seinän läpi ja sieltä katosi mm. tupakkaa. Ensimmäinen kauppavuosi tuotti n. 20 000 markkaa tappiota.

Olin suunnitellut Argentiinaan muuttoa jo silloin, kun sinne oli vapaampi pääsy. Olisin ostanut sieltä maatilan ja ryhtynyt sitä kehittämään. Mutta vaimo ja muut olivat panneet kovasti vastaan. Nyt alkoi kuitenkin vaikuttaa siltä, ettei ole oikein muutakaan neuvoa kuin toteuttaa se Argentiinaan muutto.

Satuin kerran tapaamaan Kittelän talossa erään vanhan kauppiaan, Karkisen, joka halusi ostaa minulta paikkani. Myin sille taloni Kirjavaltatolpalta 180 000 markalla. Ja sitten myin huutokaupassa kaiken irtaimen omaisuuteni paitsi niitä tavaroita, huonekaluja, ompelukoneen ja makuuvaatteita, jotka jätin Helgan perheelle. Siljanderi oli meklarina.

Matkalle mukaan otin pari Kanadan kirstullista yhtä ja toista tavaraa sen verran kuin niihin mahtui. Ja niin se matka taas alkoi vieraaseen tuntemattomaan. Minulla oli paljon isoja toiveita Argentiinan kosulaatista saamani kirjan perusteella, joka minulle sieltä annettiin tutustumista varten ennen sinne lähtöä. Siinä esiteltiin paljon hyvää joka tavalla. Maata sai mistä vain ilmaiseksi. Maksua, jonkinlaista prosenttia, perittäisiin vasta 10 vuoden kuluttua. Ja sileää aroa, jota sai kyntää ylös ja kylvää kuinka paljon tahansa maissia ja muitakin lajeja.

Niin, toiveet olivat hyvät ja matka alkoi. Mukaani liittyi siskoni Martta miehensä Baarmannin kanssa, jotka olivat Uudenkylän kartanossa puutarhurina. Heillä oli ollut siellä hyvä asunto, hyvät palkat ym. Minä lainasin rahaa ja ostin piletit kaikille. Meitä oli 8 henkeä ja yksi kahden vuoden vanha lapsi (Karin, jota kutsuttiin Kaijaksi). Piletit maksoivat kaikkiaan 39 800 mk. Mukana oli myös Kaijan isä Kosti Taipale Nurmijärven kirkonkylästä, jossa sillä oli koti ja vanhemmat (ja jolta olen vieläkin saamista yli 5000 mk, jonka sille lähtiessä lainasin). Pitikin sitä mukana kuljettaa, juopporallia miestä.

Niin sitä lähdettiin vapun aattona Helsinkiin, ja tukkukauppias Oksanen olisi ottanut meidät kaikki heille, mutta nuori väki

toimitti meidät toiseen paikkaan yhdelle muotiliikkeen harjoitta-
jalle yöksi. Aamulla niiden piti tulla meitä hakemaan. Ei kuulunut
mitään. Minä läksin yksin rautatieasemalle ja sain ajurin kanssani
tuomaan matka-arkkuja laivarantaan, sillä kymmeneltä lähti laiva.
Toimitin omat ja nuorten ja Baarmannin arkut laivaan.

Toiset tulivat juuri hiukan ennen laivan lähtöä. Olisivat ark-
kuineen jääneet rantaan, jos en olisi omin päin hommannut asioita.
Sellaisia ovat nuoret kokemattomat. Olin jo itse paljon kokenut ja
tiesin, ettei laiva eikä juna ketään vartoo. Ja niin nipin napin kerki-
sivät. Olin itse jo laivan täkillä tähyilemässä.

Se oli Vapun päivä vuonna 1927, aurinkoinen aamu, mutta
merellä saatiin lumituisku vastaamme pieneksi aikaa. Poik-
kesimme Virossa. Näimme auton, josta tuli kaksi matkustajaa. Jäl-
keenpäin tulimme tietämään, että nuorempi oli ilmailija ja toinen
talonpoika, joka tuli myös ottamaan maata Argentiinasta ja koki
saman pettymyksen kuin minäkin.

Itämereltä käännyttiin sitten jokea myöten Saksan Stetteniin,
missä jätimme Suomen laivan, jossa emme saaneet syödä eikä edes
kahvia aamusella. Kysyin kapteenilta mikä on syy, kun olen osta-
nut piletit, joiden mukaan ruoka ja juoma pitäisi olla vapaat kaikille
Helsingin rannasta Argentiinaan asti. ”Kyllä se niin näkyy pile-
teistä”, myönsi kapteeni. Mutta heille ei oltu maksettu sitä rahaa
(2900 mk) meidän ruuasta ja juomasta. ”Ne ovat pistäneet (mat-
kanjärjestäjät) sen omaan taskuunsa”, sanoi kapteeni. ”Kyllä minä
todistan sen oikeaksi, jos joskus haette sitä summaa takaisin lai-
vayhtiöltä, ja te kyllä saatte sen.” Mutta hakemati se on jäänyt. Se
oli saksalainen laivayhtiö, josta Helsingissä ostin piletit. Sellaisia
lurjuksia olivat saksalaiset siihen aikaan.

Sitten kun päästiin Stettenin satamaan, meidät eristettiin
kuin suuret pahantekijät laivalla ja poliisit tulivat vierellemme sei-

somaan. Toiset matkustajat menivät laivasta pois ja me vasta viimeisinä poliisien saattamana Stettenin poliisilaitokselle. Siellä tuli kysymys passien viseerauksesta. Passit oli Helsingissä viseerattu, mutta oli juuri se aika, kun Saksan ja Suomen välillä oli tehty sopimus passien viseerauksesta eikä Saksa ollut vielä valmistautunut siihen Suomessa. Minulla oli kova jano siellä poliisilaitoksella ja pyysin vettä. Minulle ärjäistiin kuin pahantekijälle ja minä ihmettelin mikä on kun ei saa juodakaan. Ne ärjyivät vastaan saksaksi. Mutta sitten sinne tuli Suomen konsulaatin sihteeri ja asia selvisi. Sihteeri lähti viemään meitä Stettenin rautatieasemalle. Minä sanoin sihteerille, ettei olisi pitänyt ostaa pilettejä koko Saksan linjalle, koska saa olla syömäti ja juomati ja kuljetetaan kuin pahantekijöitä poliisiasemalle. Olen minä jo kulkenut muillakin linjoilla eikä niillä ole tällaista meininkiä, tiedän kuinka niissä ihmisiä kohdellaan. Sihteeri oli pahoillaan kun oli sattunut sellainen erehdys, ja kun olimme aseman ravintolassa, hän kysyi mitä me nyt haluaisimme. Minä ehdotin, että kai me miehet otetaan olutta ja naiset saa ottaa mitä haluavat. Olutkolpakot tulivat kuohuvina, ja hyvää se olikin, vallankin kun oli kova jano. Olimme imeskelleet matkalla suolasiian ruotoja, koska lihaa niissä ei enää ollut. Olin Helsingistä ostanut kaksi isoa suolasiikaa, etteivät naiset tulisi merikipeiksi. Ja se oli onni, sillä kalat pitivät nälkääkin poissa.

Sitten junaan ja sillä yötä päivää Saksan lävitse Hampuriin. Juna pysähtyi jossain isossa kaupungissa ja myyjät myivät asemalla nakkimakkaroita. Olisin niitä ostanut, mutta eivät antaneet mennä edes junasta ulos. Hampuri oli suuri kaupunki ja myös satama iso. Kaupungissa oli suuri siirtolaishotelli, mihin meidät kaikki siirtolaiset vietiin. Ajattelin että nyt saa kyllä syödä, mutta ei mitään taaskaan sinä päivänä.

Aamulla lähdin Martta-siskoni miehen, Baarmannin, kanssa kävelemään. Olisimme menneet ruokalaan, vaan ei löydetty. Tulimme puolenpäivän aikaan takaisin, olivat jo syöneet, emme saaneet mitään. Illalla kuuden aikaan saatiin jotakin ruohosalaattia, jota kutsuimme "heinäksi" ja jota oli piisannut siinä laivassakin ja josta aina piruilimme. Mutta sen vannoin, että ei enää koskaan saksalaisella linjalla kuljeta. Olin jo englantilaisella linjalla kulkenut, joten tiesin eroa olevan kuin yöllä ja päivällä. Niin erilaista oli myös kohtelu.

Sitten seuraavana päivänä meitä marssitettiin jonossa pitkin katuja neljä henkeä rinnakkain. Meitä oli n.1200 matkustajaa ainakin kilometrin matkalla ennen kuin meidät lastattiin proomuihin. Hinaaja vei meidät ulkosatamaan S/S Cap Polonian kylkeen, josta melkein vesirajasta aukesi suuri ovi, mistä mentiin sisään. Laivassa oli ison kerrostalon korkuinen musta seinä. Sanoin Karoliinalle että "katsos nyt, tuonne sitä mennään". Vaimo katsoi ylös ja pillahti itkuun. Se oli kyllä hirmu laiva (201.8 metriä pitkä ja 20576 bruttotonnin kantoinen), sen ajan suurimpia laivoja. Sitten torvisoittokunta soitti siellä ylhäällä kannen reunalla niin kauan kuin ihmisiä lastattiin laivaan. Ja kun kaikki oli sijoitettu omille paikoilleen (hytteihin), alkoivat koneet käydä ja se suuri ruho vapisi ja jytkyi, kun se kääntyi Elbelle, joelle joka laskee Englannin kanaaliin.

Se oli komea näky, aurinko paistoi ja torvet soivat kannella ja myös toisissa laivoissa, joita oli satamassa isompia ja pienempiä. Joki oli ainakin puoli kilometriä leveä ja sen kahta puolen oli korkeat mäkien rinteet ja hienoja taloja puutarhoineen kaikki paikat täynnä. Oli se komea näky katsella laivan kannelta. Ja sitten tultiin Englannin kanaaliin nokka ensin länteen päin ja mentiin pitkin Ranskan rannikkoa. Maa näkyi aina. Tuli kaupunki sellaisen lahden pohjukassa, jonka keskellä laiva seisoi, sillä se ei voinut ajaa satamaan, koska uppouma oli niin suuri. Moottoriveneellä tuotiin matkustajia laivaan. Pikkuiset veneet piirittivät laivaa, niissä oli myytävänä kaikkia lajia hedelmiä ja viinipulloista konjakkiin ja rommiin mitä lajia halusi. Minä otin rommipullon ja toiset myös. Siinä oli naru, jolla tavaraa kuljetettiin. Narun päässä oli pieni kori ja siinä oli tavarat ja rahan sai panna koriin ja laskea hiljaa alas, ja niin kauppa oli tehty.

Pysähdyspaikkoja oli ehkä kolme enenkuin alkoi Portugalin rannikko. Poikettiin myös Lissabonissa ja sitten se rannikko loppui. Kaikista paikoista oli tullut lisää matkustajia ja pienet veneet olivat piirittäneet laivan kaupustellakseen jotain.

Sitten alkoi aava meri eikä maata näkynyt. Tasan kuukauden kesti mennä. Emme poikenneet edes Kanarian saarilla, vaan kaukaa näimme saariryhmää. Kyllä oli pitkästyttävää, kun ei neljään viikkoon nähnyt kuin aina vain vettä ja taas vettä. Joskus näki toisen laivan. Yhden kerran tuli meidän aluksen sisarlaiva vastaan ja ne tekivät kahdeksikon numeron kiertäessään toisiaan ja ajoivat hyvin likeltä. Laivat olivat koristeliputetut ja niiden matkustajat huiskuttelivat toisilleen. Se oli myös vaikuttava näky aavalla merellä.

Ei ollut edes lintuja ennen kuin päästiin päiväntasaajalle. Siellä näkyi mustia sorsia ja lentokaloja, jotka nousivat aallon sisältä ja lensivät laivan yli hopean kirkkaana parvena ja menivät taas aallon kyljestä sisään, että vesi roiskahti. Niitä oli huvittavaa katsella.

Sitten tuli päiväntasaaja, jossa oli kuuma. Ei paljon viitsinyt olla avoilmassa, vaan täytyi sovittaa itsensä katon alle. Kun seisoi avoilmassa ja katsoi varjoaan, niin se oli jalkojen ympärillä, koska aurinko paistoi suoraan pään päältä. Jos jossain oli tervan sekaista maalia niin kuin kannen pinnassa, se kiehui rakosissa.

Laivalla tehdään myös komeljanttia, että on jotain huvia matkustajille. Kun mennään yli päiväntasaajan, pidetään ristiäiset niille matkustajille, jotka menevät ensi kertaa sen yli. Kannelle laitetaan laudoista iso laatikko, n. 2 metriä leveä ja 1.5 metriä korkea, ja siihen pressukangas sisälle ja laatikko täytetään vedellä. Siinä vieressä seisoo kruunupää parrallinen mies kolmihaarainen hanstakko pystyssä kädessään. Se on meren kuningas ja sen vieressä on kruunupää kuningatar, ja pappi, myös kruunu päässään ja isokirja kädessään, pitää pienen puheen. Siinä on myös parturi kädessään pitkä puinen partaveitsi. Parturin apulainen on vieressä ämpäri kädessä ja toisessa kädessä pitkävartinen kuurinsuti. Tuodaaan tuoli ja mies istuu siihen ilman paitaa. Parturin apulainen sutii miehen naaman täyteen saippuavaahtoa. Parturi rupeaa ajamaan partaa puuveitsellään ja vetää sen vaahdon veitsellään suun päälle. Mies sieppaa parturin ja heittää tämän sinne vedellä täytettyyn laatikkoon. Sitten parturin apulainen sieppaa sen miehen ja heittää laatikkoon. Tämän jälkeen joku mies heittää parturin apulaisen laatikkoon, jossa nuo kolme sitten mylläävät niin että vesi roiskuu. Siihen se sitten loppui. Perästä päin tuotiin sitten se ristimätodistus kaikille, jotka kulki ensikertaa ylitse päiväntasaajan. Mekin saimme kaikki semmoisen kastetodistuksen, joka minulla on vieläkin siitä muistona.

Matka jatkui ja Etelä-Amerikka alkoi lähestyä, sen näkeminen jännitti, ja sitten yhtenä iltapäivänä se tulikin näkyviin. Ensimmäinen satama johon pysähdyttin, oli Brasilian pääkaupunki Rio de Janeiro. Se oli suuri musta nokinen kaupunki, ja siinä oltiin yö ja seuraava päivä. Kaikki jotka halusivat, pääsivät kaupungille kävelemään. Minä, Baarmanni (siskoni mies) ja Kosti Taipale lähdettiin kolmisin kaupungille. Taipale tälläs kauhavalaisen tuppipuukon vyölleen. Sanoin että "älä laita sitä vyölles, muuten se menee". Se ei uskonut. Kun päästiin pienen matkaa laivasta, tuli poliisi suoraan meitä kohti ja otti Taipaleelta tuppipuukon. "Jokos nyt uskot?" sanoin. Sitä harmitti.

Kävelimme aikamme yhtä katua ylös ja toista alas ja käytiin katselemassa kaupoissa. Oli suuria kahvikauppoja, joissa oli kahvilajia jos minkälaista, isoa ja pientä ja pyöreätä ja mitä vain. Ja taas laivalle ja syömään. Iltavalojen aikaan mentiin uudelleen kaupungille, ja sitten vasta näki mitä oli sen kaupungin elämä. Kansaa oli kaduilla paljon ja kaupat olivat auki. Kerjäläisiä oli jaloissa, ne matelivat maassa mahallaan. Oli jos jonkinlaisia invaliideja ihmisten seassa ja niihin tahtoi kompastua, kun kansaa oli tungokseen asti joka paikassa. Tuli mieleeni, että onko niitten hankittava elatuksensa täältä ihmisten jaloista? Ja niinhän se kyllä oli, ja siinä sen näki kuinka suuri ero on ylellisyydellä ja kurjuudella. Ei meillä sentään sellaista kotimaassa ole, ajattelin. Sitten oli määrä saapua laivaan.

Laiva lähti ja aamulla yhdeksän aikaan oltiin Uruguayn pääkaupungissa Montevideossa, jossa oltiin yksi tunti. Ja taas merelle. Maa näkyi aina joskus. Kun tuli ilta ja oli säkkipimeää, rupesi kaukaa näkymään Buenos Airesin valot. Samalla alkoi kova ukonilma ja salamat leimusivat, ja kun kaupungin valot vielä lähenivät, olimme kuin tulimeressä. Sanoinkin, että "taidetaan tulla helvettiin". Mutta kun päästiin satamaan, lakkasi ukonilma.

Satamassa oli joka puolella valoja ja monta suurta matkustajalaivaa. Oli Pohjois-Amerikasta, Italiasta, Englannista, Portugalista, Ranskasta ja mistä kaikkialta. Kansaa oli paljon meidän laivaa vastassa ja kuului huutoa ja melua vastaanottajien ja matkustajien kesken. Laiva oli niin korkea, että olimme kuin kuusi- tai seitsemänkerroksisen talon katolla ja kansa alhaalla. Sitten kysyttiin jos haluamme käyttää valtion hotellia. Siellä saa asua kymmenen vuorokautta täydellä ylläpidolla, ruuat ja juomat ilmaiseksi. Niin mentiin sinne. Kyllähän laiturilla oli toistenkin hotellien agentteja, ja autolla olisi kyllä viety, mutta ne olisivat maksaneet paljon. Tämä valtion hotelli oli melkein vieressä, joten ei ollut pitkä matka kävellä sinne. Se oli suuri laitos ja siellä oli valtava sali, jossa oli n. 300 paikkaa, aina kaksi sänkyä päällekkäin ja kongit niiden välissä. Oli siinä yhtaikaista pulinaa monilla kielillä.

Siellä majailtiin se kymmenen vuorokautta. Päivisin saatiin laput, joissa oli luettelo keitä kukin oli ja päästiin portista ulos kävelemään kaupunkiin ja sitä katselemaan ja tutustumaan, niin kuin se tarpeen olikin, sillä niin suuri kaupunki oli. Keskikaupungilta kymmeniä kilometrejä joka suuntaan.

Joukossamme olivat ne kaksi virolaista, nuori ilmailija, joka halusi päästä ilmailualalle, sekä 40-50-vuoden ikäinen mies, joka halusi minun laillani maata viljeltäväksi. Siinä lähellä oli maakonttoreita joka lajia. Ruvettiin kävelemään niissä kuulemassa mistä saisi sitä ilmaista maata kymmeneksi vuodeksi, jota siinä Argentiinan konsulaatin kirjassa oli esitelty. No sitä ilmaista maata ei ollut missään koko valtakunnassa. Kaikki maksoi. Halvin oli 25 pesoa hehtaari ja sekin heti maksettava, ja siitä oli enin osa Chilen valtion rajamaita aroisessa erämaassa. Matkaa oli ainakin 200 kilometriä kaupungista eikä maanteitä eikä rautatielinjaa. Linja oli kyllä katsottu (suunniteltu) rautatietä varten ja asemapaikat merkattu. Mutta asemapaikoilta noin 30 kilometrin leveydeltä oli jo maa otettu, vaikka ei vielä asutettu. Se oli siis ihan erämaata. Totesimme, että kuka sinne meneekin, sen täytyy olla jo miljonääri, että voi kuljettaa karavaanissa elukoita ja työvälineitä elääkseen ja rakentaakseen sinne asumukset.

Seinä tuli vastaan minulle ja virolaiselle. Ei siis muuta neuvoa kuin ruveta etsimään kaupungista työtä, joka myös oli kiven takana. Ilman Suomikomppaniaa ei oltaisi saatu mitään työtä, mutta sen avulla sain yhtä ja toista hommaa, puutöitä ja laivojen lastausta ja Suomesta tulevia purkaustöitä.

Olisin voinut alkaa jatkamaan omaa leipurin ammattiani. Siihen olisi ollut muuten hyvät edellytykset, jos vain olisin saanut paikan missä sitä harjoittaa. Mutta kun kaupunki oli jaettu kortteli-määrältään kutakin leipuriliikettä kohden eikä siihen alueeseen saanut ruveta kukaan toinen liikettä pitämään. Ei edes omassa huoneessa hellalla saanut valmistaa munkkeja siinä tarkoituksessa, että olisi mennyt myymään niitä esim. työpaikoille. Ainoa keino olisi ollut ostaa toiselta liike itselle, mutta halvimmat olisivat maksaneet 10 000 pesoa, joten minä en siihen pystynyt, koska ei ollut niin paljon rahaa.

Sitten miehiä rupesi lähtemään Missioonin kuvernementtiin, joka oli Brasilian ja Paragyain välissä. Puranajoki on rajana Paragyain puolella ja La Plata Brasilian puolella, ja Iguazun putous on viimeinen piste Missioonin kuvernementin yläosassa. Iguazun putous pitäisi olla suurempi kuin Niagara ja sen jymy kuuluu kolmen kilometrin päähän. Ei tullut mentyä sitä katsomaan, vaikka siellä suunnalla olinkin.

Samaan aikaan lähti satamasta suuri laiva ja siihen värvättiin miehiä vietäväksi saarelle etelään. Se saari oli siellä etelämantereen merellä, jossa pyydettiin valaita ja perattiin ja keitettiin valaan rasvaa ja öljyä tynnyreihin. En ehtinyt saada passia, että olisin päässyt siihen mukaan. Siellä olisi tienannut mukavasti pesoja, kun koko kesän olisi ollut, mutta olin vähän sairastellut ja siitä johtui pääasiassa se myöhästyminen. Kävin siellä laivalla katsomassa, kun toiset tekivät lähtöä. Siinä oli minulle jo tuttuja miehiä.

Niinpä ei sitten ollut muuta neuvoa kuin lähteä Missioonin kuvernementtiin. Kaksi miehistä olivat minulle tuntemattomia heppuja, toinen oli Nyqvist Helsingistä ja toinen oli Porista kotoisin olevaVirtanen. He olivat jo siellä Missioonissa ennen käyneet ja kertoivat, että kyllä siellä käydä saa. Sitten lähti myös siskoni mies Baarmanni ja Kosti Taipale. Nyqvist kehui, että jos olisi elävien kuvien kone, sillä tienaisi siellä hyvin. Ostin pienen Kodak-koneen.

Sitten lähdettiin Chacaritan asemalle. Siitä alkaa rautatie suurten arojen halki Missionesiin ja päätyy Posadan kaupunkiin, jossa Paranajoki on Argentiinan ja Paraguayn rajana. Chacarita on melkein keskellä Buenos Airesia sijaitseva hautausmaa, suuri kaksi neliökilometriä käsittävä alue. Komiat ja laajat portit ja niiden edustalla tori kukkien kauppaa varten. Siinä myytiin hautajaisia varten kukkia ja seppeleitä aamusta iltaan, ja joka kymmenes minuutti vietiin autolla ruumis portista sisälle. Kiireisempään aikaan jopa joka viides minuutti. Portista kun meni sisälle, oli ensin miljonäärien ja valtiollisten hautauskaupunki, jossa oli asvalttikadut ristiin rastiin ja mitä hienoimpia sukuhautoja komeine kirkkoineen ja hautakappeleineen. Sitten oli laaja alue sukuhautoja, joissa oli hautaholvit syvällä maassa ja niissä hyllyjä, joihin laitettiin arkut. Ja pieni kirkko torneineen ja siunaushuoneineen holvin päällä. Aina oli yksi hieno ruumisarkku valmiina siinä huoneessa seuraavaa kuolevaa varten. Kävelin siskoni miehen kanssa koko päivän ja katselimme ja arvostelimme niitä (hautoja), joista kerkesimme näkemään noin puolet. Jos oli mahtava koko kaupunki, niin oli sitä myös se hautausmaa.

Ja niin alkoi junamatkamme. Kun esikaupunki loppui, alkoivat aavat arot, joissa ei ollut asutusta eikä metsää. Matka tulisi kestämään kolme päivää ja yötä yhtä menoa ennen kuin oltaisiin perillä. Makasimme kovilla penkeillä ja meillä oli eväät mukanamme. Jossain siellä täällä näkyi elukka, trustien taloja poppelipuiden keskellä, karjapaimenten nelisnurkkaisia, turvekattoisia savimajoja, joissa ei ollut ikkunoita, ainoastaan säkkikankainen oviaukko. Pihamaalla lapsia ja jokunen kana, ja ratsuhevonen lammasnahka selässään pureskeli ruohoa majan lähettyvillä. Laajoja alueita oli aidattu piikkilangoilla ja niissä oli komeaa karjaa silmänkantamattomiin asti. Missä oli lehmiä, missä isoja suurisarvisia salvettuja härkiä, missä villihevosia, missä lampaita, missä vuohia ja pukkeja, missä kirjavia, missä yksivärisiä. Aro oli kuin meren selkää, jossakin oli kuivunut leveä joen uoma, joka kuulemma sateella olisi vettä täynnä. Nyt joen pohjalla pystyi ajamaan autollakin, kuten yhden kerran näimme. Uomiin oli kaivettu pieniä lammikkokuoppia, joissa vesi pysyisi karjaa varten. Mutta ei se vesi hyvää ollut siitä päätellen, että se oli ihan vihreää, ja lisäksi siellä kellui kuollut lehmän ruho useassakin, koska lammikoissa oli jyrkät äyräät, joista pudottuaan lehmä ei päässyt ylös. Eikä niitä korjattu pois eikä haudattu, koska siellä oli laumoittain kaamikotkia, jotka pitivät kuolleista huolen. Kaamikotka on iso, mustanharmaa lintu, joka on valtion puolesta suojeltu. Jos niitä ampuu, otetaan pyssy pois ja sakko tulee päälle. Jos elukka kuoli arolle, sitä ei korjattu eikä nyljetty, vaan ne sai olla ja kaamikotkat piirittivät ne ja odottivat kunnes aurinko pehmitti nahan niin että nokka pystyi siihen. Sitten ne söivät ruhon niin että puhdas luuranko jäi törröttämään, ja niitä luurankoja oli pitkin aroa. Eräs farmari sanoi, ettei maksa vaivaa haudata niitä. Ja jos pihaan kuolee, niin ruho vedetään hevosella vähän edemmäksi. Niitä kaamikotkia on niin kuin Suomessa variksia ennen.

Karja on siellä yöt ja päivät ulkona, kesät ja talvet. Syntyvät ja kasvavat ulkosalla. Niitä ei yleensä lypsetä. Ainoastaan 1–3 lehmää pidetään lypsettävinä. Ja kun ne tulevat täysikasvuisiksi, karjapaimen ajaa ne rautatieasemalle, johon on tehty aitaus sitä varten rautatievekselin päähän. Siltaa myöten ajetaan vaunun päästä sisälle niin paljon kuin mahtuu sikin sokin sekaisin. Vaunuissa on harvat seinät, raot kolmen tuuman lautojen välissä eli sellaisia häkkivaunuja. Noin 40 vaunun junia ajaa kaksi päivässä Buenos Airesin kaupungin lävitse lihatehtaalle, jossa menee n. 4000 päätä läpi vuorokaudessa. Jouduin kaupungissa vartoamaan pari kertaa, kun sellainen juna ajoi katujen poikki ja ne oli juuri arolta tulleita.

Yhdeltä asemalta tuli suomalainen lääkäri sinne junanvaunuun ja huusi: "Onkos täällä niitä perkeleitä?" – "Kyllä on", me huusimme. Se oli tullut autollaan asioilleen ja saanut kuulla junamiehiltä, että junassa oli suomalaisia. Se rupesi juttelemaan kanssamme ja kyseli Suomen asioista. En muista sen nimeä, mutta se oli ollut Suomessa niihin aikoihin, kun Bobrikoff oli ammuttu. Se oli ollut samassa sakissa ja lähtenyt karkuun Etelä-Amerikkaan. Oli mennyt Brasilian rajalle ja siellä naimisiin jonkun rikkaan brasilialaisen naisen kanssa, joka omisti suuret alueet appelsiinimetsiä. Myöhemmin Baarman kertoi olleensa sen luona kuukauden, mutta tuli pois ja sanoi ettei voinut sen kanssa olla, koska siellä täytyi aina juoda ja ajella pitkin teitä. Hyvä lääkäri se kuului olleen muuten, vaikka olikin aina humalassa. Kysyttäessä lääkäriltä koska se menee Suomeen käymään, se vastasi että sitten kun Suomi on taas "kostea", jolla se tarkoitti kieltolain loppumista. En tiedä onko mies sittemmin käynyt Suomessa.

Sitten tuli kahden vuorokauden jälkeen vuoristokaupunki, jonka nimeä en muista. Se oli hedelmänviljelyskaupunki ja näimme vain vähän sitä aluetta junasta. Sitten tuli vuoria ja metsäisiä erämaita ennen kuin päästiin Posadan kaupunkiin, joka oli sellaista tasaista jokiäyräskaupunkia. Katujen varsille talojen pihojen ympärille oli tehty n. 2.5–3 metrin korkuisia tiiliaitoja, joiden päälle oli upotettu sementtiin lasia ja teräviä piikkejä rosvojen takia. Lisäksi oli vahvat rautaportit, joten oltiin kuin linnoituksessa. Oltiin siinä kaupungissa kaksi vuorokautta saksalaisen Haanin hotellissa kortteeria. Kävelimme katua ylös ja toista alas ja tutustuimme kaupunkiin. Löytyi toinenkin hotelli, jota hoiti italialainen. Hän kehui olleensa Suomessa posetiivia soittamassa ja kantamassa, joten Suomi on hänelle tuttu maa. Hän tarjosi pullot olutta ilmaiseksi, kun kuuli että olimme hiljattain tulleet Suomesta.

Sitten satuttiin näkemään kohtaus, kun iso kaunis lehmä oli kuollut kadulle. Sille laitettiin köydet sarviin ja hevonen veti laahaamalla niin, että lehmän kylki meni auki ja verinen jälki jäi katuun. Veivät sen kaupungin ulkopuolelle pienen matkan päähän ja jättivät siihen. Niin raakalaista oli meiningit siellä.

Kaupungista oli vielä matkaa suomalaisasutukselle neljäkymmentä kilometriä. Saatiin kyyti yhdeltä suomalaiselta, jolla oli henkilöauton rähjä, sinne Missiooniin. Auto oli todella rämä, sitä sai lykätä ja tehdä kaikenmoista ennen kuin oltiin perillä. Laukkasen talon pihaan asti päästiin ja siihen sitten jäätiin. Oli jo iltapäivä. Talossa oli sauna ja sitä heti lämmittämään. Se olikin kovaan tarpeeseen, kun ei oltu kuin Suomessa viimeksi kylvetty. Oli kovanpuun päästä veistetty hirsisauna ja maakivistä tehty kiuasmuuri nurkassa. Sisäänlämpiävä vanhaan suomalaiseen tapaan ja iso parvi. Minua oli kuukauden kiusannut nuha, jota ei saanut pois millään, vaikka kuinka koitti. Mutta kun pääsin sinne parvelle, niin kyllä nuhat lähti tipo tiekseen, joten oli taas hyvä olla.

Laukkasen talon emäntä oli kotoisin myös Nurmijärveltä, Paloon kylästä. Isäntä oli jostain muualta, en saanut tietää mistä päin. Talo oli aarniometsän laidassa. Peltoa ei ollut kuin pieni mantjooka perunamaa. Karjaa oli laitumella toistakymmentä päätä lehmiä, mutta lypsylehmiä vain yksi. Se oli lihakarjaa, jota myytiin kun tulivat täysikasvuisiksi. Metsää oli hakattu pois ja poltettu suuri aukeama, jossa kasvoi pitkää heinää. Karja oli aina ulkona vailla mitään suojaa kesät talvet. Tosin talvella ei ollut kuin korkeintaan 8 astetta pakkasta yöllä, härmettä hiukan aamulla.

Laukkasen pihassa oli penkkinä sellainen veistetty 14 tuumaa kanttiinsa paksu ja 2 metriä pitkä parru niistä isoista lehtipuista, joita siellä kasvoi kaikkialla ja joka oli niin kovaa, ettei siihen kirves tahtonut pystyä. Puu painoi kuin kivi. Sanoivat etten jaksaisi kääntää parrua toisin päin. Otin syrjästä kiinni ja käänsin, raskas se oli. Parrun alla oli kuin iso linnunpesä, jonka keskellä oli musta, kahden nyrkin kokoinen pyöreä pallo. Kukaan meistä ei tiennyt mikä se oli, kunnes talon emäntä tuli paikalle ja kertoi, että se on vaarallinen hämähäkki ja että se pitää heti tappaa. Oli kuulemma niin myrkyllinen, että sen puremaan ei auta mikään vaan kuolee heti. Otin ison savikokkareen ja löin sen pliiskaksi. Sitten pahoittelin että sitä ei olisi pitänyt tappaa, vaan seipäällä sohia että olisi nähnyt kuinka leveät ja pitkät olivat sen jalat. Emäntä sanoi eläimen olevan niin vikkelä, että emme olisi huomanneet kuinka se olisi sujahtanut seivästä myöten päällemme ja purrut. Ajattelin että pikaisuus on toisissa paikoissa onneksi, jotta kerkiää vihollisen nitistämään.

Oli juuri juhannuksen aikaa, kun olimme siellä kortteeria kaksi viikkoa. Laukkasen pojan kanssa mentiin juhannusaattona sinne aarniometsään, ja mukana täytyi olla puolen metrin pituinen matseta-veitsi, jolla hakattiin tietä metsään. Se oli tiuhaa, ainakin miehen korkuista piikkiäispensasta, joten ilman veistä sinne ei olisi päässyt. Nähtiin palmupuita ja tehtiin sinne tie. Kaadettiin puu ja irrotimme siitä lehtiä, jotka olivat 2–3 metriä pitkiä. Kiskoimme ne kotiin ja koristelimme niillä ison makasiinin seinät. Illalla sinne tuli vieraita joka puolelta metsästä juhannusta viettämään, tanssimaan ja ryyppäämään, jos kellä mitä oli. Isäntä oli Posadassa kuorma-autollaan ja tuli illalla kotiin. Kylvettiin. Sitten alkoi ne tanssiaiset. Oli säkkipimeää, mutta taskulampun valossa saattoi kulkea. Kynttilät valaisivat tanssihuonetta. Se oli koomillinen näky, kun seinät olivat täynnä palmunlehtiä ja kynttilät lepattivat, oli kuin juhannus ja joulu yhdessä ja syyspimeys pihalla.

Kansa oli sekalaista, sitä oli pitkin Suomea ja värillisiä joukossa niin kuin Suomen mustalaisia. Pysyttelin erillään, ainoastaan vilkaisin pari kertaa tanssisaliin. Oli vähän talonkin puolesta pelkoa, että jos rupeavat tappelemaan, koska sielläpäin on toisinaan ollut sellaisia tapauksia.

Juhannuksen jälkeen lähdettiin taas eteenpäin sitä erämaata katselemaan. Mentiin neljä peninkulmaa aarniometsien läpi hakattua tietä, josta autot kulkivat. Oli kuin tunnelissa olisi ajanut pimeän hämärää tietä, jonka kahtapuolin kasvoi suuria puita. Kaikki lehtitpuita ja niiden alla kasvoi bamburuokoja, piikkiäispensaita, palmupuita ja sananjalkoja. Sananjalat näyttivät samanlaisilta kuin Suomessakin, mutta sillä erolla, että ne olivat 6–7 metriä korkeita ja päältä tiheitä ja runko niin pehmeä ja vetinen ettei se kelpaa mihinkään. Maa on joka paikassa punaista savea. Sateella tie oli liukasta kuin saippua, joten autolla ei pääse mihinkään jos ei ole puita tiellä. Bamburungot olivat hyviä, niitä kun laittoi autojen pyörien alle pitkittäin niin kyllä taas meni. Tienvarren puista roikkuvat liaanit ja niiden katkotut tyngät hakkasivat auton yläosia. Liaanit kasvaa puusta puuhun ja riippuvat jopa käsivarren paksuisina, ja niitä myöten voi kiivetä ylös puuhun ja heilua niissä ilman että katkeavat.

Siellä oli myös kaikenlaisia eläviä, vaarallisiakin, kuten se hämähäkki Laukkasen pihalla. Käärmeitä oli isoja ja pieniä ja vaarallisia. Esimerkiksi korallikäärme on maassa kaunis. Joku voi luulla sitä vaikka sukkanauhaksi, kun se on paikallaan, ja ottaa siitä kiinni. Sillä on hännässä keltainen piikki, jolla se pistää myrkkyä jopa kuolettavasti.

Lopulta päästiin perille paikkaan, jossa oli kaski hakattu ja poltettukin. Yksi asumus muistutti latoa, jonka raoista näki hyvin joka puolelle. Se oli asunto ja samalla kauppapuoti, josta myytiin joka sorttia aina viiniin ja viinaan saakka. Se oli Kalle Wuoren kauba, joksi sitä siellä sanottiin. Wuori oli kotoisin Lohjalta ja oli mennyt karkuun Argentiinaan, kun se oli ollut Suomessa suuri pirtutrokari ja saanut sakkoa 50 000 markkaa. Se oli mennyt Missiooniin ja otti sieltä maaekstansian 25 hehtaarin alalta, laittoi sen gaasan ja hakkuutti kasken niillä alkuasukkailla ja rupesi asumaan siinä. Sillä oli kaksi kuorma-autoakin.

Pienen matkan päässä näkyi myös toinen gaasa, jossa asui varatuomari Helme, kotoisin Viipurista. Se oli joutunut talohuijausten takia jättämään Viipurin, kun joutui oikeuteen ja menetti tuomarin arvonsa ja sai lisäksi 150 000 markkaa sakkoa. Se oli jättänyt perheensä Suomeen, tullut Missiooniin ja ottanut ekstansian 25 hehtaarin alalle. Oli hakkuuttanut kasken ja polttanut sen, ja sinä keväänä ja kesänä kylvänyt maissin sinne puitten ja kantojen sekaan. Se halusi kaverin ja sain siitä kortteerin. Asunto oli vain 3 metriä kanttiinsa ja seinät oli tehty palmun kuorista, jotka olivat kuivuneet niin että seinissä oli puolentoista tuuman rakoja. Eteinen oli kattoa lukuunottamatta avoin. Lattiana oli pelkkä maa. Eteisen katosta roikkui rautalanka, jonka päähän pantiin neliskanttinen laardipailari ja tuli alle. Siinä keitimme riisipuuroa ja mitä milloinkin. Pihassa oli myös toinen gaasa, jossa oli kanoja, ja kun ne laskettiin ulos, niin kanat tulivat asuntogaasaan sisälle seinän raoista ruokaa hakemaan. Isot kanat menivät metsään munimaan, mutta villikissat söivät ne. Joskus löysi jonkun munan metsästä. Minä sitten koitin sitä neuvoa mitä tehdä, kun minulla oli kokemusta kanalan pidosta Röykässä Suomessa. Mutta sikseen se jäi. Tarneaksen talossa, joka oli likellä Laukkasta, olin sen pojan kanssa seuraamassa kanalassa, jossa oli ollut samanlainen meininki eli kanat munivat metsään ja villieläimet söivät ne.

Siinä sitten oleilin. Helme oli aina nokinen ja musta. Se oli kokoamassa puita kasaan kaskessa ja poltti niitä. Menin sitä auttelemaan välillä. Minulla oli kokin homma enimmän aikaa. Riisipuuroa oli aina sekoitettava ettei se palanut pohjaan. Siinä gaasan nurkalla oli lähde, johon se Helme meni itsensä pesemään alasti, vaikka siellä oli keskitalven aika. Kysyin: ”Eikö se ole kylmää?” – ”Ei, se on lämmintä. Koitas”, se sanoi. Koitin, ja vesi oli ainakin 30 asteen lämpöistä. Menin sinne ja pesin itseni. Maan alta tuli lämmin vesi kuin ainakin lähteestä. Illalla täytyi ottaa ämpärillinen yöseeksi jäähtymään, että sai juomavettä. Aamulla oli ämpärissä veden pinnalla puolen sentin jää, kun yöllä oli toisinaan kahdeksankin astetta pakkasta. Aamuisin oli jäistä härmettä ja maa valkoinen ja lähde höyrysi. Oli mukavaa, kun vettä ei tarvinnut koskaan lämmittää. Jos ajoi partansakin ja pesi pyykkiä, oli vesi aina valmista.

Helme toimitti kaksi saksalaista istuttamaan yerban taimia. Yerbapuusta saadaan teetä, joka on kansallisjuoma, ja sitä myös syödään aamuisin ranskanleivän kanssa lusikalla lautaselta. Missioonesin punamulta-alueella, jota siellä on kaikkialla, kasvaa yerbaa

villinäkin aarnimetsissä sekä Paraguayssa ja Uruguayssa, mutta ei
etelämpänä Argentiinassa. Minäkin opin istuttamaan niitä. Ne istu-
tettiin harvaan kuten omenapuutkin ja ne kasvoivat samanlaisiksi
korkeiksi ja leveiksi runkopuiksi. Näin niitä täysikasvuisina hir-
muiset alueet, kun Pohjois-Amerikkalaiset trustit olivat valloitta-
neet sieltä suuria maa-alueita, joissa viljelivät sitä. Sitten keritsivät,
kuivasivat, jauhoivat ja pakkasivat tynnyreihin, joita myivät tukku-
liikkeisiin, jotka vuorostaan pakkasivat ne pahvipaketteihin ja pie-
niin peltitynnyreihin. Puu kestää kasvaa 7 vuotta ennen kuin sitä
saa keritä. Istuttaessa täytyi laittaa esim. puunkuori estämään au-
ringonvalon pääsyä sinä vuonna taimeen, sillä muuten se kuivaa.
Taloissa näkyi samanlaisia puita ja toisissa jo täysikasvuisia kuten
Tarneas -nimisessä talossa, jossa kerran käytiin Helmeen kanssa.
Suomalaisetkin käyttivät yerba mateeta jokapaiväisenä juomanaan,
ja kun vieras tuli taloon emäntä keitti veden ja isäntä tarjoili kai-
kille yhteisestä mukista, jossa oli pilli millä imeä. Ja kun yksi oli
imenyt mukin tyhjäksi, laittoi isäntä mukin täynnä kuumaa vettä ja
sokeria sekaan ja tarjosi seuraavalle. Muki kiersi ympäri pöytää ja
emäntä kiersi tupakalehdistä sikareita poltettavaksi. Lisäksi yerba
matee on ravitsevaakin, ja sillä voi elää vaikka muuta ruokaa ei
saisi pitkään aikaan. Helme ehdotti, että menisimme ostamaan van-
hoja kanoja.

Aamulla aikaisin lähdimme. Aarniometsän halki oli hakattu neljä
kilometriä pitkä polku sinne Tarneaksen taloon. Polkua mahtui
juuri ja juuri kulkemaan jalan ja ratsulla. Helme osasi tiet pitkin
metsiä ja tiesi missä talot olivat. Ne olivat kuulemma vanhoja taloja
siltä ajalta, kun suomalaisia värvättiin asukkaiksi Brasiliaan, jossa
oli ollut kurjat olot ja kauhean kuuma. Suomalaiset olivat karan-
neet sieltä ja läpi aarniometsien kulkeneet rajan yli Argentiinan
puolelle. Toisia oli menehtynyt sinne metsiin ja toisia oli päässyt

karkaamaan kaupunkiin saakka. Toiset olivat jääneet Missioone-
siin ja olivat saaneet taistella rosvoja vastaan. Mutta ne jotka pää-
sivät voitolle, jäivät asumaan sinne missä nyt ovat. Toiset ovat va-
rakkaita taloja kuten se Tarneas. Menimme ensin Tarneasin taloon.
Siellä oli myös muita taloja harvalti metsän keskellä. Nimiä en
enää muista. Saatiin pari vanhaa kanaa mukaan. Helme vei meidät
yhteen taloon, missä se sai puhtaaksikirjoitettavaksi joitakin talon-
kirjoja, joista se hankki vähän ansiota. Iltapuolella lähdettiin palaa-
maan kotiin. Helme tiesi oikopolun aarniometsän läpi ja ehdotti
menemään sitä myöten. Se oli hyvin kapea, ruohottunut ja mutki-
kas polku. Siellä tulee äkkiä pimeä ja emme erottaneet kohta pol-
kua kuin jaloilla vähän tunnustelemalla. Kummallakaan ei ollut
taskulamppua mukana. Pian polku hukkui meiltä ja täytyi edetä ar-
vion kauppaa. Menimme hiljaa puiden ja piikkiäispensaiden lo-
mitse ja välillä kompasteltiinkin. Lisäksi pelkäsimme petoeläimiä
ja käärmeitä, joita kaikkia tiedettiin niissä metsissä olevan. Puuma,
se Etelä-Amerikan leijona, oli kaikista pahin. Kysyinkin mitä nyt
tehtäisiin, jos puuma tulisi vastaamme, kun ei ole asetta kummal-
lakaan. Helme sanoi kuulleensa, että kun seisoo paikallaan ja kat-
soo sitä, se kääntyy pois. Sanoin että eihän tässä mitään näe. Pidet-
tiin pientä puhetta ja suunnistettiin suoraan eteenpäin. Ja lopulta
tulimme autotielle, joka tuli Posadasta päin ja jota pitkin olin tullut
Wuoren gaasalle. Taskuni pohjalla oli jokunen tulitikku ja Hel-
meellä paperia, joten saimme valkean. Tarkastin tien ja sanoin, että
tämä vie Wuoren gaasalle. Helme viisasi meitä menemään Para-
daan päin, mutta minä sanoin ei, vaan toiseen suuntaan, joka vie
Wuoren asuntoon. Helme oli vähän sekaantunut suunnista. Mentiin
puoli kilometriä ja tuli gaasa. Helme tunsi jo paikkoja, ja siitä oli
enää pieni matka kotiin. Olimme iloisia kun emme olleet eksyneet
metsään. Helme sanoi ettei enää koskaan lähde reissuun ilman tas-
kulamppua ja asetta.

Wuorella oli asiaa. Oli saatava makkaraa, jota siellä Torneuksessa palvasivat ja tekivät. Olin nähnyt, kun siellä takkamuurin hatun alle oli ripustettu makkaroita riippumaan. Polttivat puita alla, jotta savu ja kuumuus kypsyttivät ne. Wuorella asui nuori mies, se oli autokuski ja myös Lohjalta kotoisin. Mies sai toisesta paikasta lainaksi kaksi ponihevosta. Niillä oli selässään lammasnahka, mutta ei satulaa. Pyysivät minua lähtemään toiseksi mukaan. Ajattelin, että jaksaako tuo minua kantaa selässään, kun olivat kuin kahden vuoden vanhoja suomalaisia varsoja. Menimme sitä metsäpolkua myöten ja hyvin se kävi kulkea. Kävellen ajettiin, eikä siinä polulla juosten sopinutkaan ajaa. Risut tahtoivat repiä vaatteet.

Päästiin Torneukseen, jossa oli juuri sokeriruokon puristus käynnissä. Se kävi niin, että oli laitettu hevosen kanssa kierrettävä laitos niin kuin Suomessa tiilikraana. Mutta ei pönttöä, vaan sen tilalla oli kaksi sileäksi höylättyä tukkia pystyssä, paaksuudeltaan n.35 cm. Yläpäässä oli puusta tehty vekseliratas. Niin että kun hevonen kiersi ja veti tankoa ympäri, niin tukit pyörivät vastakkaisiin suuntiin ja olivat niin liki toisiaan, että kun sokeriruokon pää pistettiin siihen rakoon, se veti ruokon ja puristi siitä mehut pois. Mehu juoksi alas astiaan ja mies pisti sen kuin kerkesi niitä ruokoja sinne väliin. Mehu siivilöitiin puhtaaksi ja keitettiin. Plootusta oli tehty sokeripalojen kokoisia kuutioita, joihin se keitetty sose kaadettiin ja annettiin jäähtyä. Sokeripalat olivat ruskeita niin kuin suklaapaloja. Sellaista sokeria siellä käytettiin kahvin ja teen kanssa ja hyvää se oli.

Siskoni mies Baarman oli siellä Torneuksessa sokeriruokoja liksimässä. Me palasimme takaisin kotiin, niillä ponihevosilla oli mukava ratsastaa. Baarman tuli myöhemmin pois Toreuksesta ja jäi pariksi päiväksi meille. Lauantaina se sanoi, että eiköhän lähdetä Hirvosen saunaan kylpemään. Oli kuulemma jo kerran siellä ollut ja sanoi saunan olevan hyvä. Helme ei lähtenyt, sanoi pesevänsä itsensä siinä kuumassa lähteessä.

Lähdimme. Saunalle oli matkaa 2 kilometriä sitä aarniometsän polkua. Baarman käveli edellä. Päästyämme puoliväliin Baarman pysähtyi ja sanoi: "Risut rapisee, mitäköhän sieltä tulee." Pensaikko oli niin tiuhaa, että sen läpi ei näkynyt. Sitten polun yli meni kaksi villisikaa, joilla oli ainakin 25 senttiä pitkät torahampaat. Ne olivat harmaan mustan kirjavia ja painoivat noin 150 kiloa. Baarmanilla oli mukanaan tikari, jonka se sieppasi käteensä lyödäkseen toista sikaa niskaan. Kerkesin sanoa: "Älä lyö", ja silloin siat olivat jo pensaikossa. Totesin, että hyvä ettei ehtinyt lyömään, sillä mitäpä me olisimme voineet, jos ne olisivat käyneet päällemme? Tikarin isku olisi vain ärsyttänyt niitä. Minulla oli kyllä Parabellumpistooli, mutta olin jättänyt sen Helmeen gaasaan, kun en arvellut sitä tarvitseni. Sillä kun olisi paukauttanut korvan juureen niin olisimme saaneet hyvää lihaa. Se hieman harmitti.

Saavuimme Hirvoselle ja kerroimme mitä olimme nähneet. Hirvonen sanoi ettei villisikojen päälle saa käydä niin heikoilla asein, sillä jos ne pääsevät lyömään niillä torahampaillaan, voi siinä käydä huonosti. Hirvonen kysyi oliko siinä ollut oja, ja kun myönsimme, se tiesi paikan ja sanoi: "Villisiat käyvän siinä juomassa. Täytyykin ruveta vahtiin, siitä saa lihaa." Hirvosella oli hyvä kivääri. En tullut tietämään saiko se kaadettua sikaa, sillä jouduin pian sen jälkeen lähtemään pois sieltä.

Tapahtui kaikenlaisia pieniä asioita. Yhtenä päivänä kun olimme Helmeen gaasassa sisällä, kuului pyssyn pauketta Wuoren gaasan suunnalta. Sanoin meneväni katsomaan, Helme sanoi tulevansa perässä. Päästyäni sinne näin kun tummaihoinen ja nuori norjalainen ampuivat bambumetsän syrjässä. Siellä oli Wuoren kanoja, ja kukko lensi ulos bambumetsästä, joten luulin niiden ampu-

neen sitä. Menin lähemmäksi ja selvisi, että ne olivat ampuneet korallikäärmettä. Ne huusivat ja viisasivat kohti maata, jossa näin kirjavan otuksen tulevan minuun päin. Hyppäsin sivuun ja siinä oli
kaksi puolen metrin mittaista liaanin pätkää. Sieppasin ne ja menin
käärmeen luo ja painoin toisella pätkällä sitä maahan ja toisella
hakkasin sen pään tohjoksi. Toisille tuli hätä ja ne juoksivat luokseni ja viisasivat käärmeen häntää ja sanoivat siinä olevan myrkkypiikki, johon voi kuolla. Mutta minulla oli suomalaiset saappaat,
joten en sitä pelännyt. Niillä itsellään oli ohkaiset tohvelit, kuten
siellä oli tapana niin metsässä kuin kaupungissakin, ja niillä sitten
kävellä loksutetaan.

Sitten eräänä yönä rupesi taas paukkumaan, johon Helmen kanssa herättiin. Pauke kuului Wuoren gaasan suunnalta. Katsottiin sinne ja nähtiin taskulamun valojen välkehtivän. Odotimme aikamme ja sitten ampuminen loppui. Hetken aikaa kuului hevosten kavioiden töminää. Mutta Wuori näkyi kulkevan taskulampun valossa ympäri gaasaansa. Lähdimme sinne taskulampun valossa katsomaan, mitä oli tapahtunut ja oliko kukaan kuollut. Wuori kertoi, että oli nukkunut gaasansa keskellä tilapäissängyssään, jonka ympärillä olivat kaikki kauppatavarat seinänvierillä. Paikalle oli tullut rosvojoukko, joka oli jättänyt hevosensa pienen matkan päähän. Ne olivat valaisseet taskulampuilla harvoista seinänrakosista ja aikomus oli suorittaa ryöstö. Mutta Wuoren vaimo, joka makasi miehensä vieressä pienen lapsen kanssa, nykäisi kyynerpäällä miestään. Wuori heräsi, otti revolverinsa ja rupesi ampumaan valoja kohti. Valot sammuivat ja tunkeutujat rupesivat myös ampumaan ennen kuin hyppäsivät hevostensa selkään ja lähtivät hurjaa vauhtia poispäin. Wuori kierteli tarkistamassa oliko ampumisesta koitunut mitään vahinkoa, mutta näkyvissä ei ollut kuin hevosten jälkiä. Kyllä unet menivät sinä yönä meiltä kaikilta.

Ratsastajat ajoivat joskus päivällä Wuoren gaasalle juomaan punaviiniä ja sitten rupesivat ampumaan ilmaan ja ottelemaan keskenään pitkien matsetaveitsien kanssa niin kuin sapelien kanssa tapellaan pistintaistelua. Ja sitten taas hevosten selkään ja ajaessaan kovaa vauhtia ampuivat ilmaan kuin sodassa ikään. Ne olivat ihan kuin Suomen mustalaisia, mutta polveutuivat Afrikan mustaihoisista, joita jesuiitat olivat aikanaan tuoneet orjikseen. Joitakin jesuiittojen entisiä asuinpaikkoja on siellä tyhjinä ja niissä kasvaa suuria alueita villiä appelsiinimetsää.

Istuttiin Helmeen kanssa ja juteltiin siitä, että se olisi halunnut perheensä luokseen. Minä sanoin: "Älä toimita niitä tänne, eihän täällä ole kouluakaan lapsille. Ei lääkäriä, ei edes sairaanhoitajaa. Kuoleehan ne tänne korpeen. Ja milläs te elätte? Ei yerbapuusta tule tuloksia kuin vasta viiden vuoden päästä. Ja kanafarmin jos teette, on munia vaikea kuljettaa huonoja teitä kaupunkiin. Sitä paitsi perheesi on oppinut elämään kaupungissa ja vaimollasi on hyvä toimi Viipurissa, joten perheen on parempi olla siellä." Helme pohti sitä, millä se eläisi Suomessa, jos sinne palaisi. Sehän oli menettänyt tuomarin arvonsa. Sanoin sille: "Jos sinä tuomarin arvon menetitkin, niin onhan sinulla kaikki tiedot, mitä tuomarille opetetaan. Ja onhan sinulla oikeus ruveta asianajaksi Argentiinassa, koska onhan maassa sellaisiakin asianajajia, jotka eivät ole käyneet koulua kuten sinä. Asianajajaksi pääsee kuka vaan."

Sitten Helme rupesi miettimään. Ja koska se tiesi, että minä olin lähdössä, se totesi: "Kyllä se niin taitaa olla, että minäkin täältä lähden." Minä olin jo ehtinyt ottaa 25 hehtaarin estansian ja laitoin edellisenä päivänä alkuasukkaat hakkaamaan pienen kasken. Olin loukannut käteni Helmeen kaskessa ja sitä särki kovasti, ja siitä johtui minun kiireeni päästä pois sieltä. Sanoin Wuorelle: "Koska se estansia on sinun maasi vierellä, niin maksa alkuasukkaille siitä kaskenkaadosta ja pidä se omanasi. Minä en ole maksanut siitä kuin 10 pesoa. Maksa loput niin saat omistusoikeuden. Minä lähden nyt täältä pois."

Ei ollut yhtään rahaa. Sanoin Wuorelle: "Anna nyt rahat siitä elävien kuvien koneesta, jonka toimitit kaupunkiin ja josta lupasit minulle maksaa". Wuori sanoi: "Ei se ole vielä myyty, mutta toi minun toinen auto menee viemään tupakkakuormaa Posadaan ja pääset sen mukana. Mene sitten saksalaisen Haanin hotelliin ja ole siellä siksi, kunnes tulen sinne ja maksan."

Kun tein lähtöä, tuli Helmeelle itku silmään. En tiedä oliko sillä ikävä minua vai Suomeen. Istuin tupakkakuorman päälle ja lähdettiin. Olimme ajaneet 4 peninkulmaa, kun illalla pysähdyimme yöksi Laukkasen talon pihaan, johon auto jätettiin. Minä menin sisälle taloon ja ajuri toiseen paikkaan tuttaviensa luokse. Laukkanen ei ollut kotona, se oli lähtenyt autollaan viemään tupakkakuormaa Posadaan, koska oli juuri tupakanajon aika. Emäntä oli lapsineen kotona. Juteltiin siinä kaikkia ja sain kuulla, että silloin kun läksimme heiltä, oli Kosti Taipale jäänyt paikalle vielä kahdeksi viikoksi. Se oli syönyt ja juonut ja jättänyt kaikki maksamatta ja lähtenyt yhden toisen miehen kanssa Paraguayn puolelle. Ei viitsinyt tehdä edes töitä, vaikka olisi saanut sitä Trampan talosta maksua vastaan. Minua harmitti, ja olisin maksanut ne (Taipaleen puolesta), mutta kun minulla ei ollut rahaa.

Emäntä laittoi minulle nukkumapaikan alakertaan. Se meni ylös kamariin, jossa ovi oli pihan puolella. Porstuan ovessa ei ollut lukkoa eikä hakaa ja se aukesi sisään päin. Yöllä oli tuulinen ilma ja kun nukuin, rupesi ulkoa kuulumaan kovaa karjuntaa ja niin kuin ulvontaa. Ajattelin mennä yläkertaan kysymään emännältä mistä oli kyse. Mutta koska olisi täytynyt kiertää ulkokautta, jossa oli säkkipimeää, en uskaltanut. Mietin että onhan täällä kaksi isoa verikoiraa, mutta en kuullut niiden ennestään tuttua ääntä. Kävi mielessä, että jos kyseessä on se puuma, josta on puhuttu, ja aarniometsäkin on tuossa vieressä. Laiton sängyt, tuolit ja pöydän oven eteen, ettei vaan pääse sisään. Lyön vaikka tuolilla sen päähän, jos muu ei auta, ajattelin. Sillä olin jo myynyt pois Parabelluminikin. Ainoa aseeni oli puukko. Sitten se ääni loppui, mutta nukkumisesta ei tullut enää mitään. Aamulla emäntä kysyi olinko kuullut puuman äänen. Sanoin kuulleeni ja arvelleen sen olleen puuma. Emäntä rupesi ikkunasta katselemaan aukiolla olevaa karjaa ja laskimme ne, mutta kaikki oli kuulemma jäljellä. Mutta jos tuuli olisi ollut toisen suuntainen, puuma olisi kyllä haistanut ne ja raadellut niitä. Kysyin missä koirat olivat. Emäntä kertoi niiden olevan aina piilossaan hiljaa, kun puuman ääni kuuluu. Se oli viimeinen yö Missioonessa ja muistan sen aina. Ajattelin, että kyllä oli parasta, että täältä lähdin. Kätenikin oli edelleen päälle päätteeksi kipeä. Minulla oli mukana spriitä, jolla voitelin kättä ja jota myös välillä join kahvin kanssa, sillä pelkäsin verenmyrkytystä. Ajuri tuli. Jätin hyvästit ja kiitin emäntää yösijasta ja kaikesta. Varoitin puumasta, mutta emäntä sanoi siihen jo tottuneensa. Kiipesin tupakkakuorman päälle ja lähdimme.

Posadaan oli vielä 40 kilometriä. Yksi pikkukaupunki oli välillä. Oikeasti se oli kylä, mutta siellä sanottiin kaupungiksi, jos oli joku liike ja paja. Yhdessä paikassa ylitimme joen, koska oli kuiva aika ja vettä vähän. Posadaan päästyämme menin ensimmäisenä italialaisen hotelliin. Laukkasen emäntä oli neuvonut minua menemään sinne, koska arveli miehensä olevan siellä kun ei kuulu kotiin. Se kun oli vähän juoppo isäntä. Ja siellähän se istui olutpullo edessään. Nähtyään minut Laukkanen käski pöytään ja osti minullekin pullon. Se kysyi, että miksi minä nyt pois lähden. "Oltaisiin perustettu se leipurinliike kuten puhe oli", se sanoi. "Ei siitä mitään tule", minä sanoin ja selitin mitä vastuksia sen perustamisessa oli. "Ja toisekseen, sain vaimoltani kirjeen, jossa se kirjoitti ettei suostu tänne tulemaan." Kerroin Laukkasen vaimon vartoavan sitä kotiin ja että puumakin oli käynyt viime yönä vieraisilla. Laukkanen kysyi oliko se repinyt lehmiä. Sanoin ettei ollut haistanut niitä. Laukkanen oli helpottunut ja sanoi lähtevänsä kotiin. Join oluen. Jätin hyvästit ja kiitin kaikesta heidän vieraanvaraisuudestaan, jota olin saanut osakseni. Minä läksin kävelemään Haanin hotelliin. Aamulla lähdin hakemaan kaupungista hospitaalia, jossa saisin käteeni apua, kun se paisui ja särki. Löysin sellaisen kaupungin toiselta puolelta. Sain sieltä jotain tomaattipuuroa päälle ja kättä rupesi särkemään kahta kovemmin. Kärsin sitä vuorokauden, sitten heitin aineen menemään ja rupesin voitelemaan kättä spriillä ja se tuntui paremmalta. Sain varrota toista viikkoa rahaa Wuorelta. Se oli käynyt maksamassa hotellilaskun ja jättänyt junapiletin Buenos Airesiin. Mutta se oli välttänyt näyttämästä minulle itseään. En tiedä mitä Wuori oli saanut siitä elokuvakoneesta, ehkä hyvänkin summan, josta oli pannut enimmän osan omaan taskuunsa. Sellaisia ovat ihmiset, ainakin suomalaiset vieraassakin maassa.

Juna kulki ainoastaan kerran viikossa edestakaisin. Olin odotellut junaa yhden tsekkoslovakialaisen miehen kanssa Haanin hotellissa. Sekin tuli pois sieltä erämaasta ja oli matkalla Buenos Airesiin. Se oli hyvä kaveri, vaikka puhuminen oli välillämme vähän kankeaa. Eväät ja muut pantiin tasan, ei niitä tosin paljon ollutkaan ja pitkä matka oli edessä, mutta niillä piti pärjätä määränpäähän asti, sillä asemilla ei saanut ostaa mitään. Juna oli pitkä sekajuna, jossa oli vain kaksi vaunua matkustajille, loput tavaravaunuja joita vaihdeltiin asemilla. Karja-aroja kuljettiin jälleen läpi ja kovilla penkeillä oli nukuttava, jos sai unta. Asemilta tuli yölläkin vaunuun joitakin karjapaimenia. Eräskin puolimusta karjapaimen piti kovaa ääntä toisten kanssa. Seurasin sivusta, kun muut matkustajat keittivät spriikeittimellä kahvia ja tarjosivat myös sille karjapaimenelle. Juotuaan paimen käänsi päänsä ja irvisti, sillä se ei ollut tottunut kahviin vaan siihen yerpa mateen, jota maassa yleisesti juotiin.

Matka taittui ja lopulta oltiin taas Chacaritan asemalla Buenos Airesissa. Kun astuttiin junasta alas, oli kuin taivas olisi auennut päästyämme taas ihmisten asuinsijoille pois käärmeiden ja skorppioonien valtakunnasta. Tsekkiläinen kaveri osasi paremmin espanjaa joten se haki pirssiauton, jolla lähdettiin ajamaan kaupungin halki. Se sopi hyvin, koska hänenkin kortteerinsa oli samassa kaupunginosassa kuin minunkin. Ajoimme ensin meille. Hain rahaa kotoa ja maksoin kyydin ja velkani, jota oli matkan aikana kertynyt. Vaihdoimme osoitteitamme ja erottiin ystävyksinä. Ihme kyllä emme enää tulleet toisiamme näkemään.

Olin taas kotona, jossa olivat vain vaimoni ja Kaija kahdestaan. Sain syödä ja levätä. Seuraavana päivänä oli kiire hospitaaliin. Se oli kirurginen sairaala ja pääsin sisälle huoneeseen, jossa oli ensikertalaisia autettavia ja lääkärit hääräsivät niiden kimpussa. Minun luokseni tuli yksi, en osannut puhua sen kanssa. Lääkäri otti tukot pois ja tarkasteli kättäni, josta tuli jo mätää. Se puristeli sitä ja toi kiehuvan kuumaa vettä pesufatissa, johonka käski painaa käteni. Se poltti kovasti. Lääkäri viisas miten tuli tehdä kotonakin ja kehotti nostamaan käden ylös ja taas painamaan alas veteen. Näin siellä kirurgissa tekivät kaikille, jos oli vaikka mennyt sormi poikki ja oli verinen. Eli kuuma vesikuppi vain ja siihen sai sitä haavaa tuikkia niin kauan, että se lika kypsyy. Se paranee pikemmin sillä lailla. Jatkoin niin kotonakin, ja pian parani minunkin käteni. Lovi jäi, mikä näkyy vieläkin.

Kun käsi tuli terveeksi, oli ruvettava katsomaan töitä. Niitä ei kuitenkaan hevillä löytynyt. Tapasin nuoren komian miehen nimeltään Salminen, joka toimi Suomikomppanian autoajurina. Se oli jonkun rikkaan kenkätehtailijan poika, jonka isä oli ajanut sen Argentiinaan, koska poika ei ollut viitsinyt käydä Suomessa kouluja. Ilman rahaa oli saanut lähteä. Se oli ollut siellä jo kuusi vuotta ja kokenut kaikki paikat, makaillut siltojen alla ja bambumajoissa ja tehnyt yhtä ja toista työtä kampilla (isolla farmilla) ja syönyt maissia. Sillä lailla oli elellyt. Lopulta se oli päässyt Suomikomppaniaan kuorma-autokuskiksi.

Salminen tarvitsi apumiestä. Pääsin siihen hommaan. Ajoimme pitkin Buenos Airesin kaupunkia. Meillä oli kuorma täynnä koivufaneeria, jota jaoimme puuseppäverstaisiin. Väliin ajettiin niin pitkiä katuja, että suoraa riitti yhtä jaksoa 50 kilometriä. Kysyin kerran: "Eikö tämä katu lopu ollenkaan?" – "Kyllä se pian loppuu varsinaisen kaupungin osalta", sanoi Salminen. "Mutta esikaupungin osalta katu jatkuu vielä siinä 20 kilometriä eteenpäin." Väliin poikettiin syömään johonkin ruokalaan ja väliin kerma- ja maitobaariin. Kermabaarit oli hienoja, eräässäkin oli laitettu ovenläpi täynnä helminauhoja, joita täytyi käsin levittää päästäkseen sisään. Sieltä sai vain kermaa ja pitkiä hyytelövohveleita.

Suomikomppaniassa oli argentiinalainen työnjohtaja, ja se pyysi Salmista tulkkaamaan minulle, että se tahtoi teettää minulla puutöitä. Sain ruveta tekemään viljarännejä, siinä kun oli taapelissa Suomesta tuotua puutavaraa. Tein puurännejä, joita myöten laskettiin viljasäkkejä laivan ruumaan. Lisäksi valmistin lankkusiltoja, joita myöten käveltiin laiturilta laivaan, kun kantoivat viljasäkkejä. Sitten ne tervattiin sisältä ja päältä. Sillä työnjohtajalla oli kaupungissa oma talo tekeillä. Se osti jostakin vanhoja ovia ja ikkunoita ja laittoi minut niitä korjaamaan. Ne ikkunat olivat sellaisia, että sisäpuolella on umpinaiset luukut saranoilla ja ne pannaan yöksi kiinni, kuten siellä on yleisesti tapana varkaiden varalta tehdä. Tapitin kaikki kulmat ja saranat ja höyläsin. Toisia täytyi paikata ja kitata ja sitten maali päälle. Ja hyviähän niistä tulikin. Se työnjohtaja oli kerran sanonut Salmiselle, että jos minä olisin osannut kieltä, se olisi pitänyt minua vakituisesti rakennuksellaan töissä. Suomikomppanialla oli oma mylly toisessa paikassa, jossa ne jauhoivat maissia ja mitä vain. Sain myös siellä puutöitä. Tein sinne työntekijöille pukuhuoneita, missä voivat vaihtaa vaatteitaan ja syödä eväitään. Mutta sitten ne työt loppuivat. Ei auttanut muu kuin ruveta kantamaan säkkejä suomalaisiin laivoihin. Ja kun Suomesta saapui laiva, se toi sanomalehtipaperirullia, massapaaleja ja välillä puutavaraa. Niitä lossattiin ja kaikki muu kävi hyvin, mutta kun jouduttiin kantamaan maissisäkkiä, oli se lujaa työtä. Säkki painaa n. 60 kiloa ja maissi on kovaa olkapäälle. Meillä oli kortteeria Wakonen-niminen mies, kotoisin Lohjalta. Sen kanssa kannettiin sitten oikein sisullamme kolme päivää yhtä mittaa, ruoka-aika pois luettuna. Nahka meni hartioista ja olkapäästä rakolle ja rikki. Mutta näytimmehän argentiinalaisille miten (suomalainen) mies kestää, ne kun vaihtoivat miestä aina puolilta päivin.

Mutta sitten saatiin taas parannella hartioita, koska laivoja ei aina ollut ja oli aikaa. Kuljettiin ristiin ja rastiin ja katseltiin kaupunkia. Kyllä isoon kupunkiin kaikkea mahtui. Käytiin ruusupuistot läpi, ne olivat jos millä lailla koristeltuja. Oli lampia, joissa oli valkoisia ja mustia joutsenia ja mitä lie muita lintuja. Oli pinta-alataan suuria soutelujärviä ja niissä siltoja. Hienoin puistoista oli kyllä se, joka oli parlamenttitalon edustalla. Varsinkin pimeällä silmiä hiveli, kun kaikki puut ja pensaat oli valaistu jos minkä värisillä sähkölampuilla. Päivä siinä taas meni. Semmoista se oli ajan kulutus siellä. Välillä ajoimme sähköjunilla maan alla, ja niitä raiteita oli jokapuolella kaupungin alla. Raitiovaunuilla pääsi mihin vain 15 centavolla, kaupungin lävitse ja ympäri. Rautatieasemia oli ympäri kaupunkia. Samoin hippodromeja eli kilpa-ajoratoja. Näkemys oli myös eläintarha, jossa oli jättiläiskäärmeistä pieniin mitä vaarillisimpiin olioihin. Oli villisikoja, puumia ja virtahepo omassa järvessään, josta se tuli välillä talliin syömään, kunnes sukelsi takaisin veteen.

Näin se aika kului. Kävin kerran maanalaisella junalla Loomaksen kaupunginosassa, jossa asuu rikkaita ulkomaalaisia kuten norjalaisia, tanskalaisia, espanjalaisia ja portugalilaisia. Tyttäreni Sylvi oli siellä yhden norjalaisen herrasväen palveluksessa. Näin entisen presidentinkin. Tummapartainen mies, joka piti kortteeria laivalaiturin syrjässä laudanpätkien ja vanhojen pressujen joukossa. Näin sen monta kertaa, kun se käveli kaduilla ja jutteli ihmisten kanssa. Taisi olla vähän "tärähtänyt" mies.

Aika kului ja tuli joulu, jota vietettiin Norjan merimieskirkossa. Sinne oli tuotu Suomesta joulukuusi. Näin siinä pienen osan Suomea, jonkalaista ei muuten voinut nähdä edes siellä aarniometsässäkään. Kirkko ja kahvila olivat rinnakkain ilman väliseinää. Kahvilan puolella oli kuusi kynttilöineen ja koristeineen sekä pöytiä tuoleineen. Paikalla oli suomalaisia, ruotsalaisia, norjalaisia ja osa oli espanjalaisia. Juotiin kahvia ja mentiin kuusen ympärillä piirileikkiä. Näin paljon suomalaisia, joita en ollut ennen tavannut. Joulupäivän iltana mentiin raitiovaunulla johonkin kaupungin-osaan yhden ruotsalaisen herrasväen kutsusta. Tyttäreni Lempi oli siellä sisäkkönä palveluksessa. Siellä olivat jouluiltaa viettämässä Baarman ja Martta, Sylvi, vaimoni ja Kaija. Meille miehille oli jär-jestetty talon puolesta hyvät, väkevät juomatkin, ja naisille viinit. Lisäksi tarjottiin hyvät ruuat. Ilta meni hauskasti, kun oltiin yh-dessä koolla.

Sitten tammi- ja helmikuussa alkoi tulla se keskikesä. Oli niin kuuma, ettei voinut kävellä sillä puolen katua, johon aurinko paistoi, vaan täytyi hakea varjon puoli. Kerran kun ovi oli auki, pääsi Kaija pujahtamaan paljain jaloin pihalle, joka oli kivillä pääl-lystetty. Tyttö rupesi kauheasti huutamaan, kun jalkoja poltti se ki-vetys. Päästiin hätiin ja saatiin se pois sieltä. Siihen aikaan vuotta ei nahkakenkiä sopinut pitää, koska nahka palaa. Oli käytettävä säkkikankaasta tehtyjä tallukkatoffeleita, joita kaikki pitivät kuu-mana aikana. Yöllä pantiin ovet ja ikkunat auki, jotta olisi ollut vil-poisempaa. Ilman peittoa alusvaatteet yllä nukuttiin ja hikoiltiin kuin olisi oltu kylpemisen päälle saunanparressa Suomessa.

Ei satanut kuin kerran viikossa, ja sekin vain vähän aikaa. Taivas oli lähes aina kirkas. Kun näki taivaalla pilvenhattaran niin tiesi, että tunnin päästä sataa. Hyvässä lykyssä tuli ukonilma, ja sil-loin satoi niin kaatamalla, että kadut lainehtivat. Toisinaan kaikki oli yhtenä tulimerenä, mutta se ei kestänyt kauaa, kun taivas oli taas kirkas ja ilma vähän viileämpi.

Töitä oli vaikea saada. Kävimme kerran Baarmannin kanssa aamulla katsomassa suuressa lihatehtaassa, josko sinne olisi otettu töihin. Menimme lihatehtaan edustalle, joka oli kuin pieni tori. Siinä joku mies järjesti meidät riviin. Kesti pari tuntia, kun ovesta tuli pari miestä valkoiset mekot päällään ja kävelivät pitkin rivin viertä. Toinen mies viisasi sormellaan ja toinen viittasi astumaan ulos rivistä. Minua jännitti, kun ne tulivat kohdalleni, ja menivät ohi. Ne valitut miehet pääsivät töihin. Sitä toimitusta katsellessa mieleeni tuli Kanadasta jokseenkin samanlainen tilanne. Jokaiseen paikkaan ei ollut hyvä mennä. Emmekä Baarmanin kanssa enää toiste mentykään siihen tehtaaseen itseämme tarjoamaan. Se oli sellainen tehdas, jossa meni karjaa neljä tuhatta päätä vuorokaudessa läpi. Siitä tehtaasta oli liikkeellä monenlaisia huhuja, mm. sellainen, että siellä voi hävitä tietymättömiin myös ihmisiä.

Sitten olikin jo helmikuu ja minä rupesin hommailemaan lähtöä takaisin Suomeen. Olin koittanut kaikkea eikä mikään ollut onnistunut. Siitä rahasta mitä olin tuonut mukanani Suomesta, oli jäljellä enää vain 400 pesoa. Tyttäret (Sylvi ja Lempi) päättivät jäädä, samoin Martta ja miehensä Baarman. Minä, vaimoni ja Sylvin tytär Kaija aloimme tehdä lähtöä. Toiset tahtoivat jättää kaksi ja puoli vuotiaan Kaijan sinne, mutta minä vastustin koska tiesin, että tyttö olisi joutunut erään huonon naisen tykö, koska äitinsä Sylvi oli palveluksessa. Niin päätimme, että viemme tytön takaisin Suomeen ja hoidamme sen itse vaimoni kanssa.

Sitten onnistuin pääsemään töihin laivaan nimeltä S/S Bore IX jo viikkoa ennen sen lähtöä. Se oli Suomen höyrylaiva Oy:n ja Rettig-varustamon laiva. Olin timpurin apulaisena, sain palkkaa ja pääsisin työni johdosta ilmaiseksi matkustamaan. Vaimosta ja Kaijasta meni maksua 300 pesoa. Oli iltapäivä, kun laiva lähti. Toiset olivat satamassa saattamassa ja hyvästelemässä. Katselin laivan kannelta niin kauan kuin vain erotin nähdä, ja saattajatkin olivat vielä laiturilla katselemassa laivaa. Se oli katkera näky, kun täytyi jättää toiset sinne. Olisin kyllä tuonut nekin mukanani, koska tiesin ettei siellä kultaa puuveitsellä leikata, mutta he halusivat itse jäädä sinne. Kohtalo se on kulloinkin ihmisellä ja siihen on vain taivuttava ja totuttava. Olinhan jo ennenkin katkeran palan niellyt, kun olin käynyt Kanadassa. Ajattelin että kyllä on paikallaan se sanontatapa, jonka joku kirjailija on lausunut: "Oma maa mansikka, muu maa mustikka." Tosin mustikan sijalla pitäisi olla jokin kirpeämpi marja, esimerkiksi suokarpalo, josta menee suu irveen kun sitä puree. Näköalat loppuivat, ranta oli jo kaukana ja rupesi tulemaan pimeä. Laiva keinui ja aallot loiskuttelivat laivan kylkiä.

Oltiin jo kaukana maasta, kun alkoi nousta ukonilma, salamat iskivät ja jyrisi. Se toi myös myrskyn tullessaan. Meillä oli hytti perässä, siinä oli päällimmäisellä kannella kaksi hyttiä eikä muuta. Tuulet kävivät hyvin seiniin, joissa oli kaksi pyöreää ikkunaa. Niistä näkyi ympärille. Alempana oli seilikankainen aurinkokatos, jonka myrsky repi riekaleiksi. Repaleet hakkasivat meidän hytin seiniä koko yön, joten nukkumisesta ei tullut mitään. Katselin ikkunoista kuinka luonto mylläsi ja aallot ryskyttivät laivaa. Ajattelin jo, että mitä jos myrsky heittää koko hyttitötterömme mereen. Aamulla tuuli oli jo heikentynyt. Mutta vielä vyöryi tavallisten talojen korkuisia aaltoja. Meni päivä ja yö ja oli tyynempää. Laivat olivat sähköttäneet toisilleen, että niillä oli joiltakin katkennut myrskyssä jopa mastoja. Meidän laivassa rupesi polttoaine loppumaan, joten oli kerättävä palavaa materiaalia onkapannuun. Kiskoimme laivan ruumasta ylös kaikki vanhat lankut ja tervatynnyrit ja paksut köydetkin katkottiin pätkiksi, jotta tulta riitti pannussa ja päästiin eteenpäin. Saavuimme lähelle Sao Vicenten saarta (Kap Verde). Siinä oli hätäsatama, mistä saatiin kivihiiliä. Sitten pääsimme n. kilometrin päähän varsinaisesta satamasta, jonne laskimme ankkurin, koska oli niin matalaa ettei laiva päässyt likemmäksi. Hinaaja toi laivan kylkeen koko proomullisen kivihiiltä, joten hätä oli ohi ja saatoimme lähteä eteenpäin.

Sao Vicente on sellainen hiekkasaari, jossa ei ole muuta kasvillisuutta kuin puulaji nimeltään santiego, sellainen matala puu. Hiekkavuorien välissä on hiekkaisia rotkoja. Myös pari kolme valkoista kivirakennusta, joissa asuivat ne mustakiharaiset ihmiset, jotka olivat proomun mukana lossaamassa ja kantamassa niitä kivihiilisäkkejä. Niillä ei ollut kenkiä eikä lakkeja, ainoastaan risaiset, huonot housut. Ja mustat pojat, n. kuudentoista ikäiset olivat aivan alasti ja kovin nälkäisiä. Niiden jalkapohjissa ja säärissä oli niin paksut känsäkerrokset, ettei niihin kengät olisi mahtuneetkaan. Annoin niille ruokaosani ja toiset laivamiehet tekivät samoin. Annoin niille myös huonot housuni ja leveälierisen hatun. Sain vastineeksi kaksi pientä santiegopuun siemenistä tehtyä lasten käsilaukkua, jotka Kaija sai. Pojat olivat mainioita sukeltamaan. Samoin vanhemmatkin miehet. Kun kivihiilisäkki putosi proomusta mereen, ne sukelsivat säkit ylös. Toiset laivamiehet sanoivat, että ne olivat jonkinlaisia vankeja. Mitä he sitten olivatkin, mutta surkealta vain näyttivät.

Matka jatkui, SaoVicente jäi näkyvistä. Sitten nousi taas eräänä päivänä myrsky ja vastatuuli. Laivamme oli täydessä lastissa ja ui syvällä. Kun tuli hirmuisia vaahtopäisiä aaltoja päin laivan nokkapuolta, nousi laiva aallon harjalle ja putosi sieltä kokka edellä aaltojen väliin. Laiva syöksyi toisen aallon sisään niin että koko sen etupuoli oli näkymättömissä. Luulin että nyt mentiin (pohjaan), mutta hetken kuluttua oltiinkin taas ylhäällä ja vesi valui syrjistä alas kahta puolta. Kulku oli hidasta, ainoastaan 3 solmua tunnissa. Oikein se vihloi, kun katseli sitä menoa. Mutta sellaista on merellä. Miehet jotka työskentelevät laivan uumenissa, saavat heittää yhtä mittaa kivihiiltä uuniin, että höyry pysyy korkealla. Ne ovat kuin helvetissä siellä pohjalla. Kävin kerran katsomassa, kun pojat heiluivat siellä ja ajattelin, että on hirveää työskennellä uunilla kun on myrsky. Laiva heiluu ja keinuu niin että mies tuppaa menemään nurin ja hiki juoksee pitkin ruumista, joka on hiilestä musta. Yllään heillä on ainoastaan ohkaiset housut. Miehet työskentelevät tuureissa 4 tuntia kerrallaan, kunnes toiset tulevat tilalle.

Mutta pitkä se on sekin aika siellä tulipätsien vieressä yötä päivää kuukausimääriä. Joten kyllä se on merimiehellä ilo, kun pääsevät satamaan ja saavat huilata ja nauttia kapakassa ryyppyjä. Lisäksi voi ottaa jonkun neidin polvelleen ja jutella sille mukavia.

Sitten rupesi lähestymään Kanarian saariryhmä. Laiva jäi ankkuriin pääkaupunki Las Palmasin sataman edustalle, sillä se ui niin syvällä, ettei se voinut mennä satamaan asti. Sieltä tuli moottorivene noutamaan kapteenin ja stuertin ostamaan elintarvikkeita laivaan. Saimme syödä mm. tuoreita sillejä keitettyinä, jotka maistuivat vallan mainiolta. Laivan kylki tuli täyteen pieniä veneitä, joista myytiin kaikenlaista rihkamaa ja eläimiä kuten apinoita ja kanarianlintuja.

Siinä ei viivytty kuin pari tuntia, kunnes tuli taas lähtö. Oli kaunis ilta ja meri tyyni. Seisoin keskellä laivan kantta ja katselin Las Palmasin lahtea. Yhtäkkiä noin viidenkymmenen metrin päässä laivasta rupesi merestä nousemaan harmaa olento. Luulin ensin, että sieltä nousee pieni laiva köli edellä. Sanoin siitä ensimmäiselle konemestarille, joka seisoi ajatuksissaan laitaan nojaten, mutta ei ollut huomannut mitään. "Minkälainen se oli?" konemestari kysyi. Kuvasin sille näkemääni. "Se on valas", mies sanoi. "Tässä lahdella on yksi valas, joka leikittelee iltaisin. Puhalsiko se vesisuihkun?" – "Ei", minä sanoin. "No kyllä se sitten nähdään kohta uudelleen", mies sanoi. Eikä kestänytkään kauaa, laiva oli edennyt vain pari mittaansa, kun valas nousi poikittain ylös laivan vanavedessä ja puhalsi paksun ja korkealle ulottuvan vesisuihkun. Juoksin hyttiin ja pyysin vaimoa katsomaan. Vaimo näki sen vesisuihkun, mutta ei enää valasta. Valas oli n. 30 metriä pitkä, joten oli siinä vesipetoa kerrakseen. Ehkä maalla se olisi näyttänyt vieläkin isommalta.

Toisena päivänä pääsimme jo Biskajan lahdelle, joka on laivojen hautausmaa. Mutta meillä oli onni myötä, sillä lahti oli melkein tyyni. Oli ainoastaan sileitä maininkeja, vaikka ne olivatkin korkeita. Biskajan lahti on Espanjan ja Ranskan edustalla, jonka jälkeen alkoi Englannin kanaali. Tulimme sitä myöten Scheldejoen suulle, jota myöten tullaan Hollannista Belgian puolelle Antverpenin satamaan. Hollannin puolella joki oli korkealla. Kahden puolen oli isot vallit, joiden välissä laiva kulki. Saimme katsella laivan täkiltä Hollannin kauniita kaupunkeja ja pienasutusalueita. Oli jo myöhäinen ilta, kun menimme jokea ylös. Laivoja tuli vastaan tämän tästä, sillä joella oli kova liikenne. Kerran kävi niin, että väistäessämme isoja valtamerilaivoja jäimme kiinnii matalikolle. Sattui juuri olemaan laskuveden aika ja laivamme ui täydessä lastissa syvällä. Paikalle tuli kolme hinaajaa, mutta ne eivät saaneet laivaa irti. Olin nukkumassa kun kuulin kovaa kävelyä kannelta. Menin katsomaan. Laiva oli vielä samassa paikassa ja vähän heilahteli. Katsoin laidalta alas. Vesi oli laskenut ja laiva seisoi pohjallaan. Hinaajat olivat ympärillä ja vaijerit oli vedetty niistä kiinni laivaan, ettei se päässyt kaatumaan. Menin hyttiin ja sanoin, että nyt täytyy olla varuillaan. Jos varpit sattuisivat pettämään, laiva kaatuisi. Pantiin päällemme ja olimme liikkeellä siksi kunnes vesi nousi. Seisoimme siinä n. 6 tuntia ennen kuin pääsimme taas eteenpäin. Se lysti tuli maksamaan laivalle toista miljoonaa, kertoi kapteeni. Ne hinaajat olivat kuulemma kiskureita, koska ottivat niin korkeaa hintaa.

Aamupäivällä oltiin jo Antverpenin satamassa, jonka pitäisi olla maailman suurin, sanoivat merimiehet. Laiturissa oli jo ennestään kolme riviä laivoja. Meidän täytyi odotella ankkurissa viikko, ennen kuin pääsimme kiinni laituriin. Sitten alkoi lastin purkaus. Kaksi ruumaa oli täynnä ruista. Laivan kylkeen tuli suuri imurilaiva, joka laski ruumaan torven ja rupesi imemään viljaa. Imetty ruisvilja kulki puhdistuskoneitten läpi ja edelleen pitkiin proomuihin. Proomuissa oli vakituiset asukkaat ja moottori, joka kuljetti niitä pitkin jokea. Meillä oli aikaa tutustua kaupunkiin. Kapteeni Munckilla oli morsiamensa mukana matkalla, ja kun mies lähti ajelulle kaupungille, se otti morsiamensa lisäksi mukaansa vaimoni ja Kaijan. Ajelivat autolla ja katselivat kaupunkia. Minä kävin toisten merimiesten kanssa katselemassa kuinka työmiehet elelivät Antverpenissä. Käveltiin ja otettiin ryypyt siellä täällä.

Yhdessä kapakassa oli pelkästään työmiehiä. Ne olivat nokisia ja kaikki humalassa. Kävimme katsomassa niitten kortteeria kellarikerroksessa. Siellä oli kapea sali, jossa oli lavereita kahdessa kerroksessa ja niillä makaili nokisia miehiä työvaatteissaan. Ne olivat kaivosmiehiä, jotka menevät aamulla pää raskaana töihin ja tulevat illalla mukanaan päivän tili. Palkka maksetaan joka päivä ja miehet menevät kapakkaan juomaan tilinsä ja jäävät vielä velkaakin. Menevät sitten kellariin laverilleen nukkumaan, ja sitä menoa piisaa. Toisilla on vaimo, joka käy töissä toisissa kapakoissa tienaamassa prostituutiolla itselleen ja myös kapakan omistajalle, jolle on maksettava vuokraa. Näistä asioista kuulin ja näin omin silmin, sillä kävin laivan stuertin kanssa monessa kapakassa. Aina tuli nainen pöydän viereen ja sille oli myös ostettava. Stuertti kertoi, että ne olivat kaivosmiesten vaimoja ja työssä kapakassa. Tuntui vähän keljulta, mutta otin kuitenkin ryypyn naisten kanssa ja juttelin sen mitä osasin, siinä kaikki. Sielläkin näki kurjuutta huipussaan, ja toiselta puolen myös ylellisyyttä.

217

Taas koitti lähtö ja kuljimme takaisinpäin Scheldejokea Englannin kanaaliin. Sieltä edelleen Helgolandin ohitse Kielin kanaaliin, missä seistiin sen ajan kun otettiin kivihiiltä. Se oli pitkä kanaali, jossa kulki laivoja edestakaisin, niitä mahtui kulkemaan kaksi rinnan. Kanaalissa oli kiviset reunat ja sen olivat saksalaiset tehneet.

Oltiin jo maaliskuussa. Kanaalin varrella ojien pohjilla näkyi lunta ja lehti oli hiirenkorvalla. Kun tultiin Itämerelle, se oli kaunis ja tyyni muihin meriin verrattuna. Mutta kun päästiin kauemmaksi rannikosta, muuttui näkymät kolkoksi. Jäätä ja lunta oli joka puolella, ja jäänsärkijän murtamaa kapeaa railoa myöten saavuimme Hangon satamaan. Oli kylmä ja yöllä oli satanut lunta niin että laivan kannella oli paksu kinos. Mutta minun ei tarvinnut luoda sitä pois, sillä olin jo vapaa töistä. Päivällä nostettiin ruumasta meidän kirstut ja rautasängyt ja ne laskettiin vintturilla alas möljälle, josta ne siirrettiin katon alle, kun rupesi satamaan vesiräntää.

Läksin kaupungille toimittamaan hevosta, jolla vein tavarat rautatieasemalle. Laitoin ne menemään Lohjan asemalle. Sitten palasin hevosen kanssa laivalle ja otin työtilini kapteenilta. Sitten lähdin viemään vaimoani ja Kaijaa hevosella kaupunkiin. Heilutin kättäni miehille hyvästiksi. Se oli minulle ilon hetki, kun pääsin pois siitä rautaisesta talosta ja päätin, että se oli viimeinen kerta sellaisessa paikassa.

Olin lopultakin kotimaan kamaralla ja kevätkin tulossa, vaikka oli vielä kylmää. Menin ostamaan karvakauluspompan ja "kreivin" nahkalakin, koska olin ihan kesätamineissa. Sitten menimme vaimoni siskon Iidan tykö niitä tervehtimään. Iidan mies oli konduktöörinä Hangon junassa. Istuttiin siellä, kun oli vielä aikaa junan lähtöön. Vaimoni purkasi pettymystään ja se Iidan mies rupesi moittimaan minua. Minä suutuin ja sanoin lähtiessäni, että "ensimmäistä kertaa olen teillä ja saa olla samalla myös viimeinen kerta".

Menimme asemalle ja ostin piletit Lohjalle. Oli jo hämärää, kun juna lähti. Samaan vaunuun tuli myös laivan miehiä kuten timpuri, kokki ja joitain muitakin. Minä istuin niihin selin, mutta vaimoni niihin päin ja itki. Vaimo oli sanonut minulle laivassa, että menee samalla laivalla takaisin. Ja vähän ennen satamaan tuloa se oli sanonut lähtevänsä stuertin kanssa Turkuun. Stuertti oli Turusta kotoisin ja kuulemma perheellinen mies. Sillä oli ollut laivalla riitaa kapteeni Munckin kanssa, en tiedä mitä, mutta ehkä se liittyi jotenkin kapteenin morsiameen. Kapteeni lopetti stuertin työsuhteen ja tämä sai lopputilin. Mies oli ollut meidänkin hytissä ja aina humalassa. Olisin kyllä antanut vaimoni mennä stuertin kanssa, mutta minulla oli kaksi syytä olla siihen suostumatta. Ensinnäkin vaimon jalat olivat huonossa kunnossa, niistä vuoti märkää, kun se ei hoitanut niitä yhtään. Mutta sitäkin tärkeämpi syy oli tyttärentytär. Mikäli Kaijaa ei mukanamme olisi ollut, olisi vaimo saanut vapaasti mennä menojaan. Sillä enhän minä yksin olisi kyennyt pientä lasta hoitamaan.

Saavuttuamme Lohjalle pääsimme limonaaditehtaalle Laitisen tykö ja saimme asuttavaksi kamarin yläkerrasta. Vaimo oli siellä kuin muumio koko sen ajan, jonka siellä vietimme. Laitisen vaimokin ihmetteli miksi Karoliina ei tule edes käymään alakerrassa. "En tiedä", sanoin vain, vaikka hyvin tiesin mistä oli kyse. Sitten sain kuulla, että tyttäreni Helga asuu Hyvinkäällä miehensä Toivo Paavonkallion kanssa tämän kotimökissä. Päätin lähteä sinne. Mutta ensin otin selvää mahdollisuudesta perustaa Lohjalle leipomoliike. Sopivaa vuokrattavaa tilaa ei kuitenkaan löytynyt, joten ryhdyin valmistelemaan lähtöä. Vein tavarat asemalle ja lähetin ne Hyvinkäälle. Tavarat tulivat sitten seuraavana päivänä perässä.

Saavuimme pirssiautolla Helgan ja Toivo Paavonkallion kotiin. Niille oli syntynyt matkamme aikana poika, jonka nimi oli Jaakko. Siellä oli hiljattain ollut hautajaiset, kun Paavonkallion mummo oli kuollut. Joten murhetta riitti niin heillä kuin meilläkin. Lisäksi ikävöitiin niitä läheisiä, jotka olivat jääneet Etelä-Amerikkaan. Mutta ei kuitenkaan auttanut jäädä murehtimaan pettymyksiä, vaan oli tartuttava toimiin, sillä rahavarat hupenivat koko ajan. Onneksi oli sentään vielä 9000 markkaa, joita olin tienannut laivalla. Olisi vain saatava sopivat leipomotilat, missä voisi ryhtyä työskentelmään.

Olimme asuneet Helgan ja Toivon luona parisen viikkoa, kun Ryttylästä löytyi entinen vesirinkelileipomo. Siellä oli kaksi toimivaa uuniakin. Mutta yksityisen leipomon leivän menekki vaikutti siellä huonolta, koska asukkaat suosivat osuusliikettä, jonka leipomosta tuotiin sinne oma leipä. Sitten löysin kaksi myymäläpaikkaa, toisen Tervakoskelta ja toisen Herajoelta. Vuokra oli yhteensä 500 mk kuukaudessa. Mutta eipä se juurikaan kannattanut. Vaimokin istui vain pihassa Kaijan kanssa ja vaikutti edelleen masentuneelta. Ehkä se muisteli vielä niitä laivassaolon aikojaan. Ajattelin, että jos saisin sillekin jotain toimintaa, niin ehkä se auttaisi helpottamaan oloa. Sanoin vuokrasopimuksen ylös. Sitten poikkesin Riihimäellä puutarhuri Aarnion luona ja tapasin samalla Aarnion vanhimman tyttären miehen. Sillä oli uusi tyhjä huvila Kalvolan pitäjän Taljalan kylässä. Sovimme sinne muutosta, mutta mitään en vielä maksanut. Palasin Ryttylään ja lähetin tavarat junalla. Sitten lähdimme tutustumaan paikkaan, joka oli tosiaan uusi, komea talo. Mutta leipomon paikaksi se ei oikein sopinut, koska se sijaitsi liian syrjässä. Olimme talossa yön ja aamulla jätin vaimon ja Kaijan huvilalle ja lähdin kävelemään kylälle. Noin sadan metrin päässä oli joen ylittävä silta. Vähän ylempänä oli koski ja sen yhteydessä mylly. Siinä sillan korvassa seisoi vanha rakennus, johon poikkesin. Siellä työskenteli suutari, joka juteltaessa kertoi, että hänellä oli siinä tienvarressa toinen rakennus, joka oli tyhjillään. Siinä oli aikaisemmin ollut leipomo, joten talossa oli pakari uuneineen sekä puoti, kamari ja keittiö. Leipomo oli kuulemma talvella niin kylmä, etteivät leipurit olleet siinä pysyneet. Mutta koska oli juuri kesä tulossa, päätin vuokrata talon hintaan 30 mk kuukausi.

Lähetin kirjeen Aarniolle Riihimäkeen ja kerroin, että en ota sen vävypojan uutta taloa, koska se ei sovi leipomoksi. Sitten muutimme siihen suutarin taloon ja toin tavarat asemalta. Ryhdyin hakemaan paikkoja, joihin myydä tuotteitani. Löysin niitä Iittalasta ja eri kylistä. Myös kotikauppa rupesi käymään ihan mukavasti, joten vaimollakin riitti yllin kyllin työtä. Kuljetin polkupyörällä leipää aina Toijalan lähistölle saakka, mm. yhteen kylään, missä oli kauppiaana iso vanhapoika. Mies valmisti välillä itselleen kiljua lauantaiksi, joina päivinä vein sille leipää ja kaljapiparkakkuja, joita siellä syötiin paljon. Silloin mies tarjosi kiljua minullekin. Olin oppinut myös parturiksi, ja sitä mukaa kun tieto siitä levisi, lisääntyivät myös asiakkaat. Sain parturoida pyhisinkin ihmisten päitä, mutta kertyipähän siitä tarpeellista lisäansiota.

Kalvolassa oli isoja kivilouhimoita, ja siinä Taljalan kylässä kulki puusta tehty rullavaunutie, jota myöten kuljetettiin suuria graniittilohkareita rautatieasemalle. Sieltä ne vietiin edelleen Hämeenlinnaan, missä niistä tehtiin mm. eduskuntatalon pyöreitä pilarikiviä. Kävin siellä metsässä katsomassakin, kun kalliota louhittiin jos jonkinlaisten koneitten avustuksella.

Siinä meidän taloa vastapäätä oli iso maalaistalo, jonka pihapiirin ympärillä kulki aita. Vaimo oli välillä ihmeissään, kun Kaija livahti jostain aidan raosta naapurin puolelle. Maatalon emäntä kuitenkin tykkäsi tytöstä, joka oleili siellä kuin kotonaan. Kesä kului ja syksy lähestyi. Tuumiskelin vähän levottomana mistä löytää paikka talveksi. Se nykyinen pakari kun oli niin hatara, ettei siellä talvella olisi leipominen onnistunut. Päätin lähteä neuvottelemaan Kalle-veljen kanssa, joka asui silloin Riihimäellä. Kalle ehdotti: "Osta täältä talo. Kyllä noi talonmyyjät suostuu myymään velaksi, kun annat vähän käsirahaa." Sitten Kalle luetteli nimiä, joista yksi oli puutarhuri Aarnio, jolla oli myös sekatavarakauppa Hirsimäessä, toinen tuomari Sinisalo ja kolmatta en muista. Menin Aarnion luokse ja esitin asiani. Aarnio soitti puhelun ja sitten lähdettiin autolla katsomaan taloja, joita niillä oli myytävänä kuusi kappaletta. Kävimme ne kaikki läpi, jonka jälkeen hyväksyin Hirsimäessä sijaitsevan talon. Se oli kolmen huoneen hirsitalo, ja siinä oli myös piharakennus ja huone, missä asui vuokralainen. Oli myös sauna, pesutupa ja liiteri. Tontti oli melko iso, siinä oli perunamaan lisäksi pari omenapuuta sekä marjapensaita. Talon yläkerrassa oli lisäksi yksi kamari. Sopivaa leipomotilaa talossa ei kuitenkaan ollut. Mutta arvelin, että siihen saisi hyvin rakennettua lisätilaa leipomolle. Hinta oli 55 000 mk, mutta käsiraha vain 5000 mk. Minulla oli rahaa toistakymmentätuhatta, joten tein kaupat. Kalle tuli takaajaksi ja toiseksi tuli sisareni poika Felix Salonen Janakkalasta (joka asui silloin Riihimäellä ja oli vesijohtoliikkeen esimies).

Se oli syyskuuta, kun palasin talonkirjat taskussani kotiin Kalvolaan. Sanoin vuokran ylös ja muutimme Riihimäelle. Sitten alkoivat rakennustyöt, ja ensimmäiseksi tehtiin perustus betonista. Sain naapurissa asuvan kirvesmiehen töihin kanssani. Työ sujui joutuisasti. Pian lyötiin laudoista vesikatto päälle, jonka jälkeen oli tarkoitus aloittaa muuraustyöt. Odottelin sovittua muuraria toista viikkoa, mutta miestä ei vain näkynyt. Ostin tarvittavat välineet ja ryhdyin itse muuraamaan. Kannoin tiilet ja sekoitin ruukin. Tein pitkiä päiviä, aamulla seitsemästä iltakymmeneen. Illalla oli kyllä sähkövalo käytettävissä. Ensin muurasin piipun. Sitten aloin tehdä uunia, josta tuli niin iso, että siihen mahtui kahdeksan peltiä, jotka olivat kooltaan 60x40 cm. Kaikkiaan siinä urakassa vierähti kaksi viikkoa ja kaksi päivää. Uusi uuni vaikutti toimivan hyvin. Riihimäen muurarit olivat kyllä vähän varoitelleet, että "kyllä nyt taitaa tulla susi, kun leipuri alkaa muuraushommiin". Siinä lähellä asui eräs viinaan menevä muurari, joka ilmestyi yhtenä lauantai-iltana pihaan, kun minä istuin sivummalla tupakalla. Mies ei humalaltaan huomannut minua, ja se rupesi tutkimaan paikkoja. Tarkasteli uunia päältä ja sisältä ja mutisi itsekseen: "Kyllähän se näköjään osaa muurata joo…Täytyy kyllä myöntää joo…" Yskäisin ja mies vähän kavahti. Juteltiin ja mies uteli missä olin oppinut muuraamaan. Kerroin että olin seurannut aikanaan sivusta, kun olin teettänyt muurareilla töitä. "Menihän tässä melko kauan aikaa, mutta kun ei ollut hanttimiestä apuna", sanoin. Mies siihen: "Kyllä tuossa sama aika olisi mennyt muurariltakin, vaikka olisi ollut hanttikin apuna."

Olin tyytyväinen uunin toimintaan. Sitten kiinnitin seinään pahvit, jotka maalasin. Reirasin leipomovälineet, tein kaksi uutta isoa traakia kansien kanssa, rullapinnan, lapiot ja muut leipälaudat. Ja kun ei ollut puotia, tein kadunpuoleiseen seinään oven kamariin ja raput eteen. Oven päälle kiinnitin leipomon kyltin. Puodin puolelle rakensin sitten tiskin ja hyllyt. Lopulta oli kaikki sitä myöten selvää, joten leipomon toiminta pääsi lopulta alkamaan. Sain hevosmiehen kuljettamaan leipäkuormani torille. Satuin joutumaan torilla Kalle-veljen viereen, se kun myös myi siellä tuotteitaan. Myimme sitten monillakin toripäivillä samaan aikaan ja siinä syntyi jonkinlaista kilpailuakin välillemme. Kun Kalle rupesi olemaan häviön puolella, se kimpaantui siinä määrin että siirtyi torin toiselle laidalle myymään. Minä jäin entiselle paikalleni ja myynti sujui hyvin, koska minulla oli lisäksi wienerleipiä ja muitakin uutuuksia, joita Kalle ei osannut tehdä.

Mutta yrittää täytyi, kun oli sen rakennuksen takia velkaakin. Kevät koitti ja kynnin sen perunamaan, joka oli hyvänlaatuista multaa. Kynnin kaksi n. 50 metristä sarkaa ja kaivoin ojat auki. Istutin perunat ja lisäksi juurikasveja, kukkia ja pellavan sekä ohran siemeniä, joita olin tuonut Argentiinasta. Kaikki alkoivat kasvaa hyvin, pellava oli lyhyttä ja monihaaraista, joita kasvatettiin ainoastaan siemeniä varten. Ohra taas oli hyvin satoisaa.

Sitten tultiin heinäkuun lopulle ja kaikki työni tulokset ja aikaansaannokseni siinä paikassa romuttuivat. Se alkoi siitä, kun minun olisi pitänyt maksaa Kansallisosakepankkiin talon hinnan korkorahat, 250 mk. Ja koska satuin silloin olemaan vähissä varoissa, pyysin Kallelta tuota summaa lainaksi. Mutta Kallepa ei suostunut, vaan meni sen sijaan itse pankinjohtaja Sinisalon juttusille, jossa ne olivat sitten sopineet, että Kalle saisi taloni kokonaisuudessaan haltuunsa ja minulle ei jäisi mitään. Sitten sain kehotuksen lähteä pois. (Se sama Sinisalo on nyt 1950-luvulla kauppiaana Rajamäessä.) Mutta asuimme siinä kuitenkin vielä sen aikaa, että ehdin saada Sylviltä rahaa Argentiinasta. Vilautin Kallelle 300 markan rahanippua ja sanoin, "ettet sä sentään kaikkea kyenny minulta rohmuamaan".

Se oli sellainen tapahtuma, jonka synnyttämää katkeruutta on ollut vaikeaa niellä, unohtamisesta nyt puhumattakaan. Toivotin Kallen helvettiin, jos sellaista paikkaa on. Nythän Kalle on jo kuollut ja sen perhekin kadonnut näyttämöltä. Sitten tuli aika muuttaa.

Kuorma-auto saapui mukanaan Helga-tytär poikiensa Apen ja Jaakon kanssa. Auton lava tuli täyteen tavaraa, jota oli kertynyt kotiin ja leipomoon. Lähdimme kohti Hyvinkäätä, minä, Helga, Ape ja Jaakko tavaroiden päällä ja Kaija ja vaimo hytissä. Saavuimme Mustaan Männistöön, josta olin vuokrannut kaksi huonetta yläkerrasta. Oli vuosi 1929 ja muistelen, että Toivo Paavonkallio oli silloin sotaväessä Lappeenrannan ratsujoukoissa.

Eräänä päivänä huomasin Helsingin Sanomissa ilmoituksen, että Sammatissa vuokralla ollut leipomoliike myydään tai vuokrataan. Matkustin Lohjalle ja kävin erään miehen kanssa katsomassa erästä toista myynnissä olevaa paikkaa, mutta se ei vaikuttanut sopivalta. Sitten jatkoin Sammattiin, missä olin yötä. Siellä asui itseoppinut leipuri, joka oli kotoisin Pusulasta. Mies piti leipomoa tiloissa, jonka omisti eräs pusulalainen isäntä. Paikassa oli aikaisemmin työskennellyt leipuri Lindblom. Tämä nykyinen leipuri oli läh-dössä pois ja se oli ottanut tehtäväkseen hankkia joku jatkamaan leipomoa.

Tein vuokrasopimuksen, joka tiesi taas muuttoa. Toimitin tavarat Hyvinkään asemalle, josta ne kuljetettiin Lohjalle. Helga jäi poikien kanssa asumaan niihin huoneisiin, joissa olimme ehtineet olla vasta parisen viikkoa. Olin maksanut niistä vuokrankin jo etu-käteen. Lohjalla siirsimme autoon tavarat, jotka vietiin Sammat-tiin. Siitähän se taas lähti etenemään. Sain tuotteitani myyntiin Paikkarin torpan myymälään kauppias Joenpellolle, osuusliikkei-siin, Sammatin meijeriin ja lähelle Nummen pitäjää. Lisäksi asiak-kaita kävi myös kotikaupassa, joten taloudellisesti leipomolla meni ihan mukavasti.

Seuraavana kesänä lähdin käymään Hyvinkäällä. Sieltä ajoin polkupyörällä Riihimäelle katsomaan Alma-siskoa, jolla oli talo Hirsimäessä. Sisko oli minulle velkaa 600 mk, jota pyysin sen maksamaan. Mutta Alma väitti olevansa rahaton. Sitten poikkesin entisellä talollani. Se ei ollut enää Kallen, joka asui siinä piharakennuksessa vuokralla. Kysyin siltäkin rahaa, mutta penniäkään ei herunut. Päätin että kummankaan ovea en tule enää avaamaan. Ja se päätös on myös pitänyt. (Alma kerran kirjoitteli ja pyysi minua vastaamaan, mutta vastaamatta on jäänyt.)

Pyöräilin takaisin Hyvinkäälle, missä ostin Ford-merkkisen henkilöauton lihakauppias Vainiolta. Sain kalakauppias Sulosen pojan kuskiksi, koska en vielä siinä vaiheessa osannut itse ajaa. Se asetti ehdoksi, että matkalla täytyi olla viinaa mukana. Haettiin Helga ja pojat mukaan ja otettiin suunta kohti Sammattia. Sinä päivänä (7. heinäkuuta 1930) sattui se Lapuanliikkeen Talonpoikaismarssi, jonka oli tarkoitus ajaa Hyvinkäänkin läpi matkalla Helsinkiin. Sammattiin päästyämme alkoi sieltäkin lähteä sitä porukkaa kohti Helsinkiä.

Olin sopinut Pusulan isännän kanssa jo edellisenä vuotena, että ostaisin sen vuokraamani talon. Mutta sitten sattui niin, että limonaaditehtaan johtaja Aaltosen poika oli mennyt avioliittoon. Se asui siinä naapurissa ja tarvitsi asuntoa. Sitten kun minä menin tekemään kauppasopimusta talosta, sain kuulla että talo olikin jo edellisenä päivänä myyty johtajan pojalle. Se tarkoitti sitä, että oli alettava taas hakemaan uutta paikkaa. Karjalohjan kirkolla tapasin iäkkään leipuri Säilän, joka oli halukas vuokraamaan toisen rakennuksensa, jossa oli leipomon, puodin ja varastohuoneen lisäksi keittiö ja kamari. Talo seisoi aivan maantien vieressä. Säilä itse asui sivummalla pihalla. Karjalohjalla oli samoin kuin Sammatissa kaksi leipuria, mutta sitä en pelännyt, vaan uskoin pärjääväni kunhan vain saan leipomon ja asunnon.

Suostuin vuokraamaan talon, joka teki 30 mk kuukaudessa. Minulla ei ollut vielä ajokorttia, joten pyysin naapurin poikaa kuljettamaan meitä, mutta sillä oli kuulemma muuta menoa. Eipä sitten auta muu kuin ajaa itse, minä päätin, kun matkaa ei ollut kuin viitisentoista kilomteriä. Henkilöuto oli täynnä, lisäkseni oli vaimo, Kaija ja Helga poikineen. Olin jo harjoitellut sen verran ajamista, että matka sujui hyvin. Saavuttiin Karjalohjalle ja Aaltosen Armas toi kuorma-autolla tavarat perässä.

Asetuttiin taloksi. Paikka alkoi vaikuttaa liikkeen kannalta paremmalta kuin Sammatissa. Siitäkin huolimatta, että siinä lähettyvillä oli pakari, jonka yksi isäntä oli rakentanut ja jossa se piti leipurikisälliä töissä. Se isäntä oli kuulemma sanonut minua tarkoittaen, että "kyllä se siitä pian lähtee kun huomaa, ettei homma kannata". Mutta kävikin toisin päin, siltä itseltään alkoivat asiakkaat vähetä. Minä olisin ostanut vuokraamani talon Säilältä, mutta se kertoi luvanneensa aikanaan sen perinnöksi sukulaiselleen, erään seppä Gullbergin pojalle. Säilä olisi kyllä myynyt minulle talon hintaan 25 000 mk, mutta se seppä oli ollut kovasti vastaan.

Olimme asuneet talossa vuoden päivät, kun menin eräänä iltana katsomaan Säilää, joka oli käynyt huonon näköiseksi. Se kyllä liikkui jalkeilla, mutta päivällä se oli sanonut vaimolleni, että "kyllä tästä taitaa kohta lähtö tulla, on noi yötkin jo niin vaikeita". Säilä istui tavalliseen tapaansa sänkynsä laidalla pöydän ääressä. Nousi ylös, kaatoi kahvia puoli kuppia. Sitten se otti pullon kaapista ja toi viereeni ja kehotti minua tekemään kahvipunssin. "Etkö itte tee?", kysyin. "Minä tein äsken", se sanoi. Juttelimme siinä jonkin aikaa niitä näitä, kunnes minä lähdin kotiin. Näin kohta ikkunasta, kun Säilälle meni sen läheinen tuttu, postinhoitajan isä, joka oli tuonut sinne aamulla joitain papereita. Seuraavana aamuna en nähnyt Säilää liikkeellä. Se oli sanonut minulle, että pitää ikkunaverhon auki, jotta voin halutessani vilkaista onko asiat kunnossa.

Kurkistin ikkunasta ja näin Säilän makaavan sängyssä kyljellään, sen kasvot olivat oveen päin. Koputin ikkunaan, mutta en huomannut miehessä mitään elonmerkkejä. Menin lähellä asuvan poliisin luokse ja kerroin asiasta. Se tuli Säilän talolle ja mursi oven auki. Sisällä se totesi, että Säilä oli kuollut. Todennäköisesti sydänhalvaukseen. Sitten tulivat hautajaiset ja arvelin, että kaipa sitä on kohta tästäkin paikasta lähdettävä. Kysyin kuitenkin seppä Gullbergiltä voisinko ostaa talon, mutta talo oli kuulemma jo sovittu pojalle, joka muuttaisi siihen pikapuoliin. Asia oli selvä, joten meidän oli alettava valmistautua muuttamaan pois talosta.

Sinä kesänä Sylvi-tytär oli lähtenyt Argentiinasta Suomeen. Se oli tavannut laivalla ensimmäisen konemestarin, Wikströmin, josta sittemmin tuli Sylvin sulhanen. Ne pitivät häät siellä meillä, jonka jälkeen muuttivat Kaija mukanaan Helsinkiin asumaan. Wikström meni kaupungin palvelukseen Lauttasaaren lautan koneenkäyttäjäksi. Silloinhan Lauttasaareen ei mennyt vielä siltaa. Wikström tuli käymään ja kertoi, että Lauttasaaressa oli leipuriliike tyhjänä ja kehotti minua muuttamaan sinne. Sovimme että se tekee siellä vuokrasopimuksen minun puolestani.

Muutimme Lauttasaareen. Paikassa oli kolme erillistä rakennusta. Leipomo- ja päärakennuksen välistä kulki tie pihalle. Leipomorakennuksessa oli leipomon lisäksi puoti, pieni keittiö ja varasto. Päärakennuksesta saimme asuinkamarin. Paikka oli hyvä leipomiseen, mutta tuotteita oli saatava myös kaupaksi. Siellä oli kauppiaita jotka myivät leipää, mutta ne tuotiin kaupungista, koska niillä oli sopimuksia leipomoiden kanssa. Pari kioskia kyllä otti minun tuotteita myytäväksi, mutta nekin menivät syksyllä kiinni. Eräs kuvanveistäjä, joka piti myös kauppaa, sanoi että minulla oli kyllä hyvä leipä, mutta sekin oli tehnyt muualle sopimuksen. Asiakkainani kävi mm. Stohlbergin herrasväki, jolla oli kivihuvila Lauttasaaressa, mutta eipä se paljon lohduttanut.

Minulle huomautettiin siitä, että olin myynyt maitoa vartiopoliiseille, jotka kyttäsivät pirtun salakuljetusta ja myyntiä. Lauttasaaressa oli nimittäin päätetty kauppiaiden kesken, että poliisille ei myytäisi maitoa. Sitten minulle sanottiin: "Rupea myymään pirtua, niin se teki edellinenkin leipuri." Minulle selvisi, että kaikki kauppiaat myivät muun ohella myös pirtua, samoin kuin iso osa Lauttasaaren asukkaistakin. Jouluaattona lähdin yhden miehen kanssa kiertämään tienoota. Otettiin välillä ryypyt ja taas jatkettiin toiseen paikkaan. Näin sujui ilta ja tulimme hiprakkaan. Mies kertoili minulle avoimesti kaikkia niitä metkuja, joita pirtun trokaukseen liittyi. Jatkoin kuitenkin maidon myyntiä poliiseille, koska olin jo päättänyt lähteä muualle siitä pirtuvaltakunnasta, jota riitti pitkälle Hietalahden puolellekin, missä lähes joka talossa toimi salakuppiaita ja kaduilla kulki pulleita naisia pirtukanikoita takkiensa alla. Kerran joku kaveri teki sellaisen liikkeen, että vihjaisi vartiossa olevalle poliisille minulla olevan "jotain päällä". Seisoin lauttarannassa, kun poliisi asteli eteeni ja rupesi tunnustelemaan takkiani. Avasin palttoon kokonaan ja sanoin: "Hakekaa nyt. Itse en ainakaan ole löytänyt sieltä mitään. Mutta ehkä teitä onnistaa paremmin." Poliisi poistui mitään sanomatta. Minua harmitti tuollainen joidenkin tyyppien piruilu.

Olin saanut kolmessa kuukaudessa kokoon n. 5000 mk ja päätin, että nyt saa piisata ja on aika siirtyä muualle. Wikström kuljetti moottoriveneellä tavaramme rautatien sivuraiteen laiturille, missä ne lastattiin junaan Lohjalle kuljetettavaksi. Vaimoni jäi vielä Lauttasaareen ja minä lähdin Lohjalle ja sieltä edelleen Sammattiin. Tiedustelin asuntoa, ja työväentalon vierestä sain vuokrattua tyhjän rakennuksen, jossa oli kaksi huonetta. Oli tammikuu ja pakkasta ja paljon lunta. Sain hommattua kuorma-auton ja hain tavarat Lohjalta. Huoneet oli kylmiä, joten laitoin ensi töikseni tuplat ikkunoihin ja tulen hellaan. Sitten ryhdyin siivoamaan taloa.

Mutta leipomo puuttui. Sain vuokrattua puolen kilometrin päästä entisen leipomoni. Mutta niissä muissa huoneissa asuttiin ja asukkaat kulkivat sen leipomon läpi. Myin leipää pakarista käsin ja kuljetin tuotteita kelkalla aina Suomusjärvelle saakka. Sitten myös vaimo muutti Sammattiin. Asuimme siellä huhtikuulle asti, jolloin sain kuulla, että Suomusjärven Ahtialassa on Pohjolan leipomorakennus tyhjänä. Lähdin sinne hevosella Enäjärven yli. Tapasin Pohjolan Ahtialan osuuskaupassa, jossa esitin asiani. Vuokrasopimus syntyi siinä paikassa.

Ryhdyin välittömästi muuttopuuhiin ennen kuin jäät ehtisivät heikentyä Enäjärvellä. Hommasin kolme hevosta, kaksi vetämään tavarakuormaa ja yksi veti omaa rekeään perässä. Kaikki ei mahtunut mukaan yhdellä reissulla, joten loppujen kuljetus vaati vielä yhden kuorman. Ilmat olivat jo alkaneet lämmetä ja lumi sulaa, joten oli pidettävä kiirettä. Enäjärvellä oli jo vettä jään päällä ja uhkaavan näköisiä sulapaikkoja, mutta niin vain mentiin järven yli. Maantiet olivat muuttuneet jo paljaiksi. Menossa oli vuosi 1932 ja huhtikuun 14. päivä, kun tulin Ahtialan kylään. Ikääkin oli kertynyt jo 51 vuotta. Liikepaikka vaikutti hyvältä, se sijaitsi aivan meijerin vieressä ja siinä oli aamuisin väkeä kuin markkinoilla. Myös paikkakunnan pääosuusliike oli lähellä. Se otti minulta leipää myytäväksi ja kuljetti ne autollaan kahdeksaan myymäläänsä. Sen lisäksi jotkut yksityisliikkeetkin hakivat minulta leivät, joten sain itse keskittyä pelkkään leipomiseen.

Olin aikaisemmin jäänyt velkaa eräälle turkulaiselle tukkuliik-
keelle, ja kun kuulivat että minulla on Suomusjärvellä toimipiste,
ne laittoivat Kiskon nimismies Kaurinkankaan ulosmittaamaan
saataviaan. Nimismies kirjoitti ylös erilaista omaisuuttani kuten
kaikki jauho- ja sokerisäkit, jotka olin ostanut velaksi päästäkseni
alkuun. Nimismies antoi kuukauden maksuaikaa ja määräsi, että
myös osuuskaupan lasku oli maksettava. Ja kun kuukausi oli kulu-
nut, menin nimismiehen luokse ja maksoin ne velat pois. Samoin
osuuskaupan luotot olin hoitanut kuntoon. Nimismies kysyi olinko
koskaan tehnyt konkurssia, ja kun vastasin kieltävästi se piti sitä
hyvänä, koska luotto säilyisi jatkossakin. Joten niistäkin onneksi
selvittiin ilman vakavampia seurauksia. Työ jatkui hyvällä mallilla.
En tarvinnut hevosta enkä autoa. Olin luovuttanut autoni Sylvin
miehelle Wikströmille, kun olin sille 4000 mk velkaa. Olin vaihta-
nut sen Fordini Karjalohjalla Hydrocon-merkkiseen autoon ja saa-
nut vähän väliä.

Olin taas omilla jaloillani ja liike pyöri yhä paremmin. Kun-
nes tuli vastoinkäyminen. Uuni oli n. 40 vutta vanha ja aika lop-
puunkulutettu. Niinpä eräänä päivänä sen laki putosi etupuolelta
alas, koska ankkurirauta oli kulunut poikki. Vuokraisäntä Pohjola
ei suostunut sitä kunnostamaan, joten ei auttanut muu kuin ryhtyä

itse korjaamaan. Avasin pellit ja purkasin suuaukkoa suuremmaksi. Sitten korjasin ankkuriraudan, minkä jälkeen työnnyin mahallani uuniin laittamaan sinne uutta holvia. Sen jälkeen suuaukko taas ehjäksi ja arina paikalleen. Hiki siinä virtasi, iso uuni kun ei hevillä jäähdy ja kiire oli saada se kuntoon. Ja hyvinhän uuni taas palveli. Ehdin käyttää sitä vielä kolme vuotta. Sen jälkeen uunia käytti Pohjola itse, kunnes sen vaimo kuoli. Sitten siinä jatkoi vuoden verran Salosta tullut nuori leipuri Paarma.

Silloin kun Pohjola sanoi minut irti, meillä oli kahden kuukauden irtisanomisaika. Ja muutenkaan tilanteesta ei synytynyt ainakaan asumisongelmia, sillä olin jo pari vuotta aikaisemmin ostanut Iso-Ruonajärven rannalta 3500 neliön tontin, jossa oli vanha, kahden huoneen talo. Tontista n. puolet oli kalliota. Olin sitä jo hiljalleen kunnostellut. Pystytin rantaan uuden saunarakennuksen. Raivasin peltoa, jota siinä ei tupakkamaata lukuunottamatta ennen ollut. Olin suunnitellut jo edellisenä talvena rakentaa paikalle uuden talon ja siihen leipomon ja asuinhuoneet. Päätöstä vauhditti se edellisestä paikasta luopuminen. Tein itse rakennuksen piirustukset. Ostin hirsiä ja ajatutin ne paikalle. Sitten palkkasin miehiä veistämään hirret valmiiksi odottamaan. Sen jälkeen vanha talo purettiin ja kaivettiin uudet perustat ja tehtiin sokkelit. Tilasin sahoilta puutavaraa permantoihin ja kattoon sekä ovia ja ikkunoita. Annoin työn urakalla kahdelle suomusjärveläiselle miehelle, Mannerille ja Lindstenille. Kävin välillä Ahtialasta katsomassa talon kehittymistä, ja aina kun kerkesin, olin itsekin mukana rakennushommissa. Talo kohosi vesikattoon ja oli aika ryhtyä muuraustöihin. Sain hankittua Nummelta muurarin, joka oli kyllä muuten pätevä, mutta se ei ollut ennen tehnyt varsinaista leipomouunia. Minä autoin sitä parhaani mukaan, kun oli jonkin verran jo siitäkin työstä kokemusta. Muurari oli vähän ihmeissään, kun arinan alle pantiin lasi- ja suolavarvi, joista se ei ollut koskaan kuullutkaan.

Talo valmistui ennen kuin irtisanomisaikani päättyi. Vuosi taisi olla 1934, kun pääsimme muuttamaan uuteen taloon, johon oli vedettävä vielä puhelinjohto. Ahtialassa olikin jo puhelinkeskus, ja pylväät oli pystytetty sieltä meidän ohi kirkolle, joten sain siitä johdon taloomme. Asiat sujuivat hyvin saadessani puhelimella yhteyden osuusliikkeeseen, mistä tuotiin tavaraa autoilla, jotka samalla kuskasivat leivät myyntipaikkoihin. Silloin ei ollut vielä uudempaa Helsingin ja Turun välistä maantietä, joten kaikki liikenne kulki siitä meidän ohitse (nyk. Kekkosentie). Töitä riitti, kunnostin peltoja, juurikasmaita ja puutarhaa, joten eipä siinä joutoaikaa paljon jäänyt. Ja jos jäikin niin menin vaikka kalaan, kun oli kaksi järveä vieressä. Sauna oli niin rannassa, että laineet loiskuivat välillä kivijalkaan. Tein rantaan lisäksi kivistä laiturin, joten kyllähän siellä alkoi olla jo varsinaiset herrain olot, jollaisista en ennen ollut päässyt nauttimaan. Liike menestyi hyvin. Mutta koska vaimoni poti sitä jalkasairauttaan, ei hänestä juuri apua ollut, koska liikkuminen oli käynyt niin rajoittuneeksi. Mitä nyt sisällä ja pihalla kykeni hieman kävelemään. Siksi minun oli suoritettava työt pääasiassa yksin. Pyörällä ja talvella kelkalla kuljetin itse leipää sellaisiin sivukyliin, joihin osuuskaupan auto ei vienyt.

Niin siellä aika soljui tasaista menoaan. Vuodet vierivät toisensa perään. Kunnes syttyi toinen maailmansota, jonka seurauksena syntyi mm. kansanhuolto, jota ainakin minun kohdallani voi sanoa kansankiusaukseksi. Se nimittäin vei minulta toimeentuloni eväämällä jauhon ja sokerin saannin, joita ilman työstäni ja toimeentulostani ei tullut mitään. Olin valmis ottamaan Suomusjärven säästöpankista lainankin, 30 000 mk, mutta sen saaminen kesti koko vuoden. Elää kituuttelimme siellä pari ensimmäistä sotavuotta. Kävin aina välillä jossain satunnaistöissä, kun sain siihen mahdollisuuden. Ilmoittelin myös lehdissä, että taloni oli myytävänä. Tähän vaikutti osaltaan sekin, että olin jo parin vuoden ajan potenut virtsarakon tukkeutumasta johtuvia vaivoja. Lisäksi myyntihaluihin vaikutti myös vaimon saisraus, jota tautia eivät lääkäritkään osanneet luokitella. Karoliina makasi enimmäkseen sängyssä ja minun oli hoidettava kaikke mitä siinä nyt vaadittiin.

Taloa käytiin kyllä katsomassa, mutta olisivat maksaneet liian alhaista hintaa. Kerran paikalle ilmestyi autollaan vaimonsa ja lastensa kanssa Martti Koskimies, joka oli Suomen poliisiylijohtaja. Mies ei pitänyt hintaa liian korkeana ja olisi muutenkin ollut paikasta kiinnostunut. Mutta kauppa tyssäsi siihen, että koska maantie kulki talon ja järvenrannan välistä, olisi se kuulemman ollut lapsille liian vaarallinen paikka. Sitten paikalle ilmestyi helsinkiläinen herra Rydman, jonka kanssa kaupat syntyivät. Myin talon ja tontin mielestäni mitättömän halvalla, 160 000 markalla, mikä tekee tähän päivään (1950-luvun keskiväli) suhteutettuna n. 1 000 000 mk.

Sieltä muutimme asumaan Lehtolaan, joka sijaitsi Hintsalan kylässä lähellä Kirjun taloa. Sylvi-tytär tuli avuksi, kun veimme vaimoni autolla Saloon ja sieltä junalla Helsinkiin ja Pitäjänmäkeen. Sieltä Sylvin luota vaimo siirrettiin jonkin ajan kuluttua ihotautisairaalaan. Minä jäin yksin Lehtolaan ja tein talon töitä minkä jaksoin ja kykenin. Sitten sairastuin itsekin, ja Kiikalan lääkäri Mäntylä vei minut Salon sairaalaan, missä vierähti parisen kuukautta. Päästyäni kotiin Lehtolaan lähdin käymään Helsingissä. Palasin vaimo mukanani. Karoliina pystyi liikkumaan ainoastaan tukisauvojen avulla.

Sitten koitti jo toisen vuoden syksy Lehtolassa. Se herra Rydman, joka oli ostanut taloni, ehdotti että voisimme tulla siihen leipomohuoneeseen asumaan. Päätin suostua koska tiesin, että siellä olisi talvella lämmin asua. Ja niin muutimme taas Ruonajärven rannalle, missä sitten asuimme sodan loppuun asti, jolloin Rydman halusi saada leipomon omaan käyttöönsä.

Sylvillä oli Pitäjänmäellä Strömbergin tehtaan asunto, josta se oli muuttamassa Talin siirtolapuutarhaan. Se jätti asunnon tyttärelleen Kaijalle, ja samalla sovittiin, että minä ja vaimoni voidaan myös asusa siellä toistaiseksi. Niin me sitten muutimme Karoliinan kanssa Suomusjärveltä Pitäjänmäelle. Kävin sen kesän aikana mm. rakennuksilla muurailemassa. Talvella valmistin jopa luutia, joita kuljin myymässä.

Sitten seuraavana keväänä kävin Helgan perheen tykönä. Ne olivat rakentaneet itselleen talon ja kehottivat minuakin ostamaan siitä vierestä tontin ja rakentamaan talon. Siinä oli Anttilan maata ja se myi sitä 35 mk neliö. Ja kruunun metsästä myytiin tukkeja, joista sai sahauttaa rakennuspuita. Tein ostopäätöksen ja ryhdyin toimeen. Sahautin Paavonkallion kanssa puita, koska sekin rakensi vielä omaa ulkorakennusta. Tein itse kaikki rakennus- ja muuraustyöt. Taloon tuli kaksi huonetta ja eteinen sekä kellari. Seuraavana kesänä valmistin vielä piharakennuksen, talon ulkoseinät, katot ja ovet ja ikkunat. Asumaan pääsimme joulukuun alussa 1947.

Pari vuotta kului. Alkoi vuosi 1950. Tuli helmikuu, ja vaimoni kuoli siinä talossa. Hautasimme Karoliinan Hyvinkään hautausmaalle. Minä jatkoin asumista yksin. Puuhastelin yhtä ja toista, valmistin mm. luutia ja pärekoreja, joita kävin myymässä. Olin myös Anttilassa töissä, kun navettaa uusittiin sisältä. Tein siellä lisäksi muitakin korjaustöitä kuten päärakennuksen kivijalan muurauksen kauttaaltaan.

Sitten alkoi ilmestyä ostajaehdokkaita sille talolleni. Harkitsin aikani asiaa, ja niinhän siinä taas kävi, että myin talon ja muutin Jyrtin Paulin tallirakennuksen huoneeseen. En kuitenkaan osannut pysyä paikallani vaan lähdin polkupyörällä kiertelemään maata. Tutustuin moniin pitäjiin aina Pohjanmaata myöten. Välillä kuljin junalla ja välillä linja-autolla. Tein kaikkiaan kolme reissua eri suuntiin.

Jossakin vaiheessa aloin tuumailla, että mitäpä jos perustaisin vielä leipuriliikkeen. En kuitenkaan tahtonut löytää mistään sopivaa paikkaa. Sota oli muuttanut niin paljon asioita ja se vaikutti edelleen. Oli jo heinääkuuta kun etsin itselleni tonttia, mihin rakentaa asunto talveksi. Kiertelin mm. Rajamäessä ja Kiljavalla, mutta sopivaa paikkaa ei vain löytynyt. Sitten kerran kuumana päivänä olin matkalla Hyvinkäälle päin ja pysähdyin janoissani yhden kioskin kohdalle. Se oli kiinni, mutta istahdin penkille huilaamaan. Ohi kulki mies, joka kertoi omistajan asuvan siinä lähellä ja myyvän kotoaankin juotavaa. Menin talon pihaan ja istahdin pöydän ääreen. Isäntä tuli ulos ja ostin silta kaljaa. Siinä sitten istuttiin ja juteltiin niitä näitä, kunnes tuli puheeksi että olen etsimässä tonttia, johon rakentaisin pienen talon. Isäntä oli heti valmis myymään minulle tontin siitä kioskin läheltä. Menimme katsomaan ja mies sanoi myyvänsä 1000 neliötä siitä kulmasta hintaan 35 mk neliö. Paikka tuntui sopivalta ja päätös syntyi. Lähdimme Hyvinkäälle erään tuomarin luokse tekemään kauppakirjaa, johon sisältyi se, että kioski saisi olla entisellä paikalla. Maksoin summan käteisellä.

Menin jo seuraavana päivänä tilaamaan puutavaraliikkeestä tavaraa, jota tuotiin autokuormallinen. Seuraavaksi oli hankittava kartturi, joka löytyi Lumisalolta. Sitten toin kaikki työkaluni ja ostin lisää asevelikylästä Pauli Rounilan huvilalta. Varastoin ne Lumisalon liiteriin. Aloin laittamaan perustuksia kivistä. Siihen aikaan oli vielä vaikeuksia saada sementtiä. Sain Lumisalon mukaan töihin. Se oli entinen Helsingissä työskennellyt rakennusmestari, ja vaikka miehellä oli näkö jo heikentynyt, se pärjäsi kivipilarien asentamisessakin hyvin.

Elokuun lopulla aloitin puutyöt ja muuraukset, kun olin saanut jo sementtiä. Vesikattoa olivat tekemässä Reunilan veljekset Pauli ja Einari. Sitten vedimme Lumisalon kanssa katolle pahvit. Kaikki muut työt tein tämän jälkeen itse. Täytin siinä rakentamisen aikana syyskuun 4. päivänä 70 vuotta, jolloin pidin juhlat Lumisalolla. Marraskuussa kaikki oli jo siinä mallissa, että pääsin taloon asumaan, vaikka toinen huone olikin vielä pahasti kesken.

Asuin siinä talven yksikseni. Kun tuli kevät, aloin tehdä naapureille joitakin maalaus-, muuraus- ja tapiseeraustöitä. Aika kulki mukavasti, kunnes jalkoihini rupesi tulemaan pahoja vikoja. Aloin

pohtia että mikä nyt eteen, kun käveleminenkin muuttui entisä vai-
keammaksi. Paikalla kävi joitakin henkilöitä, jotka olisivat olleet
valmiita ostamaan taloni, vaikka siinä vielä olikin se yksi huone
keskeneräinen.

Sain tietää, että pääsisin Nurmijärven kunnalliskotiin, kun
maksaisin asumisen. Siellä oli kuulemma hyvä hoito ja lääkärikin
kävi. Siinä vaiheessa en vielä tietänyt, että tulen saamaan valtion
eläkkeen. Jos nimittäin olisin sen tiennyt, en olisi luopunut talosta,
vaan olisin asustellut siinä ja hoidellut ja hautonut itse jalkojani.
Mutta niin ne asiat vain kulkivat, että ehdin myydä talon ja mennä
sinne kunnalliskotiin, missä sain kyllä aivan kelvollista hoitoa ja
palvelua osakseni.

Lopuksi

Otto Kanerva siirtyi vuonna 1953 Nurmijärven kunnalliskodista Suomusjärven kunnalliskotiin, missä hän tiettävästi muistelmansa kirjoitti. Tietojeni mukaan Otto asusti Suomusjärven kunnalliskotiin kuuluneessa erillisessa puutalossa toisen vanhan miehen kanssa ja vietti siellä ansaittuja eläkepäiviään; kävi päätalossa syömässä, peseytymässä ja ottamassa lääkkeensä, kirjoitti, pyöräili ja vieraili välillä sukulaisissaan. Alkuperäisen käsikirjoituksen viimeisestä sivusta voinee päätellä, että Otto on jättänyt kirjoittamisen ikään kuin kesken; muistelmissa kun ei enää mainita sanallakaan tuota Suomusjärven kunnalliskotia, missä Otto eli vielä useita vuosia ennen kuolemaansa 1959. Tai sitten hän vain yksinkertaisesti on todennut, että "eiköhän ne pääasiat olleet siinä" ja lopettanut tarinansa.

Kari Palin